ROGER ELLIOT

Die Chinesische Astrologie

So erstellen Sie Ihr chinesisches Horoskop selbst

WILHELM HEYNE VERLAG

MÜNCHEN

HEYNE RATGEBER
08 / 9192

Titel der englischen Originalausgabe:
PEKING LUCK
Deutsche Übersetzung von Sybil Gräfin Schönfeldt

6. überarbeitete Auflage (bisher lieferbar unter der Nr. 08 / 4591)
Copyright © 1973 by Roger Elliot
Copyright © der deutschsprachigen Ausgabe by
Scherz Verlag, Bern und München
Originaltitel: ›Der glückbringende Mond‹
Lizenzausgabe mit Genehmigung des Scherz Verlages
Printed in Germany 1989
Satz: Kort Satz GmbH, München
Druck und Bindung: Presse-Druck Augsburg

ISBN 3-453-03419-8

Inhalt

Der vierte Pfad: Der Geburtstag 151

Der fünfte Pfad: Die Geburtsstunde 229

Die Pfade treffen sich 247

EINFÜHRUNG

Wie Sie dieses Buch benutzen
und was Sie aus ihm ersehen können

Fünf Gruppenbegriffe sind für die chinesische Astrologie charakteristisch, sie werden der Fünffache Pfad des Erhabenen Verstehens genannt:

Das Jahr Insgesamt gibt es 12 Jahrestypen, von denen einer auf Sie zutrifft. Was Ihr Jahrestyp bedeutet und wie Sie ihn bestimmen, lesen Sie auf den Seiten 17 – 84.

Die Jahreszeit Insgesamt gibt es 5 Typen von Jahreszeiten, von denen eine den Zustand Ihres innersten Seelenlebens widerspiegelt. Die Beschreibung der einzelnen Jahreszeiten samt dem Schlüssel, mit dessen Hilfe Sie eine davon auf sich beziehen können, finden Sie auf den Seiten 85 – 98.

Die Doppelwoche Insgesamt gibt es 24 Typen von Doppelwochen, von denen sich eine auf Sie bezieht. Über die Bedeutung Ihrer Doppelwoche samt der Methode, nach der sie zu errechnen ist, lesen Sie alles auf den Seiten 99 – 150.

Der Tag Insgesamt gibt es 28 Tage, von denen Ihnen einer Auskunft über Ihre seelische Grundhaltung geben wird. Einzelheiten über die verschiedenen Tage mit der Berechnungsmethode für Ihren individuellen Tag finden Sie auf den Seiten 151 – 227.

Die Stunde Insgesamt gibt es 12 Stunden, von denen sich eine auf den Kern Ihres Wesens bezieht. Die ausführlichen Erklärungen über die Stunden und die Berechnungsmethode für Ihre eigene Stunde finden Sie auf den Seiten 229 – 246.

Und nun können Sie sich an das Studium der einzelnen Gruppen machen und auf rasche und mühelose Weise Ihr Charakterbild auf chinesisch zusammensetzen.

Die chinesische Astrologie –
mit westlichen Augen neu interpretiert

Dieses Buch beschäftigt sich mit der uralten chinesischen Astrologie und versucht, sie in einem neuen klaren, modernen Licht zu zeigen. Das geschieht aber nicht in Form einer gelehrten wissenschaftlichen Abhandlung, und ebensowenig als leichtfertige Spielerei ohne tiefere Bedeutung. Das Buch ist im besten Sinne eine Mischung. Es ist eine Darstellung der chinesischen Astrologie, die von einem westlichen Astrologen neu durchdacht worden ist, damit sie unseren heutigen Lebensumständen entspricht. Daher würde ein ehrwürdiger Mandarin nicht mehr viel von dem darin finden, was ihm in seiner engbegrenzten Welt von einst wichtig und bedeutsam erschienen wäre. Seine Existenz drehte sich ja vor allem um drei Problemkreise: langes Leben, Glück und die Hoffnung, ein hoher Staatsbeamter zu werden. An einem gesunden, glücklichen Leben sind wir auch heute noch interessiert, und die sichere Altersversorgung läßt viele davon träumen, möglichst gut bezahlte Beamte zu werden. Über diese einfachen Wünsche und Hoffnungen hinaus verfügen wir jedoch über eine solche Fülle von Freiheiten und Möglichkeiten, wie sie für einen Chinesen aus den vorchristlichen Jahrhunderten unvorstellbar gewesen wäre.

Das hängt zum Teil mit dem materiellen Fortschritt zusammen. Wir reisen mehr, wir lesen und informieren uns über die verschiedensten Dinge, wir verfügen über eine Unzahl von komplizierten Geräten – von Telefon und Waschmaschine bis zu Weltraumsonden und Computern – , die uns keine Ruhe lassen. Es gibt jedoch noch zwei andere entscheidende Gründe, aus denen die alten chinesischen Methoden der Astrologie neu interpretiert und teilweise auch ergänzt werden müssen.

Erstens sind wir weit mehr an unserem persönlichen Charakter interessiert, als es die Chinesen und alle anderen Völker der Antike waren. Uns fasziniert das eigene Ich und die Art und Weise, wie es sich von anderen Individuen unterscheidet. Wir betrachten das Leben immer mehr als einen Prozeß der Selbstverwirklichung und versuchen uns im privaten und beruflichen Leben auf das zu konzentrieren, was unseren Eigenschaften und Fähigkeiten am besten entspricht. Selbstverständlich bestehen auch noch andere Motive: genug Geld zu verdienen, erfolgreich zu sein, ein erfülltes Leben mit dem richtigen Partner zu führen. Aber alles das wird von dem einen Wunsch überstrahlt, sich als Persönlichkeit auszuprägen und ganz zu sich selbst zu finden. Erfolg: das war in früheren Zeiten eine gesicherte Existenz unter der gnädigen Hand eines Herrschers. Jeder, ob Philosoph oder Korbflechter, maß den Erfolg nach diesem Ideal. Heute entscheidet jeder für sich, was er als erstrebenswertes Lebensziel betrachtet. Die Ansichten darüber können bei jedem einzelnen anders aussehen. Sie sind aber weder besser noch schlechter, sondern nur anders. Und gerade dieser Unterschied hängt mit unserer Überzeugung zusammen, daß jeder von uns ein Individuum ist und seinen eigenen Weg zum Glück suchen muß. Deshalb das wachsende Interesse an Psychologie, menschlicher Natur und Gesetzen des Zusammenlebens.

Auf eine Art, die von keiner anderen Wissenschaft nachgeahmt werden kann, führt die Astrologie nun von der Frage: »Was wird mir geschehen?« zu einer anderen, nämlich: »Wer bin ich?« In meiner Arbeit als beratender Astrologe mache ich das meinen Klienten immer auf folgende Weise klar: Selbst wenn sie brennend gern wissen wollen, was ihnen in der nächsten Zukunft zustoßen wird, ist es besser, wenn sie sich klarmachen, warum sie überhaupt an diesem Blick in die Zukunft interessiert sind. Mit anderen Worten: sie müssen erkennen, wer sie sind, sonst verlassen sie mein Beratungszimmer so, wie sie gekommen sind.

Das führt uns zu dem zweiten wichtigen Grund, weshalb dieses Buch keine rein chinesische Astrologie enthält. Genauso wie wir weit mehr an unserer Persönlichkeit als an Wahrsagekünsten interessiert sind, haben wir auch eine andere Einstellung zu unserer Zukunft als unsere Vorfahren. Nehmen wir zuerst einmal nur die weitaus größere Skala der Entwicklungsmöglichkeiten und, genauso wichtig, unsere größere soziale und wirtschaftliche Beweglichkeit. Ein heute geborenes Kind verfügt, zumindest theoretisch, über mehr Berufs- und Aufstiegsmöglichkeiten als früher. Es kann sich außerdem im sozialen Bereich dort ansiedeln, wo es will, ohne daß es mit größeren Widerständen zu rechnen hätte. Die Standesgrenzen und Klassenbegriffe sind längst dabei, sich aufzulösen.

Im kaiserlichen China vor etwa 2000 Jahren war das ganz anders. Der Kaiser herrschte über 50 Millionen Untertanen, deren Rang und Stellung durch eine ausgeklügelte Staatshierarchie genau festgelegt war. Laut kaiserlichem Erlaß gab es 20 verschiedene Rangstufen. Dazu spielte noch die Familie eine Rolle, ihr Reichtum und ihre soziale Stellung, und das alles zusammen ergab den Platz, den der einzelne in der riesigen Pyramide der Gesellschaft einnahm. Keiner konnte eine Stufe überspringen. Alles hing von der Gunst dessen ab, der eine Stufe höher stand. Und einem eventuell beim Aufstieg helfen konnte.

Im Vergleich dazu ist unsere Vorstellung von der Zukunft grenzenlos und unbeschränkt. Wenn wir Fähigkeiten und Energie genug besitzen, können wir jedes beliebige Ziel erreichen, und nichts erscheint uns unmöglich. In der Han-Dynastie waren die Pfade des Fortschritts jedoch schmal und streng überwacht, die Chance zu einem Schritt vorwärts tauchte vielleicht ganz unvermittelt auf, oder man wartete sein Leben lang vergebens.

Auf anderen Gebieten war es genauso. Kein Bauer war imstande, genau vorauszusagen, ob der Regen zur rechten Zeit käme, ob es eine gute Ernte geben oder ob eine große Hungersnot die Bevölkerung rasch und kraß dezimieren würde. Die Chinesen lebten in einer Welt der schroffen Gegensätze, in der man entweder im Lichte der kaiserlichen oder himmlischen Gnade wandelte oder ebenso unbegründet in die Finsternis des Unglücks und der Ungnade stürzen konnte.

Planung ist das richtige Wort, um den Unterschied zwischen der alten chinesischen und unserer eigenen Gesellschaft zu umreißen. Die Chinesen lebten in einer Welt der blinden Zufälle, die sie entweder zum Glück erhoben oder in tiefe Hoffnungslosigkeit stürzen ließen. Kein Wunder, daß sie mit Hilfe der Astrologie und anderen Wahrsagemethoden der Zukunft zumindest einen Funken Hoffnung zu entringen versuchten. Kein Wunder auch, daß sie bei diesen Prophezeiungen unerbittliche Schwarz-Weiß-Methoden entwickelten, bei denen es keine Möglichkeiten für Kompromisse oder Alternativen gab.

Wir leben heute in einer übersichtlicheren und erforschteren Welt, wir versuchen, unsere eigene Zukunft durch Planung und Hochrechnungen zu erhellen. Wahrsagungen und Prophezeiungen als Form des Aberglaubens gelten bei uns als überholt.

Die moderne Astrologie beschäftigt sich eher mit allgemeinen Entwicklungstendenzen als mit festumrissenen Prophezeiungen. Man kann zum Beispiel nicht mit Bestimmtheit voraussagen, wann ein Mädchen heiraten wird, es ist jedoch für einen erfahrenen Astrologen nicht schwer, zu sagen, wann in ihr die Liebe oder das sexuelle Bedürfnis erwachen werden. Astrologie arbeitet von innen nach außen. Sie kann uns verraten, was sich im innersten Herzen eines Menschen vorbereitet; doch um vorauszusagen, was sich daraus für den äußeren Lebensablauf ergibt, braucht der Astrologe Erfahrung und Intuition.

Aus diesen Gründen konzentriert sich dieses Buch vor allem auf die Analyse des Charakters und untersucht in den Abschnitten über die Zukunft eher Hoffnungen, Gemütslagen und Depressionen, als daß es genaue Voraussagen trifft. Wenn der Mensch auch nicht über einen vollkommen freien Willen verfügt, so muß er doch handeln, als ob es so wäre. Er muß die Verantwortung für seine eigene Zukunft übernehmen, und dazu muß er imstande sein, sein eigenes Ich zu verstehen.

Ich hoffe, daß mein Buch dem Leser auf diesem Weg zur Selbsterkenntnis etwas helfen wird.

DER
FÜNFFACHE PFAD
ZUM
ERHABENEN VERSTEHEN

Überall auf der Welt berechnet man das Geburtshoroskop nach der Stellung der Planeten im Augenblick der Geburt, und wenn man eine Voraussage für die Zukunft wünscht, so basiert sie hauptsächlich auf der momentanen Konstellation der Planeten.

Das Handwerkszeug eines westlichen Astrologen ist wohlbekannt: es sind die Zeichen des Tierkreises, die Häuser oder Felder, die Planeten und ihre sogenannten Aspekte. Es ist ferner bekannt, daß erst das Zusammenwirken der verschiedenen astrologischen Faktoren zu einem Gesamtbild der Persönlichkeit führen kann. Der bekannteste Faktor ist das Sonnenzeichen, d. h. jener Abschnitt des Tierkreises, in dem sich die Sonne im Augenblick der Geburt befunden hat. Liest man die täglichen oder wöchentlichen Horoskope in Zeitungen und Zeitschriften, so könnte man zu dem Schluß kommen, daß mit dem Sonnenzeichen schon alles in bezug auf Persönlichkeit und Zukunft erfaßt ist. In Wirklichkeit bezieht es sich jedoch nur auf einen Teil des Charakters, es gibt den Grundton an und bildet die grobgefaßten Grenzen, innerhalb derer man erst zu genaueren Definitionen kommen kann. Der Mond und seine Stellung im Augenblick der Geburt ist genauso wichtig. Aus diesen Daten läßt sich die Gefühlswelt eines Menschen ablesen, seine innere Veranlagung mit allen Launen und Stimmungen, heimlichen Ängsten und Hoffnungen. Dann gibt es als drittes noch den Aszendenten, das Sternzeichen, das bei der Geburt am östlichen Horizont aufging. Der Aszendent sagt dem Astrologen alles über das äußere Erscheinungsbild, also über jene Seite eines Menschen, die er der Umwelt zeigt, die sich aber nicht unbedingt mit seinen innersten Gedanken und Zielen decken muß.

Die Chinesen hatten nun ebenso zahlreiche Möglichkeiten, das Geheimnis von Charakter und Zukunft zu enthüllen. Abgesehen von der Astrologie entwickelten sie höchst komplizierte – und nach unserem Gefühl recht fragwürdige – Methoden der Weissagung. Die ältesten und mythischsten waren die Orakel, bei denen die Zukunft aus Knochen gelesen wurde. Man benutzte meistens die Schulterblätter von Ochsen oder Hirschen, manchmal auch Schildkrötenschalen, die erhitzt wurden, bis sie Risse bekamen. Aus dem Muster dieser Sprünge weissagten die Chinesen, ob ihnen eine gute oder eine schlechte Ernte bevorstand.

Bei einem anderen System ging es darum, kurze oder lange Strohhalme zu ziehen, was gewisse Ähnlichkeiten mit dem I-Ging-Orakel besitzt, bei dem man entweder drei Münzen werfen oder Schafgarbe-Stäbchen auszählen muß. Der Astrologie schon verwandt war ein System von glücklichen und unglücklichen Tagen, die mit den Mondphasen zusammenhingen. Es tauchte bis zum Ausbruch der kommunistischen Revolution in allen chinesischen Bauernkalendern auf. Dann gab es noch *thui-ming,* eine Schicksalsberechnung, die genauso kunstvoll wie die Astrologie durchgeführt wurde und überraschend zuverlässige Ergebnisse lieferte. Die Lösung eines bestimmten Problems ergab sich aus einer Gleichung, bei der man die betreffende Tagesstunde mit den Schlüsselzahlen für Tag, Monat und Jahr addierte.

Was nun die chinesische Astrologie betrifft, so basiert sie bei ihren Voraussagen auf dem Mond, seiner Entfernung vom Horizont und seiner Konstellation zu Planeten und Sternen, ferner auf der Sonne, ihrer Position und Farbe, sowie auf den Planeten, besonders auf der Stunde, zu der sie über den Horizont steigen und in Konstellationen zueinander treten. Schi-tschi hat vor 2000 Jahren geschrieben: »Wenn Merkur zusammen mit Venus im Osten erscheint und wenn beide rot und von Strahlen umgeben sind, dann werden fremde Königreiche vernichtet werden, und die chinesischen Krieger werden siegreich sein.« Oder eine andere Berechnung: »Wenn Mars auf Venus folgt, werden die Soldaten verstört und mutlos sein. Wenn Mars sich ganz und gar von Venus trennt, werden sich die Krieger zurückziehen.«

Der Fünffache Pfad Für dieses Buch habe ich fünf Systeme der chinesischen astronomischen oder astrologischen Berechnung ausgewählt und zu einer klaren, verständlichen Methode der Selbsterkenntnis aufeinander abgestimmt. Man nennt sie den ›Fünffachen Pfad zum Erhabenen Verstehen‹.

Am besten stellen Sie sich fünf Wege vor, die durch dichte Wälder zu einer Lichtung in der Mitte führen, zu Ihrer eigenen Seele. Jeder Weg führt durch eine andere Gegend, und wenn Sie den einen gehen, werden Sie kaum etwas von den anderen vier erkennen. Doch wenn alle fünf Wege durchwandert sind, haben Sie sich eine umfassende Kenntnis über die gesamte Landschaft verschaffen können. Und wenn Sie alle Pfade von dem Punkt aus, an dem sie zusammenlaufen, überblicken, so werden Sie imstande sein, den Kern Ihres Wesens zu verstehen.

Der erste Pfad bezieht sich auf Ihre Charakteranlagen, nämlich die Beweggründe Ihres Handelns, und auf Ihre Wesens- und Gemütsart. Nach dem buddhistischen Kalender ergibt er sich aus dem *Geburtsjahr*. In groben Zügen wäre er mit der Himmelsmitte der westlichen Astrologie vergleichbar und mit einigen Charakteristiken aus den Sonnenzeichen.

Der zweite Pfad führt durch das dichte Unterholz Ihrer seelischen Verstrickungen. Er kann nur schwer in Worten beschrieben werden, man muß ihn eher durch poetische Einführung finden als durch strenge Logik. Er leitet sich ab aus der *Jahreszeit Ihrer Geburt,* entsprechend der chinesischen Methode, wonach jeder Jahreszeit eines der fünf Elemente zugeordnet wurde. Hier gibt es keine Entsprechung in der westlichen Astrologie.

Der dritte Pfad könnte am ehesten mit unserer westlichen Form der Astrologie verglichen werden. Er erforscht Ihr Verhältnis zur Gemeinschaft, insbesondere die Arbeiten und Tätigkeiten, die Ihnen am meisten zusagen, sowie jene, die Ihnen vor allem liegen. Er berechnet sich nach der *Doppelwoche Ihrer Geburt* oder genauer gesagt nach dem *ch'i*, in dem Sie geboren sind (einer Zeitspanne von 15,218 Tagen). Hier besteht eine ganz klare Parallele mit den Sonnenzeichen der westlichen Astrologie, soweit es sich dabei um Dinge handelt, die Karriere und das politische und soziale Verhalten betreffen.

Der vierte Pfad enthüllt Ihre Gefühle, Ihr inneres Bewußtsein, mit dem Sie das Leben mehr empfinden, als daß Sie es logisch erfassen. Darum geht es hier vor allem um Ihre Fähigkeit, Freunde zu gewinnen und intime partnerschaftliche Verbindungen aufzubauen. Dieser Weg errechnet sich aus dem *Geburtstag* und der Position des Mondes in einem der 28 *hsui*, den alten chinesischen Himmelsfeldern. Das entspricht ganz offensichtlich dem Mondeinfluß der westlichen Astrologie.

Der fünfte Pfad betrifft den Teil Ihrer Psyche, der am dichtesten unter der Oberfläche liegt. Es ist jener Teil, der bei der Umwelt den berühmten ›ersten Eindruck‹ verursacht, obwohl man selber sich der Ursachen dieses Eindrucks gar nicht bewußt ist. Dieser letzte Weg geht aus von Ihrer *Geburtsstunde* und ordnet sie ein in den alten chinesischen Stundenkreis der Tiere. Das ist dem Aszendenten der westlichen Astrologie vergleichbar.

Studieren Sie jetzt die Charakteristika, die in den jeweiligen Kapiteln auf Sie zutreffen, und schlagen Sie dann das Schlußkapitel auf, wo Sie erfahren werden, wie man die fünf Pfade zur vollständigen Harmonie bringen kann.

DER
ERSTE PFAD:

DAS
GEBURTSJAHR

Einführung
in den chinesischen Tierkreis

Wenn man vor noch gar nicht so langer Zeit einen Rik-scha-Fahrer in Peking nach seinem Alter gefragt hätte, so wäre seine Antwort gewesen, er sei ein Hund oder eine Ratte oder ein Hahn.

Das, was vielleicht nach einer unverschämten Replik auf eine recht aufdringliche Frage ausgesehen hätte, wäre in Wirklichkeit nur eine ganz sachliche Auskunft gewesen. Bis 1949, also bis zur kommunistischen Revolution, benannte der Chinese nämlich jedes Jahr mit dem Namen eines Tieres. Daher war es für den einfachen Mann weit-aus interessanter, zu erfahren, daß jemand ein Hase war, als wenn man ihm 1939 als Geburtsjahr angegeben hätte. Denn jedem Jahr wurden bestimmte Eigenschaften zuge-sprochen, die sich auf alle Ereignisse, einschließlich der Geburten, auswirkten und mit dem Tier zusammenhingen, dessen astrologischem Einfluß das Jahr unterstellt war.

Die Sitte, jedes Jahr einem anderen Tier zuzuordnen, be-gann etwa im 6. Jahrhundert v. Chr. und ist seither in un-unterbrochener Folge fortgesetzt worden. Insgesamt gibt es ein Dutzend Tiere, so daß sich der Zyklus nach jedem zwölften Jahr wiederholt. Nach der Theorie besitzt jeder, der in einem dieser Jahre geboren ist, ganz bestimmte Ei-genschaften und Antriebskräfte. Es ist eigentlich das glei-che Prinzip, das uns aus der westlichen Astrologie mit ihrem Tierkreis vertraut ist, nur bezieht sich dieser auf Monate, der chinesische dagegen auf Jahre.

Es wäre natürlich absurd, zu behaupten, daß sich alle Menschen mit dem gleichen Geburtsjahr glichen. Aber es gibt sicher Gemeinsamkeiten, ähnliches Verhalten, ähnliches Aussehen, so wie die Kinder in manchen Ländern zwar die gleiche Schuluniform tragen, darunter aber ausgeprägte Individualisten sind.

Darüber hinaus sollen die Tiger-Menschen des Jahres 1950 Gemeinsamkeiten mit den Tigern von 1938 und selbstverständlich auch mit jenen von 1926 haben. Die Kinder, die im Jahre 1974 geboren wurden, sind ebenso Tiger wie jene, die im Jahre 1986 das Licht der Welt erblickt haben.

Wenn man etwas darüber nachdenkt, leuchtet einem dieser Zusammenhang ein. Es kann sehr wohl eine Verbindung zwischen Menschen geben, die im Alter 12 Jahre voneinander entfernt sind. Das ist eine ganz sonderbare Zwischenstufe, kürzer als ein ganzer Generationsschritt, länger als der normale Altersunterschied einer Freundesgruppe. Es ist nicht das Verhältnis zwischen Eltern und Kindern, auch nicht das zwischen Geschwistern, aber es kann eine tiefe seelische Verbindung sein, die sich aus der Weisheit der chinesischen Tierjahre ergibt.

Dieser uralte Reigen der Tiere ist auf verschiedene andere Zeiteinteilungen übertragen worden. Ursprünglich kehrte er in der Einteilung des Tages in zwölf Zweistundenabschnitte wieder, und auf dieser Ordnung beruhen die Gesetze für den schon erwähnten Fünften Pfad. Bis zum heutigen Tage wird diese Zwölferordnung auf unseren eigenen Tierkreis übertragen. Es ist jedoch etwas kompliziert, eine genaue Übereinstimmung zwischen den Sternzeichen beider Systeme zu finden. Für die Chinesen selber entspricht die Ratte dem Widder, der Büffel unserem Stier, und sie lassen nach diesem Schlüssel die beiden Kreise parallel laufen. Das verdirbt jedoch das ganze ursprüngliche System, das vermutlich die Tiere mit den Jahreszeiten verbunden hat, in denen sie sich am aktivsten verhalten.

Gustave Schlegel, ein Kenner der Materie, schlägt vor, den Hahn mit dem Oktober in Verbindung zu bringen, weil der Hahn von Natur aus ein prächtiges, aber auch sehr angriffslustiges Wesen ist, und weil man sich im alten China stets im Oktober für den nächsten Krieg zu rüsten pflegte.

Schlangen beenden ihren Winterschlaf im Frühling, Hasen werfen im März oder April zum erstenmal, Tiger beginnen ihre Wanderschaft im Mai, Ratten waren in den heißesten Tagen im Juli am zahlreichsten, und Schweine wurden im August hinausgetrieben, damit sie die von Wasser vollgesogene Erde pflügten und düngten.

Für andere Autoren bestehen Parallelen zwischen der Schlange und dem Oktober-November-Zeichen des Skorpions, dem Pferd und dem November-Dezember-Zeichen des Schützen, der ja immer in der Sagengestalt des Minotaurus abgebildet wird, halb Pferd, halb Mensch, während die Ziege dem Weihnachtszeichen des Steinbocks entsprechen soll.

Wägt man die verschiedenen Theorien über die Entsprechungen zwischen dem chinesischen und dem abendländischen Tierkreis gegeneinander ab, so kann man summarisch folgende Parallelen feststellen:

Ratte	sehr viel Widder
Büffel	größtenteils Stier
Tiger	vorwiegend Löwe
Hase	sicherlich Fisch
Drache	am ehesten Wassermann
Schlange	muß der Skorpion sein
Pferd	ein extrovertierter Steinbock
Ziege	vor allem Jungfrau
Affe	waschechte Zwillinge
Hahn	überwiegend Waage
Hund	erinnert an den Krebs
Schwein	vergleichbar mit dem Schützen

Wie Sie sich zurechtfinden

Stellen Sie anhand der folgenden Tabelle fest, was für ein Tier Sie sind. Lesen Sie dann die Charakterstudie, die Sie für dieses betreffende Tier finden. Denken Sie dabei aber stets daran, daß diese Beschreibung nur einen Teil Ihrer gesamten Persönlichkeit betrifft: Ihre verborgene Natur, die Grundeigenschaften der Persönlichkeit, die Sie wirklich sind, auch wenn Ihr Charakter nach außen hin anders erscheint.

Das chinesische Jahr beginnt nicht am selben Tag wie bei uns. Der chinesische Neujahrstag hängt mit dem zweiten Neumond nach der Wintersonnenwende zusammen, schwankt also zwischen dem 21. Januar und dem 19. Februar.

Tabelle zur Bestimmung der Tierjahre von 1880 bis 1996

			siehe Seite
10. 2. 1880 – 29. 1. 1881	Drache	50
30. 1. 1881 – 17. 2. 1882	Schlange	55
18. 2. 1882 – 7. 2. 1883	Pferd	59
8. 2. 1883 – 28. 1. 1884	Ziege	64
29. 1. 1884 – 14. 2. 1885	Affe	68
15. 2. 1885 – 7. 1. 1886	Hahn	72
8. 1. 1886 – 23. 1. 1887	Hund	76
24. 1. 1887 – 11. 2. 1888	Schwein	81
12. 2. 1888 – 30. 1. 1889	Ratte	32
31. 1. 1889 – 20. 1. 1890	Büffel	36
21. 1. 1890 – 8. 2. 1891	Tiger	41
9. 2. 1891 – 29. 1. 1892	Hase	45
30. 1. 1892 – 16. 2. 1893	Drache	50
17. 2. 1893 – 5. 2. 1894	Schlange	55
6. 2. 1894 – 25. 1. 1895	Pferd	59
26. 1. 1895 – 13. 2. 1896	Ziege	64
14. 2. 1896 – 1. 2. 1897	Affe	68
2. 2. 1897 – 21. 1. 1898	Hahn	72
22. 1. 1898 – 9. 2. 1899	Hund	76
10. 2. 1899 – 30. 1. 1900	Schwein	81
31. 1. 1900 – 18. 2. 1901	Ratte	32
19. 2. 1901 – 8. 2. 1902	Büffel	36

			siehe Seite
9. 2. 1902 – 28. 1. 1903	Tiger	41
29. 1. 1903 – 15. 2. 1904	Hase	45
16. 2. 1904 – 3. 2. 1905	Drache	50
4. 2. 1905 – 24. 1. 1906	Schlange	55
25. 1. 1906 – 12. 2. 1907	Pferd	59
13. 2. 1907 – 1. 2. 1908	Ziege	64
2. 2. 1908 – 21. 1. 1909	Affe	68
22. 1. 1909 – 9. 2. 1910	Hahn	72
10. 2. 1910 – 29. 1. 1911	Hund	76
30. 1. 1911 – 17. 2. 1912	Schwein	81
18. 2. 1912 – 5. 2. 1913	Ratte	32
6. 2. 1913 – 25. 1. 1914	Büffel	36
26. 1. 1914 – 13. 2. 1915	Tiger	41
14. 2. 1915 – 3. 2. 1916	Hase	45
4. 2. 1916 – 22. 1. 1917	Drache	50
23. 1. 1917 – 10. 2. 1918	Schlange	55
11. 2. 1918 – 31. 1. 1919	Pferd	59
1. 2. 1919 – 20. 1. 1920	Ziege	64
21. 1. 1920 – 7. 2. 1921	Affe	68
8. 2. 1921 – 6. 2. 1922	Hahn	72
7. 2. 1922 – 14. 2. 1923	Hund	76
15. 2. 1923 – 4. 2. 1924	Schwein	81
5. 2. 1924 – 24. 1. 1925	Ratte	32
25. 1. 1925 – 12. 2. 1926	Büffel	36
13. 2. 1926 – 1. 2. 1927	Tiger	41
2. 2. 1927 – 22. 1. 1928	Hase	45
23. 1. 1928 – 9. 2. 1929	Drache	50
10. 2. 1929 – 29. 1. 1930	Schlange	55
30. 1. 1930 – 17. 2. 1931	Pferd	59
18. 2. 1931 – 6. 2. 1932	Ziege	64
7. 2. 1932 – 25. 1. 1933	Affe	68
26. 1. 1933 – 13. 2. 1934	Hahn	72
14. 2. 1934 – 3. 2. 1935	Hund	76

		siehe Seite
4. 2. 1935 – 23. 1. 1936	Schwein	81
24. 1. 1936 – 10. 2. 1937	Ratte	32
11. 2. 1937 – 31. 1. 1938	Büffel	36
1. 2. 1938 – 18. 2. 1939	Tiger	41
19. 2. 1939 – 7. 2. 1940	Hase	45
8. 2. 1940 – 26. 1. 1941	Drache	50
27. 1. 1941 – 14. 2. 1942	Schlange	55
15. 2. 1942 – 4. 2. 1943	Pferd	59
5. 2. 1943 – 25. 1. 1944	Ziege	64
26. 1. 1944 – 12. 2. 1945	Affe	68
13. 2. 1945 – 1. 2. 1946	Hahn	72
2. 2. 1946 – 21. 1. 1947	Hund	76
22. 1. 1947 – 9. 2. 1948	Schwein	81
10. 2. 1948 – 28. 1. 1949	Ratte	32
29. 1. 1949 – 16. 2. 1950	Büffel	36
17. 2. 1950 – 5. 2. 1951	Tiger	41
6. 2. 1951 – 26. 1. 1952	Hase	45
27. 1. 1952 – 13. 2. 1953	Drache	50
14. 2. 1953 – 3. 2. 1954	Schlange	55
4. 2. 1954 – 23. 1. 1955	Pferd	59
24. 1. 1955 – 11. 2. 1956	Ziege	64
12. 2. 1956 – 30. 1. 1957	Affe	68
31. 1. 1957 – 18. 2. 1958	Hahn	72
19. 2. 1958 – 7. 2. 1959	Hund	76
8. 2. 1959 – 27. 1. 1960	Schwein	81
28. 1. 1960 – 14. 2. 1961	Ratte	32
15. 2. 1961 – 4. 2. 1962	Büffel	36
5. 2. 1962 – 25. 1. 1963	Tiger	41
26. 1. 1963 – 13. 2. 1964	Hase	45
14. 2. 1964 – 1. 2. 1965	Drache	50
2. 2. 1965 – 21. 1. 1966	Schlange	55
22. 1. 1966 – 8. 2. 1967	Pferd	59
9. 2. 1967 – 29. 1. 1968	Ziege	64

		siehe Seite
30. 1. 1968 – 16. 2. 1969	Affe	68
17. 2. 1969 – 5. 2. 1970	Hahn	72
6. 2. 1970 – 26. 1. 1971	Hund	76
27. 1. 1971 – 18. 2. 1972	Schwein	81
19. 2. 1972 – 2. 2. 1973	Ratte	32
3. 2. 1973 – 23. 1. 1974	Büffel	36
24. 1. 1974 – 10. 2. 1975	Tiger	41
11. 2. 1975 – 30. 1. 1976	Hase	45
31. 1. 1976 – 17. 2. 1977	Drache	50
18. 2. 1977 – 7. 2. 1978	Schlange	55
8. 2. 1978 – 27. 1. 1979	Pferd	59
28. 1. 1979 – 15. 2. 1980	Ziege	64
16. 2. 1980 – 4. 2. 1981	Affe	68
5. 2. 1981 – 24. 1. 1982	Hahn	72
25. 1. 1982 – 12. 2. 1983	Hund	76
13. 2. 1983 – 1. 2. 1984	Schwein	81
2. 2. 1984 – 19. 2. 1985	Ratte	32
20. 2. 1985 – 8. 2. 1986	Büffel	36
9. 2. 1986 – 28. 1. 1987	Tiger	41
29. 1. 1987 – 16. 2. 1988	Hase	45
17. 2. 1988 – 5. 2. 1989	Drache	50
6. 2. 1989 – 26. 1. 1990	Schlange	55
27. 1. 1990 – 14. 2. 1991	Pferd	59
15. 2. 1991 – 3. 2. 1992	Ziege	64
4. 2. 1992 – 22. 1. 1993	Affe	68
23. 1. 1993 – 9. 2. 1994	Hahn	72
10. 2. 1994 – 30. 1. 1995	Hund	76
31. 1. 1995 – 18. 2. 1996	Schwein	81

Die zwölf Tierjahre
und ihre individuelle Bedeutung

1   Das Jahr der Ratte

Das Charakterbild Es ist Ihr Hauptwunsch im Leben, Erfolg zu haben, ohne einen anderen dabei zu verletzen. Es ist Ihnen wichtig, an die Spitze zu kommen, aber Sie wollen das so elegant und geschickt wie möglich schaffen.

Jeder, der in einem Rattenjahr geboren ist, verfügt über etwas mehr angeborenen Geschmack als die anderen, aber das macht ihn oder sie nicht im geringsten zu einem ätherischen Schwächling, der sofort die Flucht ergreift, sobald etwas ernst wird. Die Ratte vereint Eleganz mit Kraft oder Stil mit Stärke.

Ihnen liegt viel an Vollkommenheit, Sie verbohren sich dabei manchmal in lächerliche Kleinigkeiten, und wenn Sie sich etwas in den Kopf gesetzt haben, dann führen Sie es auch durch. Die Rattenjahre sind immer durch die Gradlinigkeit und Direktheit gekennzeichnet, die die Menschen in ihnen entfaltet haben. Wer in diesen Zeiten geboren wurde, scheint mit besonderer Lebenskraft ausgerüstet zu sein. Selbst wenn Sie krank werden, erkämpfen Sie sich mit zäher Unnachgiebigkeit die Gesundheit zurück.

Die Schwächen und Fehler der Ratten: Sie fallen leicht auf den äußeren Schein herein, und manchmal sind Ihnen die Dekorationen wichtiger als die gesunde Struktur. Manchmal lassen Sie sich von intelligenten Schaumschlägern etwas zu stark beeindrucken, auch von liebenswürdigen Heuchlern oder einem Zeichen von Klasse in einer eher durchschnittlichen Umgebung. Und Sie haben darüber hinaus eine fatale Neigung zu Notlügen, und zwar auch dann, wenn Sie keine Not zum Schwindeln zwingt.

Das Ratten-Kind Die kleine Ratte muß gehörig verwöhnt, geliebt und in Watte gepackt werden – oder besser: sie scheint das zu brauchen, selbst wenn es für sie oder ihn gar nicht so gut ist. Die kleine Ratte ist ein ziemlich friedliches Kind, wenn sie nicht die ganze Zeit mit anderen zusammensein muß. Dann zieht sie sich in ihr Schneckenhaus zurück, oder alles schlägt ins Gegenteil um, und sie drangsaliert die anderen Kinder und schüchtert sie ein. Sie ist intelligent, läßt sich, wenn sie Gelegenheit dazu hat, von künstlerischen Gegenständen und Themen sehr beeindrucken, und im Laufe der Entwicklung festigt sich ihr Charakter bis zur Dickköpfigkeit.

Die extrovertierte Ratte Sie werden entweder ein extrovertierter oder introvertierter Mensch sein oder etwas von beiden, wobei das eine von beiden Extremen stärker ausgeprägt sein wird. Wenn Sie zu den Extrovertierten gehören, so werden Sie Ihren ganzen Charme dazu benutzen, um gesellschaftlich voranzukommen, und wenn es Ihnen in den Kram paßt, werden Sie friedlich den einen gegen den anderen ausspielen. Es wird Ihnen keinerlei Schwierigkeiten bereiten, sich bei Ihren Mitmenschen beliebt zu machen, aber es kann sehr wohl sein, daß man hinter Ihrem Rücken anders über Sie redet.

Die introvertierte Ratte Hier manifestieren sich Überempfindlichkeit und kritisches, anspruchsvolles Wesen hauptsächlich im künstlerischen Bereich. In Ihren Freundschaften entwickeln Sie Zuvorkommenheit und Feingefühl, aber Bekanntschaften machen Sie nicht sehr viele.

Was Ratten gerne tun Typische Ratten-Sportarten: Volleyball, Korbball, Croquet, Kricket, lauter Sportarten also, die Geschick, Kraft und scheinbar gute Manieren erfordern, während im Untergrund eine ganze Masse einsamer Ehrgeiz mitspielt. Es gibt auch Gruppenspiele, in denen sich Ratten hervortun.

Ratten-Hobbies: Malerei, Inneneinrichtung, Kunstgewerbe inklusive Bastarbeiten, Bastelei von Stofftieren und -puppen und Weben.

Es ist fast unmöglich, etwas Verbindliches über die Ratten-Berufe und Karrieren zu äußern, aber man kann sagen, daß die meisten Ratten gut mit anderen Menschen zurechtkommen, zumal die Extrovertierten, die sich gerne von ihrer liebenswürdigsten Seite zeigen. Ratten lieben das Gefühl, daß sie andere Menschen ein wenig glücklicher und damit die Welt zu einem fröhlicheren, angenehmeren und lebenswerteren Aufenthaltsort machen.

Was zu den Ratten paßt Länder, die etwas mit den Jahren der Ratte zu tun haben sollen, sind Südafrika, China, Japan, Tibet, die Balkanländer Albanien, Jugoslawien und Bulgarien sowie Griechenland und die Türkei. Es ist möglich, daß der Kongo auch etwas mit den Ratten zu tun hat.

Edelsteine und Halbedelsteine, die mit den Ratten verbunden sein sollen, sind Amethyst, Diamant, Granat, Blutstein, Jaspis und Malachit.

Die folgenden Erfindungen sind in Rattenjahren gemacht worden: Zellophan, rostfreier Stahl, Langspielplatten und Transistorradios. Es scheint auch eine starke Verbindung zur Weltraumforschung, zur Quantentheorie, zur Strahlenforschung und zur Uranspaltung zu bestehen.

Bekannte Ratten Typische Ratten-Politiker sind Richard Nixon und Enoch Powell, die beide Machtgier mit dem Wunsch verbinden, ihren Wählern ein liebenswertes Image zu bieten. Beide gehören zu den introvertierten Ratten.

34

Zwei Ratten-Schauspieler, die gleichzeitig Anmut und Zielsicherheit verwirklichen, sind Fred Astaire und Doris Day. Eine introvertierte Ratte, die trotzdem in ihrer Schauspielkunst ein erstaunliches Feingefühl verrät, ist Marlon Brando.

Der amerikanische Dramatiker Tennessee Williams ist ebenfalls eine Ratte. Als den am vollkommensten ausgeprägten Ratten-Charakter dieses Jahrhunderts kann man vielleicht Lord Louis Mountbatten bezeichnen; er ist ganz offensichtlich ein Mann von Grundsätzen, der seine Autorität mit großem Charme und auch mit Selbstbewußtsein trägt.

Zusammenleben mit anderen So kommen Ratten mit Vertretern anderer Jahre aus:

Mit anderen Ratten: ganz gut, kann aber manchmal das Verhältnis von rivalisierenden Geschwistern annehmen, siehe Charlton Heston und Marlon Brando.

Mit Büffeln: ergibt ein angenehmes Zusammenleben, obgleich der Widerspruchsgeist der Büffel den Ratten manchmal wie Borniertheit vorkommt. Manchmal finden sie sie auch nur langweilig.

Mit Tigern: kann zum Zusammenprall der Temperamente werden, besonders wenn es darum geht, wer von beiden die erste Geige zu spielen hat. Ratten lieben die Warmherzigkeit der Tiger, nicht ihre Heftigkeit.

Mit Hasen: im allgemeinen eine gute Kombination, aber manchmal kommen sie den Ratten zu brav und ehrpusselig vor. Sie haben keinen Sinn für Abenteuer.

Mit Drachen: ein sehr gutes Verhältnis, besonders auf geistiger Ebene. Ergibt eine leichte, erfreuliche Art der Zusammenarbeit.

Mit Schlangen: sind den Ratten ein wenig zu aufdringlich und manchmal auch zu grob. Wenn sie jedoch ein gemeinsames Interessengebiet entdecken, werden sie ausgezeichnete Kameraden.

Mit Pferden: auf der Rattenseite eher ein Liebe-Haß-Verhältnis, jedoch vollkommen ohne Falschheit. Pferde sind den Ratten oft zu prahlerisch und eingebildet.

Mit Ziegen: haben vieles mit den Ratten gemeinsam, es fehlt jedoch der gegenseitige Wunsch, miteinander in Kontakt zu kommen.

Mit Affen: vielleicht das verträglichste Jahr für Ratten, denn sie können im Handumdrehen eine oberflächliche, etwas theatralische Verbindung eingehen, die bei jedermann Wohlgefallen erregt.

Mit Hähnen: kann Sympathie wie mit Geistesverwandten entstehen, aber sie neigen dazu, die Ratten aufzufressen – aus Leidenschaft, Zorn oder rücksichtslosem Ehrgeiz.

Mit Hunden: sie neigen dazu, ein wenig langweilig zu wirken, aber Ratten finden bei ihnen Ruhe und Ausgeglichenheit, so daß eine friedliche und treue Freundschaft entstehen kann.

Mit Schweinen: liebenswerte und amüsante Partner für eine Freundschaft, aber gefährlich für die große Liebe. Beide können ausgezeichnet zusammenarbeiten und dabei die geistige Partnerschaft genießen.

2 Das Jahr des Büffels

Das Charakterbild Die treibende Kraft Ihres Lebens ist Ihre Sehnsucht nach Sicherheit, finanziell, gefühlsmäßig – jede Spielart von Sicherheit, die man sich nur vorstellen kann. Sie fürchten sich vor Einsamkeit, Armut, Heimatlosigkeit, und Sie fühlen sich am glücklichsten, wenn Sie ein paar Lebensversicherungen und Pensionsverträge in der Tasche und einen netten, treuen und charakterfesten Ehepartner an Ihrer Seite wissen.

Wenn Sie sich auf diese Weise im Leben abgesichert haben, sind Sie ein bewundernswürdig solider und vertrauenswürdiger Mensch. Ein Kerl aus altem Schrot und Korn, und je älter Sie werden, desto mehr prägt sich dieses Bild aus. Die leiblichen Genüsse des Lebens – Essen, Trinken, Liebe und ein bequemer Sessel – bedeuten Ihnen viel, und im Lauf der Zeit wollen Sie Ihr warmes Nest gar nicht mehr verlassen.

Fast alle Büffel verspüren einen starken Drang zum Schöpferischen; manchmal verwirklichen sie ihn durch den Aufbau eines Geschäftes oder im Rahmen einer fruchtbaren Ehe, manchmal begeben sie sich auch auf das Gebiet der Kunst, malen, schreiben Bücher, und besonders gerne wenden sie sich dem Theater zu. Sie legen großen Wert darauf, auch Kleinigkeiten gut zu erledigen, doch wenn sie einmal wissen, wo ihre Stärke liegt, neigen sie zur Routine und damit zu einer gewissen Einseitigkeit.

Ihre Fehler und Schwächen: Trägheit und Langsamkeit, die bei manchen Büffeln die Gesundheit gefährden können, und ein egoistischer Hang zur Gewinnsucht, der gezügelt werden sollte. Büffel sind gesellig, aber sie verfügen über verborgene Kraftquellen, die sie dazu befähigen würden, auch auf einer verlassenen Insel zu überleben.

Das Büffel-Kind Der kleine Büffel ist ein robustes, selbstzufriedenes Kind, das schon früh damit beginnt, sich von den Eltern unabhängig zu machen. Wenn man ihn in Ruhe läßt, dann bleibt er friedlich, und wenn man nicht allzuviel an ihm herumerzieht, entwickelt er einen freundlichen Charakter. In den Schuljahren zeigt er starkes Interesse für die praktischen Fächer, hat aber zugleich Freude an Musik, Zeichnen und Theaterspielen. Obwohl das Büffel-Kind von Natur aus ziemlich tolerant ist, kann es einen Koller kriegen, wenn man es reizt.

Der extrovertierte Büffel Sie werden entweder zu den extrovertierten oder zu den introvertierten Büffeln gehören, und wenn Sie etwas von beidem in sich tragen, so wird die eine Form entschieden überwiegen. Wenn Sie echt extrovertiert sind, werden Sie ein besonders geselliger Mensch sein, die Seele aller Feste und Parties, von Freunden und Bekannten immer mit lautem Hallo begrüßt. Ihre Umwelt wird Sie als großzügig bezeichnen, manchmal auch als extravagant, und Ihre Neigung, anderen Vorschriften zu machen, wird man mit lächelndem Wohlwollen ertragen.

Der introvertierte Büffel Sie verfügen über die Fähigkeit, tief und erschöpfend über die grundlegenden Fragen des Lebens nachzudenken, aber wenn Sie sich in sich selbst zurückziehen, kann Sie ein Minderwertigkeitskomplex befallen, der vollkommen unbegründet ist.

Was Büffel gerne tun Typische Sportarten für Büffel: Fußball und Rugby, Langstreckenlauf, Höhlen erforschen und Gewicht heben. Den Büffeln bereitet die reine körperliche Erschöpfung immer wieder Freude und Befriedigung.

Büffel-Hobbies: Malerei und Bildhauerei, Bastelarbeiten, den eigenen Wagen versorgen und reparieren und Börsenspekulation. Viele Büffel erholen sich bei der Gartenarbeit.

Über die Büffel-Berufe kann man nur allgemeine Angaben machen, aber sie arbeiten dort am besten und am erfolgreichsten, wo Sorgfalt, Verstand und Stetigkeit verlangt werden. Büffel arbeiten gerne mit anderen zusammen, aber wenn sie sich für etwas entschieden haben, fällt es ihnen schwer, umzudenken. Auf dem Gebiet der künstlerischen und der Finanzberufe ergeben sich viele Möglichkeiten.

Was zu den Büffeln paßt Länder, die mit den Jahren des Büffels etwas zu tun haben sollen, sind Irland, Zypern, Palästina, Syrien und Jordanien. Argentinien, Nigeria und Neuseeland sind wahrscheinlich ebenfalls Büffel-Länder. Auch Venezuela kann man dazu rechnen.

Die Edelsteine und Halbedelsteine, die mit den Büffel-jahren verbunden sind: Moosachat, Smaragd, Koralle, Jade, Alabaster und Lapislazuli.

Die folgenden naturwissenschaftlichen Entdeckungen und Entwicklungen sind in Büffeljahren gemacht worden: die Herstellung von Adrenalin, die Entdeckung des Chlorophylls, die reine Darstellung von Vitamin A, B und B_2, Nylonstrümpfe, Überschallflugzeuge und Motorräder.

Bekannte Büffel Zwei deutsche Politiker personifizieren die besten und die schlimmsten Seiten des Büffelcharakters: die positive Ausprägung stellt Willy Brandt dar, die negative Adolf Hitler. Beide haben Hartnäckigkeit bewiesen, aber unter vollkommen anderen Vorzeichen.

Schöpferische Büffel sind gewesen: Walt Disney, Vincent van Gogh, Auguste Renoir und Charles Chaplin.

Schauspieler, die in Büffeljahren geboren sind: Peter Sellers, Richard Burton und Tony Curtis. Interessanterweise besitzen sie alle eine gedrungene Gestalt, besonders um Schulter und Nacken herum, was dem physiologischen Typ der Büffel entspricht.

Der Schriftsteller, der die Quintessenz der Büffeljahre darstellen könnte, ist Rudyard Kipling; er verfügte über alles, was mit den Büffeljahren in Zusammenhang gebracht werden kann, über einen handfesten Humor, Patriotismus, Vertrauen auf den einfachen Menschen und Charakterstärke.

Zusammenleben mit anderen So kommen die Büffel im Guten und Schlechten mit den Vertretern anderer Jahre zurecht:

Mit anderen Büffeln: eine gute, zuverlässige Partnerschaft mit der Fähigkeit und Neigung, gern und viel zusammen zu lachen.

Mit Ratten: erträglich, wenn ihre Flinkheit auch manchmal Verwirrung stiftet. Ihre Fähigkeit, das Hemd nach dem Wind zu hängen, erscheint den Büffeln oft als Charakterlosigkeit.

Mit Tigern: Sie können vor Wut, vor Aufregung und vor Widerwillen über sie kochen, aber Sie können dem Zauber ihres Wesens nicht widerstehen.

Mit Hasen: eine vorzügliche Kombination, vor allem wenn es sich um familiäre Bindungen handelt, die dann voll Ruhe und Ausgeglichenheit sind. Beruflichen Partnerschaften fehlt der gemeinsame Antrieb.

Mit Drachen: ihre geistigen Verrenkungen und Sprünge nehmen den Büffel ganz gefangen, aber wenn die Meinungen aufeinanderprallen, ist keiner von beiden bereit, nachzugeben.

Mit Schlangen: bei dieser Kombination kann es zur idealen Verträglichkeit kommen, besonders zwischen Ehepartnern. Jeder hat Respekt vor der Kraft des anderen, jeder genießt die Gegenwart des anderen.

Mit Pferden: bei allen praktischen Aufgaben ein gutes Verhältnis, das sich jedoch zeitweise durch einen völligen Mangel an Gefühlen oder Sympathien auszeichnet. Gute Zechgenossen.

Mit Ziegen: kann eine klassische Haß-Liebe ergeben! Bestimmte Eigenschaften der Ziegen ziehen Sie magnetisch an, und andere Eigenschaften wiederum stoßen Sie auf das krasseste ab.

Mit Affen: sie sind Ihnen viel zu gerissen, und ihre Einstellung zu der Welt und den Menschen ist Ihnen zu holterdiepolter und leichtfertig.

Mit Hähnen: kann ebenfalls eine ausgezeichnete Verbindung sein, besonders in der Liebe. Die Beständigkeit und der Reichtum Ihres Charakters verschmelzen mit den positiven Merkmalen der Hähne.

Mit Hunden: wenn Sie sich gegenseitig nur anknurren, kommen Sie miteinander nicht weit. Wenn Sie sich jedoch Mühe geben, können Sie mit den Hunden gut Freund werden.

Mit Schweinen: vielversprechende Chancen, weil Sie viel Gemeinsamkeiten haben. Die Schwierigkeit besteht nur darin, daß einer auf die Schwächen des anderen Rücksicht nehmen muß.

3   Das Jahr des Tigers

Das Charakterbild Die Hauptantriebskraft in Ihrem Leben ist die Notwendigkeit, Ihre eigene Selbstachtung zu pflegen. Das klingt nicht gut, und von Zeit zu Zeit treibt Ihre Eitelkeit den Rest der Menschheit auch auf die Palmen. Aber Sie verfügen daneben über Warmherzigkeit und Feingefühl, über eine Ausstrahlung Ihrer Person, der man sich nur schwer entziehen kann, so daß sich immer wieder ein Kreis von Bewunderern um Sie sammelt. Ohne diese treuen Sklaven werden Sie leicht gereizt, zynisch und unglücklich, aber solange sich nur eine einzige Person um Sie kümmert, ist das Leben für Sie lebenswert.

Andere gute Eigenschaften, die Sie in ausreichendem Maße besitzen, sind Mut, Aufrichtigkeit und die Bereitschaft, für eine gute und gerechte Sache jedes Risiko auf sich zu nehmen.

Kein Tiger drängt sich unbedingt nach Streit und Auseinandersetzungen, aber wenn er etwas als Herausforderung empfindet, fühlt er sich leicht in seiner Ehre angegriffen, und dann kann ihn nichts zurückhalten. Das mag manchmal falsch sein, aber seine Haltung bringt ihm Zuneigung und Bewunderung ein: dieser Sinn für die Korrektheit einer bestimmten Haltung, selbst wenn sie jeglicher Vernunft widerspricht. Es gehört auch zum Charakterbild des Tigers, daß er die altmodischen Tugenden von Ehre, Ritterlichkeit und Höflichkeit über alles und jedes andere stellt.

Ihre Fehler und Schwächen, abgesehen von denen, die schon erwähnt worden sind: die Neigung, mit den Gefühlen anderer Leute so zu spielen wie die Katze mit einer gefangenen Maus. Eine gelegentliche Blindheit in bezug auf die Tatsache, daß manchmal Kompromisse angebracht sind. Tiger wissen gar nicht, was dieses Wort bedeutet. Sie wollen jede Gruppe selber führen, sei das im Beruf, auf dem Sportfeld, im Privatleben. Und bei allem bewegt sich der Tiger mit einer rührenden Unschuld, wie ein Märchenprinz, wie ein tapferer junger Offizier, der den Krieg noch für einen Ehrenhandel hält.

Das Tiger-Kind Der kleine Tiger entwickelt eine Fröhlichkeit, die unerhört ansteckend wirkt. Es kommt jedoch nur zu bald die Zeit, in der er nach einem Opfer sucht, an dem er sich die Krallen schärfen kann. Er kann sich in Wutanfälle steigern, wenn etwas nicht nach seinem Kopf geht, und er braucht von seinem Vater oder von anderen männlichen Bezugspersonen ein gutes Beispiel, damit er für später lernen kann, daß es keine Autorität ohne Selbstbeherrschung gibt. Der kleine Tiger ist meistens sehr sportlich, freundlich und nicht besonders an Gelehrsamkeit und Wissenschaft interessiert, obgleich Theaterspiel und Malerei einen gewissen Eindruck auf ihn machen.

Der extrovertierte Tiger Sie sind als Tiger entweder extrovertiert oder introvertiert, oder Sie schwanken zwischen den beiden Extremen, wobei Sie aber mehr zu einem von beiden neigen. Als Extrovertierter ist Ihnen sehr deutlich bewußt, daß Sie immer ein Publikum und seinen Beifall brauchen. Dieser Beifall kann Ihnen den Kopf verdrehen, so wie Sie durch Ihre eitle Selbstbewunderung auf andere auch leicht als aufgeblasener Angeber wirken können.

Der introvertierte Tiger Es fehlt Ihnen an Vertrauen, andere mit Ihrer Warmherzigkeit für sich einnehmen zu können, so daß Sie sich hinter einer Haltung von Arroganz verschanzen, die gar nicht zu Ihrem normalen Wesen paßt.

Was Tiger gerne tun Typische Tiger-Sportarten: Autorennen, Polo, Pferderennen, Ringstechen, Kurzstreckenlauf und Tennis. Es fällt Ihnen schwer, sich bei Mannschaftsspielen einzuordnen, Sie wollen immer in der ersten Linie spielen.

Tiger-Hobbies sind Sonnenbaden, Bronzeguß und andere Metallarbeiten, Laienspiel, Musik mit Blechinstrumenten, am liebsten Trompete, und modische Kleidung.

Die guten Eigenschaften, die Menschen aus den Tigerjahren für das Berufsleben mitbringen, sind ihr Wunsch, Herr einer Situation zu werden und dafür zu sorgen, daß die Sache läuft. Sie wollen bewundert werden, aber lieber ihrer persönlichen Eigenschaften als ihrer beruflichen Fähigkeiten wegen. Sie können ungeheuer attraktiv sein, aber starkem Druck sind sie manchmal nicht gewachsen.

Was zu den Tigern paßt Länder, die mit den Jahren des Tigers in Zusammenhang stehen sollen, sind Italien und Frankreich, Chile und Ecuador, Uganda und Betschuanaland. Es ist bemerkenswert, daß große internationale Krisen oft in Tigerjahren begonnen haben: der Beginn des Ersten Weltkriegs, der englische Generalstreik, das Münchner Abkommen, das dem Zweiten Weltkrieg vorausging, der Beginn des Krieges in Korea, die Krise in Kuba und alles, was 1974 geschehen ist.

Die Edelsteine und Halbedelsteine, die zu Tigerjahren passen sollen, sind Rubin, Diamant, Hyazinth, Granat, Tigerauge.

Zwei wichtige Erfindungen, die in Tigerjahren gemacht worden sind, charakterisieren aufs beste die drohende Gewalttätigkeit und den theatralischen Glanz der Tiger: das Dynamit und das Fernsehen.

Bekannte Tiger Zwei Staatsmänner, die im gleichen Jahr geboren worden sind, zeigen den Unterschied zwischen den extrovertierten und den introvertierten Tigermerkmalen: Dwight D. Eisenhower, der Menschenfreund, und Charles de Gaulle, der Mann der Macht.

Tiger müssen sich in großen Räumen bewegen und ausarbeiten können. Das gilt für die extravagante Dichterin Elizabeth Barrett Browning und zwei visionäre Männer, deren Blick weit in die Zukunft reichte, Karl Marx und H. G. Wells.

Tiger lieben die Herrschaft, oft mit freundlicher Autorität. Königin Elizabeth die Zweite und ihre Tochter Prinzessin Anne sind beide wohlerzogene, nette, aber würdevolle Tigerinnen von königlichem Blut.

Zusammenleben mit anderen So kommen die Tiger mit Vertretern anderer Tierzeichen im guten (oder bösen) aus:

Mit anderen Tigern: wie zwei Monarchen, im besten Falle vereinigt gegen die ganze Welt, im schlimmsten Falle im ständigen Wettstreit miteinander.

Mit Ratten: kann eine ziemlich temperamentvolle Angelegenheit werden, wenn Sie Ihre Ziele mit Charme und Unnachgiebigkeit zu erreichen versuchen, während die Ratte mit Charme und List arbeitet.

Mit Büffeln: Sie genießen es, vor ihnen angeben zu können, aber im tiefsten Winkel Ihrer Seele verachten Sie sie — oder beneiden sie ein bißchen.

Mit Hasen: gibt es nicht viele Gemeinsamkeiten, und genau das ist der Grund, warum der eine vom anderen angezogen wird. Sie finden die Hasen friedlich und mütterlich.

Mit Drachen: Sie denken, fühlen und leben auf verschiedenen Wellenlängen. Trotzdem können Sie sehr gut zusammenarbeiten. Sie achten und respektieren die Entschlossenheit der Drachen.

Mit Schlangen: kann in gewissen Zeiten zu fürchterlichen Streitereien kommen, mit immer neuen Argumenten und viel zuviel starrköpfigem Stolz. Trotzdem sind Freundschaften möglich.

Mit Pferden: viele Gemeinsamkeiten, aber gerade genug Unterschiede, um den einen auf den anderen neugierig zu machen. Mit Pferden kommen Sie von allen Tieren am besten aus.

Mit Ziegen: zwischen Ihnen knistert nichts, aber es kann selbstverständlich zu einer durchaus befriedigenden Arbeitsgemeinschaft kommen. Für Sie gute zweite Leute.

Mit Affen: ihr lebhaftes Gehabe reizt Sie und zieht Sie auch wider Ihren Willen an, selbst wenn sie sich Ihnen gegenüber immer etwas affig benehmen.

Mit Hähnen: viele Ansätze für Ehrgeiz und Wettbewerb, was jedoch zur Bewunderung und nicht zu Haß führen kann. Wenn Sie sich zusammentun, so kann das unter Umständen zuviel Glanz und Gloria sein.

Mit Hunden: natürlich wollen Sie sich zum Führer aufschwingen, aber wenn Sie sich Zeit lassen und lernwillig sind, können Sie von den Hunden viel Weisheit erben.

Mit Schweinen: weniger offensichtliche Kontaktpunkte, was bedeutet, daß Sie bei einer begrenzten und genau umrissenen Aufgabe gut zusammenarbeiten und zusammenpassen, während Sie die Schweine auf die Dauer langweilig finden werden.

4   Das Jahr des Hasen

Das Charakterbild   Sie haben ein großes Talent dazu, alle und alles in Ihrer Umgebung zu nähren, zu hüten und zu beschützen. Es liegt Ihnen, Lebendiges zu bemuttern und zum Wachsen zu bringen, Sie leisten daher Hervorragendes im Garten, im ganzen Haus, am Herd, Sie kümmern sich um kranke und unglückliche Menschen, und Sie schütten jedem Ihr Herz aus, der bereit ist, Ihnen zuzuhören.

Selbst männliche Hasen zeigen etwas von diesen weiblichen Eigenschaften. Viele haben ein weiches Herz, so hart und kühn sie auch nach außen erscheinen. Sie haben eine sentimentale Ader oder eine tiefe Liebe zur Natur oder eine Vorliebe für die Gesellschaft von Frauen, die aber gar nichts Weibisches an sich hat.

Manchmal prägt sich diese Weichheit in bestimmten künstlerischen Begabungen aus, was allerdings jegliches revolutionäre Feuer ausschließt. Der Hasen-Schriftsteller besitzt eine stark ausgeprägte Sehnsucht nach der Vergangenheit, so wie viele Alltagshasen von einem angeborenen emotionalen Konservatismus beherrscht werden, der im Alter immer deutlicher zu spüren sein wird. Die Hasen halten nicht viel von Veränderungen, sie retten sich immer lieber in die wohlbekannte Vergangenheit, selbst wenn sie schon etwas verstaubt und zerschlissen ist.

Ihnen als Hase wird es immer relativ leicht fallen, mit Ihresgleichen rasch und schnell Freundschaften zu schließen, die beneidenswert lange dauern können. Sie verhalten sich jedoch im negativen Fall allen Menschen gegenüber vollkommen gleichgültig, die nicht zu Ihrer Familie, zu Ihrer Klasse gehören. Diese Engstirnigkeit bedeutet, daß Ihnen ein kleiner, wohlvertrauter und sicherer Kreis von Busenfreunden lieber ist als eine größere und weltoffenere Gruppe von Bekannten.

Ihre Fehler und Schwächen liegen in der Neigung, alles zu persönlich zu nehmen, Ihrer Phantasie oft ein bißchen zu sehr die Zügel schießen zu lassen und diejenigen, die Sie lieben, als Ihren persönlichen Besitz zu betrachten. Hasen sind meistens von einem stark ausgeprägten Familiensinn erfüllt und nehmen die damit verbundenen Streitereien und Enttäuschungen in Kauf.

Hasen können launischer als die anderen Jahrestiere sein, im besten Falle sind sie immer bereit, sich jemand anders an ihrer Schulter ausweinen zu lassen. Im schlimmsten Fall sind sie manchmal etwas verschroben, nörgeln herum, geraten wegen jeder Kleinigkeit aus dem Häuschen, neigen zur Kleinkrämerei.

Das Lebensziel, für das sie sich nach langen Kämpfen entscheiden: mitten im Aufruhr des eigenen Herzens Ruhe zu finden.

Das Hasen-Kind Der kleine Hase unterwirft sich vor allem dem Einfluß seiner oder ihrer Mutter. Besonders die Jungen gehen im positiven und negativen Sinn eine besonders feste Mutterbeziehung ein, was später, wenn der Mann sich zur Selbständigkeit durchringen muß, zu Komplikationen führen kann. Alle Hasen-Kinder bauen eine Schutzmauer um sich auf, eine Fassade, die allerdings nichts mit ihrem wahren, inneren verletzlichen Ich zu tun haben muß. Eltern sollten immer damit rechnen, daß bei den Hasen-Kindern mitunter ein Hauch von Tücke oder Falschheit und übersteigerte Vorstellungskraft auftauchen können.

Der extrovertierte Hase Man ist entweder extrovertiert oder introvertiert oder etwas von beiden, wobei die eine Eigenschaft meistens stärker ausgeprägt ist. Als extrovertierter Hase verhalten Sie sich den anderen gegenüber höflich, aber doch distanziert und besitzen die Fähigkeit, aufrichtig zu wirken, ohne jemanden in Verlegenheit zu bringen. Sie haben Ihre eigenen Gefühle gut im Zaum und wollen das den anderen immer wieder so lebhaft und eindringlich wie möglich vorführen.

Der introvertierte Hase Hasen neigen dazu, sich auf sich selbst zurückzuziehen. Sie sind wahrscheinlich schüchterner, als Sie sein wollen, mehr damit beschäftigt, mit Ihren eigenen Gefühlen und Empfindungen zurechtzukommen. Sie haben nur wenige Freunde, aber von diesen erwarten Sie überaus viel.

Was Hasen gerne tun Typische Hasen-Sportarten: Hockey, Ringkampf, Golf, Rudern und Radfahren.

Die Hasen-Hobbies umfassen bei Männern und Frauen alle Fähigkeiten und Geschicklichkeiten, die man braucht, um sich das eigene Heim gemütlich zu machen. Sie reparieren kaputte Sachen, schnitzen, beziehen selber die Möbel, sie spielen Gesellschaftsspiele und sind an allen sozialen Aktivitäten in Klubs und Vereinen interessiert.

Die guten Eigenschaften, die Hasen im Berufsleben entwickeln: ein stark ausgeprägtes Verantwortungsgefühl in bezug auf eine Gruppe, Gemeinde oder Gesellschaft. Das bedeutet in der egoistischen Form: ein starker Drang, das Familienunternehmen zum Blühen zu bringen oder im Glanz zu erhalten. Insgesamt die Fähigkeit, sich auf andere Menschen einzustellen, für ihren Fortschritt und ihr Glück zu arbeiten und eine Führungsposition zu übernehmen, wenn ihre Untergebenen zur Zusammenarbeit bereit sind. In kritischen Situationen sind sie auf jeden Fall besser, als sie selber und auch andere Leute denken.

Was zu den Hasen paßt Länder, die mit den Jahren des Hasen etwas zu tun haben sollen, sind Wales, Belgien und die Niederlande, die Schweiz, Kanada und wahrscheinlich auch Singapur. In den Hasenjahren ist die Rolle der Frau im öffentlichen Leben betont worden; es wurden Fortschritte auf dem Gebiet der Frauenrechte und der Kinderschutzgesetze gemacht, große Bauprojekte entwickelt und internationale Abkommen wie z. B. die Entente cordiale zwischen England und Frankreich getroffen.

Die Edelsteine und Halbedelsteine, die zu den Hasenjahren passen, sind Smaragd, schwarzer Onyx, Selenit, Perlen und Bergkristall.

Bekannte Hasen Zwei Staatsoberhäupter personifizieren ähnliche und doch ganz verschiedene Ausdrucksarten des Hasencharakters. Als Herrscherin über das noch wachsende und blühende britische Empire war Königin Victoria die ›Mutter‹ für ein Viertel der Weltbevölkerung. 50 Jahre

später war Joseph Stalin als Herrscher über den noch auf-
strebenden Sowjetstaat ›Väterchen‹ der gesamten riesigen
russischen Bevölkerung.

Es gibt viele berühmte Hasen-Schriftsteller, und sie bestätigen eigentlich alle die Vorliebe der Hasen für die Familie oder im weiteren Sinn ihre Vaterlandsliebe. Keiner
von ihnen gehört zu den Bahnbrechern, man könnte sie
eher als romantische Konservative bezeichnen: Walt Whit-
man, John Galsworthy, Evelyn Waugh, Arthur Miller.

Ein Filmschauspieler wie Cary Grant demonstriert die
Weichheit und Rätselhaftigkeit der Hasen.

Zusammenleben mit anderen So kommen Hasen mit
Vertretern anderer Tierzeichen zurecht:

Mit anderen Hasen: vorzüglich, sofern es sich auf ein
gemütliches und behagliches Freundschaftsverhältnis bezieht; sind jedoch Geschäfte im Spiel, können Empfind-
lichkeiten auftauchen.

Mit Ratten: gute Chancen, wobei die Ratten allerdings
manchmal zu schlitzohrig für Sie sein können, und ihr
Mangel an Prinzipien kann Ihr Moralgefühl verletzen.

Mit Büffeln: ebenfalls eine gute Verbindung, besonders
für friedliche Familienbeziehungen. Auf emotionalem Gebiet können beide etwas besitzergreifend sein, zugunsten
oder zuungunsten des anderen.

Mit Tigern: Sie werden von ihrem Schwung und von
ihren positiven Eigenschaften stark angezogen. Die Tiger
lieben dagegen Ihr friedliches Gemüt. So verschieden, daß
sie gut zusammenpassen.

Mit Drachen: ihre Machtgier verwirrt Sie, dagegen werden die Drachen von Ihrer Kontaktfreudigkeit beeindruckt. Das kann sogar Schuldgefühle in ihnen wecken.

Mit Schlangen: Sie ziehen sich gegenseitig auf den ersten
Blick an, aber wenn nicht jeder von Ihnen seine Gefühle
unter Kontrolle hat, kann diese spontane Zuneigung in
Haß umschlagen.

Mit Pferden: eine ganze Anzahl von Ähnlichkeiten, aber sie können sich gegenseitig auf die Nerven gehen, wobei es zu verbalen Auseinandersetzungen kommen kann. Der tiefere Grund: die Pferde sind männlicher als Sie.

Mit Ziegen: beste Chancen für Verträglichkeit und Übereinstimmung, aber Sie sind alle beide nicht sehr energisch und schwungvoll. Es besteht eine leichte Gefahr zu pingeliger Umstandskrämerei.

Mit Affen: sie betrachten das Leben und die Welt mit vollkommen anderen Augen, daher haben Sie mit ihnen wenig gemein. Sie können für sie sorgen, dafür können die Affen Sie aufheitern.

Mit Hähnen: Ihr Gegenbild im guten und im schlechten. Von Hähnen können Sie mehr als von jedem anderen Tier lernen, aber diese Lektionen können für Sie schmerzlich sein.

Mit Hunden: eine schwerfällige, freundliche Form der Partnerschaft. Sie können jedoch manchmal nach Ihnen schnappen, während Sie sich von Zeit zu Zeit in den Schmollwinkel verziehen.

Mit Schweinen: zahlreiche Gemeinsamkeiten, so daß Sie ohne Konflikte und Komplikationen bis ans Lebensende zusammenbleiben können. Das einzige, was Ihnen beiden fehlen würde, wäre etwas Abenteuerlust.

5 Das Jahr des Drachen

Das Charakterbild Ihr Lebenszweck ist wesentlich vielfältiger als der der anderen Tiere. Sie streben nach Macht, werden jedoch nur fein ausgeklügelte und äußerst originelle Wege beschreiten, um sie zu erlangen, mit dem Resultat, daß sich Ihre Listen manchmal gegen Sie selber richten.

Über den Drachenjahren liegt ein ganz besonderer Glanz von Magie, Erfindungsgeist, Begabung und Talent, und Sie, die in einem dieser Jahre geboren worden sind, werden mit davon überstrahlt. Sie haben etwas von einem Zauberer an sich: ein Mensch mit einem Geheimnis, für Ihre Freunde... und auch für Sie selbst. Sie halten zwar viel von Vernunft und Logik, aber nichts macht Ihnen größeres Vergnügen, als beide mit einem Sprung Ihrer Intuition zu überholen.

Sie werden unwiderstehlich von großen Geheimnissen und von den ungelösten Fragen des Lebens angezogen: Warum leben wir? Wohin gehen wir? Was bedeutet das überhaupt, leben? Die Drachen haben einen brillanten Verstand, sind neugierig, konzentrationsfähig, doch flink und wendig genug, um jedem neuen Gedanken folgen zu können.

Sie sind zu großen Leidenschaften fähig, halten jedoch immer ein wenig Distanz, als ob Sie nie genau wüßten, ob Sie nicht im nächsten Moment Ihren Koffer packen und weiterwandern müßten. Geistige Partnerschaft bedeutet Ihnen viel, und Sie lieben den geschliffenen Witz in Ihren Gesprächen.

Treue ist nicht Ihre Stärke. Wenn es Ihnen einfällt, dann ändern Sie Ihre Ansichten über Nacht, aber wenn Sie wirklich in der Klemme stecken, entwickeln Sie einen beachtlichen Mut. Ihre anderen Fehler und Schwächen: ein teuflisches Vergnügen an bizarren Ereignissen, Ideen und Menschen, nur um auf Ihre Umgebung eine Schockwirkung ausüben zu können.

Das Drachen-Kind Der kleine Drache gerät von einer Klemme in die andere und kann seine ganze Umgebung allein dadurch an den Rand der Verzweiflung bringen, daß er ständig fragt: »Warum?« Er muß seine Unabhängigkeit immer wieder betonen und wird früh gegen seine Eltern rebellieren, besonders wenn sie sehr streng sind. Seiner Erziehung sollte man besondere Aufmerksamkeit schenken und sollte ihm, falls notwendig, in bestimmten außerschulischen Fächern Extra-Unterricht geben.

Der extrovertierte Drache Als Drache ist man entweder extrovertiert oder introvertiert oder hat etwas von beidem, obgleich das eine Extrem meistens stärker ausgeprägt ist. Ein extrovertierter Drache wird über einen sprühenden Geist verfügen, mit Witzen und unvergeßlichen Sätzen nur so um sich werfen und großen Wert darauf legen, das andere Geschlecht durch Geistesblitze und durch seinen Charme zu beeindrucken. Er wird alle praktischen Arbeiten schätzen, bei denen er seinen Verstand gebrauchen kann, wird also gern Ingenieur sein, mit Computern arbeiten oder sich der Psychoanalyse zuwenden.

Der introvertierte Drache Sie werden ein tiefer Denker sein, wobei Sie Ihre Ergebnisse lieber zu Papier bringen, als daß Sie sie mündlich verkünden. Anderen gegenüber verhalten Sie sich relativ freundlich, aber Verbündete und Freunde suchen Sie sich sehr genau aus.

Was Drachen gerne tun Typische Drachen-Sportarten: Mittelstreckenlauf, Weitsprung, Eishockey und Autorennen. Sie sind kein gutes Team-Mitglied, weil Sie den individuellen Einsatz höher schätzen.

Drachen-Hobbies: alles was mit der Elektronik und der Bastelei eines Radio-Amateurs zusammenhängt, Streitgespräche, Archäologie und andere außergewöhnliche Dinge wie Astrologie und Zauberei. In einem Orchester fühlt sich der Drache von elektronischen Instrumenten, von der Pauke und vielleicht noch von der Harfe angezogen.

Die Eigenschaften, die Menschen aus einem Drachenjahr im Beruf erfolgreich werden lassen, sind Erfindungsgeist, umfassender Überblick und die Fähigkeit, allein und ohne fremde Unterstützung zu denken. In einer Gruppe können Sie nur auf freiwilliger Basis gut mitarbeiten, während Sie selbst der klügste und brillanteste Chef der Welt nicht dazu zwingen kann, gegen Ihren Willen an einem noch so reizvollen Projekt mitzuarbeiten.

Was zu den Drachen paßt Länder, die eine Verbindung mit den Jahren des Drachen haben sollen, sind Spanien, Ceylon, Kuba, Nepal, Finnland, Bolivien und Kenya. Die Drachenjahre zeichnen sich meist durch einen Anflug von Radikalismus aus, besonders wenn es um die Ausbreitung demokratischer Bestrebungen geht.

In den nächsten Drachenjahren sollten einige wissenschaftliche Fortschritte zu erwarten sein, besonders in bezug auf neue Energiequellen.

Die Edelsteine und Halbedelsteine, die mit den Drachenjahren zusammenhängen, sind Saphir, Opal, Chalcedon und Bernstein. Synthetische Steine können auch dazu gehören.

Das Rampenlicht, das durch seine konzentrierte Helligkeit die dramatischen Vorgänge auf der Bühne besonders betont, ist in einem Drachenjahr erfunden worden.

Bekannte Drachen Zwei große Gestalten aus dem 19. Jahrhundert, die am gleichen Tag und im gleichen Jahr geboren worden sind, haben auf ihren beiden Gebieten, der Politik und der Wissenschaft, für Revolutionen gesorgt: Abraham Lincoln und Charles Darwin. Typische Drachen-Dichter sind George Bernhard Shaw und Oscar Wilde gewesen, auch Lewis Carroll und Friedrich Nietzsche. Sigmund Freud, der uns gelehrt hat, die menschliche Seele zu verstehen, war ebenfalls ein Drache.

Zusammenleben mit anderen So gut oder so schlecht kommen die Drachen mit anderen Tierjahren zurecht:

Mit anderen Drachen: das kann ein bewunderungswürdiges Zusammentreffen von großen Geistern sein, wobei der eine ein Genie und der andere ein Exzentriker sein kann.

Mit Ratten: eine recht gute Kombination, besonders auf geistigem Gebiet. Die Bindung wird nie sehr tief sein, dafür frei von Widersprüchen bleiben.

Mit Büffeln: sie werden von Ihnen angezogen, während Sie besonders ihren praktischen gesunden Menschenverstand bewundern. Unter Druck können Sie alle beide sehr halsstarrig werden.

Mit Tigern: sie neigen dazu, eitler und angeberischer als Sie zu sein, dafür übertreffen Sie die Tiger an Eigensinn und Einzelgängertum.

Mit Hasen: Sie verachten sie, weil ihnen der Sinn fürs Abenteuer fehlt, aber in Ihrem tiefsten Herzen wissen Sie, daß die Hasen immer wieder für den Frieden sorgen, nach dem Sie sich sehnen.

Mit Schlangen: das kann eine vorzügliche Kombination ergeben, aber Ihre gemeinsame Verschlagenheit bringt oft Ihre besten Pläne zu Fall.

Mit Pferden: im Beruf und in der Öffentlichkeit arbeiten Sie gut zusammen. In der Ehe geht es so lange gut, wie einer von Ihnen der Boß ist.

Mit Ziegen: sie finden Sie unzuverlässig und etwas zu eigenbrötlerisch, aber Sie kommen gut miteinander aus, wenn sich jeder vornimmt, vor allem an die Tugenden und guten Eigenschaften des anderen zu denken.

Mit Affen: eine glänzende Partnerschaft, solange Sie sich nicht gegenseitig auf die Nerven fallen. Sie sind alle beide ruhelos, und deshalb brauchen Sie oft einen Wechsel – und auch eine Trennung voneinander.

Mit Hähnen: sie wollen mit dem Kopf durch die Wand, während Sie Ihren Kopf zum Denken benutzen, was den Hähnen nicht redlich genug erscheint. Es kann jedoch eine sehr unterhaltsame Verbindung sein, in der auf jeden Fall nie Langeweile aufkommt.

Mit Hunden: das ist Ihr Gegenbild, Sie haben viel zu bieten, was ihnen fehlt, und umgekehrt, so daß der eine tatsächlich wie für den anderen geschaffen zu sein scheint.

Mit Schweinen: ihre gesunde Kraft zieht Sie an, desgleichen ihre geistige Beweglichkeit. Besonders ideal, wenn es zu einer künstlerischen Partnerschaft kommt.

6   Das Jahr der Schlange

Das Charakterbild   Sie betrachten es als die große Aufgabe Ihres Lebens, sich ganz und gar der einen Tätigkeit oder Person oder dem einen Glauben zu weihen, für den Sie sich bestimmt fühlen. Sie sind zutiefst davon überzeugt, daß eine große und wichtige Aufgabe Ihrer harrt, und Sie warten mit Ihrer ganzen Energie, mit allen aufgespeicherten Gefühlen darauf, das Betätigungsfeld zu entdecken, das Ihr Schicksal ist. Bis Sie es glücklich gefunden haben, können Sie ein recht schwieriger Mitmensch sein, selbstkritisch und streitsüchtig, eine Plage nicht nur für andere, sondern auch für Sie selber. Ist das Lebensziel jedoch entdeckt, sieht alles auf einmal ganz anders aus.

Dieses Bewußtsein des inneren Konfliktes spiegelt sich in Ihrer ganzen Lebenseinstellung wider. Sie sind kein Durchschnittsmensch, der sich mit Plaudereien und Oberflächlichkeiten zufriedengibt. Sie sind auf eine gewichtige Herausforderung eingestellt, die Ihnen zwar nicht den ganzen Spaß am Leben raubt, es Ihnen aber unmöglich macht, sich nur den Oberflächlichkeiten hinzugeben.

Die Jahre der Schlange scheinen oft Übergangsperioden in der Weltgeschichte zu sein, Wasserscheiden, die künftigen Strömungen und Entwicklungen ihre Richtung geben. Ihr Leben wird sich vermutlich in eine Reihe von deutlich begrenzten Episoden einteilen lassen, aus denen Sie im Rückblick immer eine Lehre ziehen können, und wenn Sie diese Lehre akzeptiert, sich den Zuwachs an Erkenntnis zu eigen gemacht haben, ist die Episode auch beendet.

Ihre Fehler und Schwächen: eine Neigung, Ihre Mitwelt zu beschwindeln, Dickköpfigkeit und ein heftiges Temperament, das Sie bei jeder Kleinigkeit zu Explosionen treibt. Sie sind sich selbst Ihr schlimmster Feind, weil Sie viel zu hohe Ansprüche an sich stellen. Doch wenn Sie sich zu sich selbst durchgerungen haben, verfügen Sie über eine Anziehungskraft, der sich niemand entziehen kann.

Das Schlangen-Kind Den kleinen Schlangen muß man erlauben, mit sich selber fertig zu werden, die schützende Hand der Eltern brauchen sie nur selten. Was sie dagegen brauchen, ist Ermutigung. Die kleine Schlange hat Zuspruch und Ermunterung nötig, wenn sie sich verletzt fühlt, sonst gerät sie ins Schmollen oder versinkt in Selbstmitleid. Wenn sie sich falsch behandelt glaubt, kann sie tückisch werden. Eltern und Lehrer haben besonders in der frühen Kindheit die verantwortungsvolle Aufgabe, dem Kind genau das richtige Gleichgewicht zwischen Disziplin und Freiheit zu vermitteln. Der Leitsatz des späteren Erwachsenenlebens wird Selbstdisziplin sein, die jedoch selbständig entwickelt werden muß und nicht aufgezwungen sein darf.

Die extrovertierte Schlange Schlangen sind extrovertiert oder introvertiert oder etwas von beiden, neigen jedoch meistens etwas mehr zu dem einen Extrem. Extrovertierte Schlangen sind überaus sexy, sie kennen genau ihre Macht über andere Menschen und sind bestrebt, ihr Ziel im Leben durch Dienstleistungen, geschäftliche Tüchtigkeit oder durch praktische Arbeit zu erreichen. Sie brauchen jedoch trotzdem und immer wieder die Gelegenheit, sich ungestört in ihre vier Wände zurückziehen zu können.

Die introvertierte Schlange Diese eigenen vier Wände sind sehr wichtig für Sie, und sie sind Ihnen beides, Schutz und Versteck. Es fällt Ihnen schwer, enge Freundschaften zu schließen, aber wenn es Ihnen gelingt, dauern diese Freundschaften das ganze Leben. Auch an Ihre Freunde stellen Sie überaus hohe Ansprüche.

Was Schlangen gerne tun Typische Sportarten: Bergsteigen, Tiefseetauchen, Fischen, Segeln und vielleicht noch Rugby. Der Nachdruck muß auf der persönlichen Ausführung liegen können, die Schlange muß sagen können: »Das muß so und nicht anders gemacht werden – weil ich das so sage.«

Schlangen-Hobbies sind etwas für Einsiedler: Lesen, alle Kunstarten, die man allein ausführen kann, Vögel beobachten, Amateur-Geologie, Briefmarkensammeln. Schlangen sind keine geborenen Gesellschafter, sie ziehen es vor, in einer privateren Manier zu brillieren. Wenn die Schlange zum Beispiel Geige spielt, dann wird sie lieber Solist als Kammer- oder Orchestermusiker sein.

Die Eigenschaften, die Menschen aus Schlangenjahren im Beruf entwickeln, sind besessene Konzentration, ein scharfes Auge für Kleinigkeiten, ausgezeichnetes Organisationstalent und die Fähigkeit, in einer Krise die Führung zu übernehmen. Sie halten sich immer etwas abseits, bleiben für sich, und es fällt ihnen schwer, Menschen um sich zu dulden, die nicht so gescheit sind wie sie selber. Ihr Stolz vernebelt ihnen manchmal den Blick, sie merken nicht, daß und wo sie selber Fehler gemacht haben, und wenn sie es wirklich erkennen, so denken sie nicht daran, es zuzugeben.

Was zu den Schlangen paßt Länder, die etwas mit den Jahren der Schlange zu tun haben sollen, sind Mexiko, Peru, Indien, Saudi-Arabien, der Iran, Äthiopien und die UdSSR.

Die Edelsteine und Halbedelsteine, die mit den Schlangenjahren korrespondieren sollen, sind Topas, Malachit, Jaspis, Blutstein, Magnetit und Feuerstein.

Bekannte Schlangen Zwei Politiker mit einem stark ausgeprägten Sinn für schicksalhafte Entwicklungen, die beide die moderne Welt – jeder auf seine Weise – entscheidend geformt haben, sind John F. Kennedy und Mao Tse-tung. In beiden verbinden sich die der Öffentlichkeit demonstrierte Aufrichtigkeit mit zielsicheren Manipulationen hinter den Kulissen.

Die komplexe, selbstquälerische Seite des Schlangencharakters zeigt sich in drei berühmten Schriftstellern: Dostojewski, Joseph Conrad und John Osborne. Alle drei Autoren haben in ihren Werken Einzelgänger dargestellt, die außerhalb der Gesellschaft stehen.

In der Musik ist der leidenschaftliche Béla Bartók eine Schlange, auf dem Gebiet der Malerei der schöpferische Pablo Picasso. Drei Schauspielerinnen haben ihr jeweiliges Publikum durch die Intensität ihrer Rollen bezaubert: Sarah Bernhardt, Mary Pickford und Audrey Hepburn.

Zusammenleben mit anderen So kommen die Schlangen mit anderen Tierjahren gut oder weniger gut aus:

Mit anderen Schlangen: das gibt entweder eine berauschende und für die Ewigkeit begründete Liebe oder einen genauso tief verankerten Haß. Es kommt jeweils auf die betreffenden Schlangen an.

Mit Ratten: Ratten können etwas farblos wirken, obgleich Sie viele gemeinsame Interessen entdecken können. Versuchen Sie, die Ratten zu beherrschen.

Mit Büffeln: sehr gut, außer wenn der eine genau das Gegenteil vom anderen plant. Wenn Sie eine gute Freundschaft mit ihnen aufbauen wollen, so muß einer die Eigenarten des anderen akzeptieren.

Mit Tigern: sie neigen dazu, wesentlich extrovertierter als Sie zu sein, geschmeidiger, anpassungsfähiger. Als Verbündete sind Sie ein unwiderstehliches Paar.

Mit Hasen: Schlangen versuchen immer, sich Hasen gegenüber freundlich zu verhalten, aber die Führung zu übernehmen. Kurioserweise sind es jedoch häufig die Hasen, die auf die Dauer das Rennen gewinnen.

Mit Drachen: wenn Sie sich darauf einrichten, ihnen auf halbem Wege entgegenzukommen, so kann ein belastungsfähiges, gutes Verhältnis entstehen. Es kann allerdings genausooft passieren, daß jeder von Ihnen ein anderes Ziel im Auge hat.

Mit Pferden: an den extrovertierten Pferden finden Sie ihrer Heiterkeit und Vergnügtheit wegen Gefallen. Die sensiblen, ruhigen Pferde können dagegen Ihre besten Geschäftspartner werden.

Mit Ziegen: eine hervorragende Partnerschaft auf geschäftlichem oder politischem Gebiet, bei der es freilich alle Naslang zu einem Zusammenprall der Meinungen kommen kann. Ziegen bewundern Ihren Mut.

Mit Affen: Sie sind unglaublich verschieden voneinander, und gerade das ist der Grund, warum der eine den anderen unwiderstehlich anzieht. Wenn es überhaupt klappt, ergeben Sie beide ein Paar, dem alles gelingt.

Mit Hähnen: das ist eine vorzügliche Kombination für eine Ehe, denn zusammen geht Ihnen alles schnell von der Hand, und Sie erobern sich ein weites, reiches Feld der gemeinsamen Gefühle.

Mit Hunden: unter der Bedingung gut, daß Sie es sich zutrauen, nie die Kontrolle zu verlieren und in dieser Allianz die Führung zu übernehmen.

Mit Schweinen: sie ergänzen Sie, schmeicheln Ihnen aber nicht. Das Schwein ist ein Tier, das Sie voll Wonne hassen und umgekehrt. Auf jeden Fall wird der eine vom anderen fasziniert sein.

7   Das Jahr des Pferdes

Das Charakterbild   Ihre hervorstechende Eigenschaft ist Ihre fröhliche Tatkraft. Manchmal drehen Sie ein bißchen zu sehr auf und gehen Ihrer Umgebung mit Ihrem Getöse auf die Nerven, aber alles in allem verfügen Sie über die Fähigkeit, sich beliebt zu machen und auf all Ihren Wegen Glück, Heiterkeit und Zufriedenheit zu verbreiten.

Sie tun das auf eine flatterhafte, oberflächliche und ungestüme Weise, die nur auf die Gegenwart gerichtet zu sein scheint und sich nicht um die Zukunft kümmert. Es liegt nicht daran, daß Sie sich nicht um die Gefühle anderer Leute kümmern, aber Ihre Begeisterung reißt Sie mit, flakkert wie eine Flamme im Wind, hierhin und dorthin, ohne Halt und Heimat.

Ihre Idee vom Leben scheint eine Art Herausforderung zu sein, ein Abenteuer, eine Reise ins Unbekannte. Sie machen sich voll Wonne auf die Suche nach neuen Tatsachen. Sie genießen es, neue Meinungen zu entdecken, und stürzen sich in andere Gefühle, als ob es sich um die neueste Mode handelte. Sie sind immer bestrebt, ein vollständiges Bild der Welt vor sich zu haben, von Ihrer Welt, die aus Ihrer Erfahrung erwachsen ist. Ihre Ungeduld wird nie gestillt werden, aber Sie gehören zu den Menschen, die immer lieber auf dem Weg nach einem Ziel sind, als daß sie ein Ziel erreichen.

Ihre Fehler und Schwächen sind Taktlosigkeit und Schwatzhaftigkeit. Sie spielen gern mit den Gefühlen anderer, Sie spielen ihnen auch gern Streiche und legen sie herein, und Sie besitzen eine scharfe Zunge, unter der Sie freilich nie selber zu leiden haben, weil Ihre Opfer immer die anderen sind.

Wenn Sie sich allein überlassen sind, so bilden Sie sich ein, daß Ihnen zu Ihrem Glück nichts fehlt, aber in Wirklichkeit hängen Sie von der Gesellschaft der anderen Menschen ab und brauchen sie auch zur Selbstbestätigung.

Das Pferde-Kind Er oder sie reißen früh von zu Hause aus, aber zum Mittagessen sind sie meistens wieder daheim. Sie sind abenteuerlustig, neugierig, und man kann sie leicht erziehen, wenn man ihre Würde nicht verletzt. In der Schule sind sie meistens gut in Fremdsprachen, sie lieben Literatur und alle möglichen Sportarten. Sie können großzügig sein, können sich auch ausnutzen lassen, aber man muß ihnen ziemlich nachdrücklich klarmachen, daß andere Menschen auch Gefühle haben. Wenn man sich nicht um sie kümmert, können sie egozentrisch werden.

Das extrovertierte Pferd Als Pferd ist man entweder extrovertiert oder introvertiert, kann auch eine Mischung von beidem sein, wobei eine Eigenschaft meist die Überhand gewinnen wird. Die meisten Pferde sind jedoch extrovertiert und haben keine Schwierigkeit, Freunde zu gewinnen. Die praktische Seite des Lebens wird sie immer mehr anziehen, und ein herzhaftes Lachen wird ihnen lieber sein als ein unterdrücktes Kichern. Sie ziehen die Dekoration der Kunst vor und eine klare Antwort einer noch so geistreichen Theorie.

Das introvertierte Pferd Sie sind der getreue Eckehard, der Hausfreund, der zuverlässige große Bruder, eine Quelle von phantastischen Geschichten und Informationen. Sie scheinen mit sich im Frieden zu leben, doch insgeheim fühlen Sie sich vielleicht ein bißchen einsam, und es stört Sie, daß Sie so viele Selbstgespräche führen.

Was Pferde gerne tun Typische Pferde-Sportarten: alle Leichtathletikarten, besonders Schnell-Lauf und Speerwurf, Jagen (nicht der Beute, sondern des Jagdfiebers wegen), Rugby und natürlich alle Formen des Pferdesportes. Pferdemenschen sind insgesamt besonders sportlich.

Pferde-Hobbies finden meistens auch im Freien statt: sie reichen vom Drachensteigen bis zum Modellbootrennen. Pferde können nicht widerstehen, eine normale Tätigkeit in ein Spiel, am liebsten in ein Wettspiel zu verwandeln, und wenn es nur in der Phantasie stattfindet. Typische Pferdeinstrumente im Orchester sind die Klarinetten.

Die Eigenschaften, die Menschen aus den Pferdejahren im Beruf erfolgreich machen: sie haben viele Einfälle, guten Organisationssinn und die Fähigkeit, Ideen mit Schwung und Durchschlagskraft zu verfolgen. Pferde sollten versuchen, in einer großzügigen, schwungvollen und antriebsstarken Umgebung zu arbeiten, umgeben von möglichst viel Vertretern des anderen Geschlechts.

Was zu den Pferden paßt Länder, die mit den Jahren des Pferdes verbunden sein sollen, sind Rumänien, Algerien, Österreich und Libyen. Es ist möglich, daß Indonesien und der Libanon auch zu den Pferde-Ländern gehören.

Die Edelsteine und Halbedelsteine, die etwas mit den Pferdejahren zu tun haben sollen, sind Rubin und Granat, Türkis, Amethyst, Topas und Hyazinth.

Wichtige Entdeckungen, die in Pferdejahren gemacht worden sind: das Blitzlicht, das Tonband und das Plexiglas.

Bekannte Pferde Religiöse Überzeugung: Billy Graham; die Kunst, Musik voll Leidenschaft zu interpretieren: Leonard Bernstein; politische Visionen samt kraftvoller Lebensbejahung: Nikita Chruschtschow. Jeder von diesen Männern stellt den Pferdecharakter höchst lebendig dar. Greta Garbo ist ein Beispiel für ein introvertiertes Pferd, wagemutig, unabhängig, immer auf der Reise, ohne gemütliche Familienatmosphäre.

Der Komponist Igor Strawinski ist ein Beispiel für den Künstler auf der Suche nach neuen Formen, die der reichen Fülle seiner Empfindungen Ausdruck verleihen können. Sam Goldwyn, Chef der MGM in ihren goldenen Tagen des Ruhms, personifiziert das Pferd, das zu keinem noch so verrückten Traum nein sagen kann.

Zusammenleben mit anderen Auf diese Weise leben die Pferde mit anderen Tierzeichen oder setzen sich mit ihnen auseinander:

Mit anderen Pferden: das geht recht gut, obgleich Sie in einer Ehe das gegenseitige Unabhängigkeitsbedürfnis sehr respektieren müssen.

Mit Ratten: da kann es Konflikte und Reibungen geben. Von der Ratte können Sie Manieren, Lebensstil und Charme lernen, während Sie den Ratten beibringen können, wie man das Leben genießt.

Mit Büffeln: Ihr Eifer und die Büffelbeständigkeit passen gut zusammen. Das Zusammenleben kann allerdings etwas langweilig werden, wenn es Ihnen nicht gelingt, die guten alten Büffel etwas anzuspornen.

Mit Tigern: viele Entsprechungen und Ähnlichkeiten, weil Sie beide so lebenssprühend und kraftstrotzend und eitel sind. Diese Kombination ergibt ein wahres Feuerwerk.

Mit Hasen: Sie scheinen in dem kleinen braven Hasen die Bestie zu wecken. Die Hasen trauen sich plötzlich zu, mit Ihnen in Wettbewerb zu treten. Und manchmal gewinnen sie sogar.

Mit Drachen: Sie können sie um den kleinen Finger wickeln – aber dazu müssen sie Sie erst einmal haben. Sie sind gescheit und geschickt, aber Sie sind flink!

Mit Schlangen: geradezu lächerlich verschieden, was Sie nicht daran hindert, die Schlange faszinierend zu finden. Aber Vorsicht: in diesem Fall spielen Sie mit dem Feuer.

Mit Ziegen: das kann eine freundschaftliche Verbindung werden, selbst wenn Sie finden, daß die Ziegen zurückhaltender sind als nötig, aber nicht so bescheiden, wie sie immer tun.

Mit Affen: sie scheinen sich genau wie Sie immer an der Oberfläche zu bewegen, aber wenn es darauf ankommt, so zeigt sich doch, daß Sie verläßlicher, standfester und realitätsbewußter sind.

Mit Hähnen: da gibt es viele Ähnlichkeiten, aber ein Wille steht gegen den anderen, was zu inneren Spannungen und äußeren Streitigkeiten und Auseinandersetzungen führen kann.

Mit Hunden: Ihre beiden Lebensansichten gestatten Ihnen viele Sympathien. Das kann die tragfeste Basis für eine dauerhafte Freundschaft sein.

Mit Schweinen: eine ganze Reihe von Gemeinsamkeiten, aber das Schwein ist fauler als Sie, während Sie flüchtiger als das Schwein sind.

8   Das Jahr der Ziege

Das Charakterbild   Sie sind ein Mensch, der sich für die
Gesellschaft, für die Politik und für die Gemeinde interessiert und dessen höchstes Ziel es ist, ein erfolgreicher Geschäftsmann zu werden. Doch selbst wenn Ihr Beruf überhaupt nichts mit Handel und Wirtschaft zu tun hat, so sind
Sie außergewöhnlich ehrgeizig, und wenn Sie gar keinen
Beruf ausüben, so sind Sie doch bestrebt, Ihr Leben praktisch, rationell und effektiv einzurichten.

Das sind Ihre besten Eigenschaften: Sie wissen instinktiv, wie man Menschen behandeln muß, wie man zu
raschen, klaren Entscheidungen kommt, die vom gesunden Menschenverstand diktiert sind, wie man sich das
Leben am besten einrichtet. In ihrer schlimmsten Form ist
die Ziege ein Stiefelablecker, pingelig, aber beschränkt.

Man kann Sie nicht als Durchschnittsmenschen bezeichnen, und Sie scheinen immer mehr am Kern einer Sache interessiert zu sein als an den äußeren Verzierungen. Sie
haben einen guten, praktischen Verstand, und selbst wenn
Sie einen künstlerischen Beruf ausüben, so bleiben Ihre
Phantasien erdverbunden.

Trotz ihres Ehrgeizes erreichen nur wenige Ziegen Spit-
zenpositionen. Irgendwann und irgendwo geht der Antrieb
verloren, und Sie erreichen nie das höchste Ziel.

Erwiesenermaßen besitzen Sie jedoch Durchhaltekraft,
wenn Sie diese Zähigkeit auch oft nur dazu benutzen, um
sich eine Pensionsberechtigung zu ersitzen. Kurz gesagt:
sehr abenteuerlustig sind Sie nicht. Was die gefühlsmäßigen Bindungen betrifft, so haben Sie eine Mauer um Ihr
Herz gezogen, und es wird nur sehr wenigen ganz besonderen Menschen gestattet, dieses private Heiligtum zu betre-
ten. Wenn Sie älter werden, verstärkt sich diese Haltung
noch. Sie werden strenger und unerbittlicher, und es besteht sogar die Gefahr, daß Sie starrköpfig und verknö-
chert werden.

Trotz alledem verfügen Sie stets über einen Schatz vernünftiger Ratschläge und Lebensregeln, und die Leute werden Sie Ihrer Grundsätze wegen achten.

Das Ziegen-Kind   Die kleine Ziege hat eine große Freude an eigenen Leistungen, sie schätzt Ermutigungen, aber auf Hilfe legt sie keinen großen Wert. Sie ist vielleicht nicht sehr gefühlvoll und überschwenglich, aber wenn sie sich erst einmal an eine Situation gewöhnt hat, so hat sie es auch gern, wenn sie etwas mit anderen Kindern zusammen unternehmen kann. In der Schule muß sie sehr fleißig sein, sie ist gründlich, aber vor allem am Anfang etwas langsam. Ein paar dicke Freunde sind ihr lieber als eine ganze Schar von losen Bekannten. Die Familie bedeutet ihr viel. Im Lauf der Entwicklung will sie auch unabhängig sein, aber in der frühen Kindheit braucht sie die unwandelbare Sicherheit und das Gefühl, behütet zu werden.

Die extrovertierte Ziege   Als Ziege ist man entweder extrovertiert oder introvertiert, oder man zeigt die Eigenschaften von beiden Extremen, obgleich man sich immer mehr dem einen zuneigt. Als extrovertierte Ziege werden Sie schnippische, zynische und weltgewandte Unterhaltungen schätzen. Sie werden in Gruppen, Ausschüssen und Klubs aktiv sein, in der Verwaltung eine Rolle spielen wollen oder ehrenamtliche Aufgaben übernehmen. Ihrer Umwelt gegenüber geben Sie sich offen und ungeziert, aber Sie sind immer von dem Drang erfüllt, einen Teil Ihrer Persönlichkeit ganz allein für sich zu reservieren.

Die introvertierte Ziege   Wenn Sie introvertiert sind – und das trifft für die meisten Ziegen zu –, so denken Sie nach, ehe Sie den Mund auftun, und beobachten jeden Menschen sorgfältig, ehe Sie mit ihm Freundschaft schließen. Sie zerbrechen sich insgeheim immer den Kopf, was die anderen Leute von Ihnen denken.

Was Ziegen gerne tun Typische Ziegen-Sportarten: Mannschaftsspiele jeglicher Art, Badminton und Tennis, Schwimmen und Gymnastik.

Ziegen-Hobbies werden meistens drinnen ausgeübt: Schach- und andere Brettspiele, Inneneinrichtung, Basteln, am liebsten mit Holz, etwas Schriftstellerei. Wenn sie sich im Freien aufhalten, müssen sich die Ziegen immer praktisch betätigen, so daß sie selbst am Strand Burgen, Wälle und andere Sandkonstruktionen bauen müssen.

Die positiven Eigenschaften, die die Leute aus dem Ziegenjahr für ihre Berufe mitbringen: ein gesunder Menschenverstand, der sich an der Erfahrung ausrichtet, Takt, Logik und die Fähigkeit, auch unangenehme Entscheidungen zu fällen. Ziegen sind gute Verwalter, Ingenieure, Stadtplaner, Architekten. Sie können anderen sehr gut bei der Lösung praktischer Probleme helfen, während sie Distanz wahren, wenn es um Gefühlsprobleme geht.

Was zu den Ziegen paßt Länder, die mit den Jahren der Ziege verbunden sein sollen, sind Deutschland und Schottland, Polen und die Tschechoslowakei, Schweden, der Irak, Laos und wahrscheinlich auch Kolumbien und Grönland.

Die Edelsteine und Halbedelsteine, die etwas mit den Ziegenjahren zu tun haben sollen, sind der weiße Onyx, der Mondstein, Jetsteine, Saphire und vielleicht auch Jade.

Die Dampfwalze, langsam, aber stetig, ist in einem Ziegenjahr erfunden worden. Die berühmte amerikanische Monroe-Doktrin, die den europäischen Mächten des 19. Jahrhunderts befahl, sich nicht in die Politik auf der anderen Seite des Atlantiks einzumischen, charakterisiert den Ziegen-Wunsch, eine gehörige Distanz zwischen sich und die übrige Welt zu schieben.

Bekannte Ziegen Der Architekt Walter Gropius, dessen kühne Wolkenkratzer eher klassisch als romantisch sind, verkörpert die typische Künstler-Ziege, und zwei berühmte Frauen, Margot Fonteyn und Leslie Caron, zeigen den präzisen, wenn auch etwas spröden Charme der Ziegenschönheit.

Zusammenleben mit anderen So kommen die Ziegen mit anderen Tierjahren zurecht:

Mit anderen Ziegen: ausgezeichnet sowohl im Privatleben als im Beruf. Jeder bleibt für sich und ist dennoch im Umgang mit dem anderen freundlich und angenehm.

Mit Ratten: Unter bestimmten Voraussetzungen sehr gut, doch fühlt sich die ehrliche Ziege manchmal von dem öligen Charme der Ratten etwas abgestoßen. Sie ist auf jeden Fall der stärkere Partner.

Mit Büffeln: Sie sind sich auf vielen Gebieten so ähnlich, wie Sie sich auf anderen unterscheiden. Die Ziege kann die Dickköpfigkeit der Büffel nicht ausstehen, und diese finden Ihren lammfrommen Arbeitseifer unerträglich.

Mit Tigern: wenn auf beiden Seiten genug Respekt vorhanden ist, kann das blendend laufen. Sie sind aber vollkommen verschiedene Typen.

Mit Hasen: zahlreiche Übereinstimmungen. Bei Hasen können Sie sich erholen, sie können von Ihnen inspiriert werden. Wenn Sie sich zusammentun, ergeben Sie ein vorzügliches Team, nichts kann Sie trennen.

Mit Drachen: für Ihren mehr traditionellen Geschmack sind sie vielleicht zu schnell und zu originell. Aber im Grunde genommen mögen Sie sich gegenseitig sehr gern.

Mit Schlangen: wenn jeder von beiden bereit ist, etwas für diese Verbindung zu tun, so kann sie sehr erfolgreich werden. Wenn man sie einfach laufen läßt, werden Probleme entstehen.

Mit Affen: niemand kann behaupten, daß Sie sich ähnlich sind, aber mit einem erwachsenen und gereiften Affen kann es trotzdem geistige und emotionale Übereinstimmungen geben.

Mit Hähnen: es wird zuerst einen Kampf geben, wer von Ihnen die Führung übernimmt. Darüber hinaus sind jedoch zahlreiche gegenseitige Anziehungspunkte vorhanden.

Mit Hunden: normale Hunde jagen gerne Ziegen, während sich die menschlichen Hunde den Ziegen in aller Seelenruhe unterordnen und zufrieden die zweite Geige spielen. Ein friedliches Familienmodell.

Mit Schweinen: das ist in einem gewissen Sinne die beste Konstellation. Schweine stellen keine Ansprüche an Sie, während Sie auf geistigem Gebiet besonders harmonisch mit ihnen übereinstimmen.

9 Das Jahr des Affen

Das Charakterbild Verstand für zwei, aber immer damit beschäftigt, die Position zu wechseln oder zu verändern, weil Sie alles gleich wieder langweilt. Ruhelos, wendig, aber auch oberflächlich. Sie sind die aufgedrehte, funkensprühende, bewunderungswürdige ›unmögliche‹ Person, die eine ganze Gesellschaft in Schwung hält, selbst wenn die Party schon längst aus ist.

Ihre schlimmsten Eigenschaften sind Ihre Unzuverlässigkeit, Ihr ungestümes Auftreten, Ihr Mangel an Ausdauer und manchmal auch Ihre Schwindeleien und Betrügereien. Ihre guten Eigenschaften setzen sich aus Ihren fabelhaften Überredungskünsten, Ihrer unbesiegbaren guten Laune, Ihrem wendigen Geist und Ihrer Fähigkeit zusammen, sich von keinem persönlichen Mißgeschick unterkriegen zu lassen, sondern sofort das nächste Thema in Angriff zu nehmen.

Im Grunde genommen wollen die Affen-Leute nicht erwachsen werden. J. M. Barrie, der ›Peter Pan‹ geschrieben hat, ist selbst ein Affe gewesen, und etwas von diesem Märchenjungen steckt in jedem Affen. Sie versuchen, die

letzte und entscheidende Verantwortung von sich fortzu-
schieben, sie wehren sich, eine Vater-Figur zu werden oder
eine echte Mutter-Rolle zu übernehmen. Sie können diese
Rollen zwar spielen, so wie man eine Rolle in einem Thea-
terstück übernimmt, aber sie sind nicht imstande, sie tatsächlich zu verkörpern.

Grundsätze finden Sie langweilig, Streitgespräche lieben
Sie. Pflicht, Gehorsam, moralische Überzeugungen – das
hat in Ihren Wertvorstellungen wenig Platz, dafür spielen
die persönliche Befriedigung, die Neugier und alle dehnba-
ren und nicht so genau definierten ethischen Ansichten
eine wesentlich größere Rolle.

Stellen Sie sich einen Affen vor, der im Baum der Erkenntnis, dem Baum von Gut und Böse herumturnt, da
haben Sie das beste Symbol für Ihren ruhelosen und forschenden Geist.

Das Affen-Kind Der kleine Affe ist aufgeweckt, wendig
und sehr lebhaft, wird aber ängstlich und unsicher, wenn
er nicht den Schutz einer zuverlässigen und unwandelbaren
Umgebung um sich spürt. Nie sehr tapfer, es sei denn, er
kann sich auf seine Kameraden felsenfest verlassen. Besitzt
einen untrüglichen Instinkt für alles, was in der Ferne und
im Kommen ist. In der Schule glänzt er in allen Fächern
oder ist so faul, daß er überall versagt. Meistens schneidet
er jedoch gut bei allen Prüfungen ab, selbst wenn er sich
seine schulischen Arbeiten kein einziges Mal mehr durch-
liest.

Der extrovertierte Affe Affen sind entweder extrovertiert
oder introvertiert, oder sie verfügen über beide Neigungen,
wobei meistens eine der Eigenschaften überwiegt. Extrovertierte Affen – und das sind die meisten von Ihnen –
genießen Gesellschaft und Geselligkeit und kommen glän-
zend mit Menschen aller Klassen, Temperamente und
Typen zurecht.

Affen beurteilen die Dinge nach ihrem äußeren Anschein und kümmern sich nicht darum, was unter der Oberfläche verborgen liegen könnte.

Der introvertierte Affe   Sie sind klug, rücksichtsvoll und witzig – sich selbst gegenüber. Manche Sachen schreiben Sie lieber auf, als daß Sie sie einem anderen mündlich gestehen. Sie wirken etwas nachdenklicher und tiefer als die anderen Affen, haben etwas von einem Wissenschaftler oder von einem Philosophen an sich.

Was Affen gerne tun   Typische Affen-Sportarten sind Korbball, Tischtennis und alle anderen Spiele, bei denen es auf Geschwindigkeit und geschickte Hände ankommt.

Bei den Affen-Hobbies spielt die Fingerfertigkeit auch eine große Rolle: Klavierspiel, die Konstruktion von Mobiles, Puppenspiel, Tonarbeiten. Affen halten nicht allzuviel vom Leben in der freien Natur, sie ziehen die Stadt dem Land vor, die Bank auf dem Boulevard der Wiesenbank zwischen blühendem Thymian.

Die Eigenschaften, mit denen die Menschen aus den Affenjahren im Beruf Erfolg haben: ihre bewundernswerte Überzeugungskraft, die Fülle ihrer Ideen, die große Anpassungsfähigkeit, wenn es darum geht, neue Ideen zu entwickeln. Affen arbeiten am besten als Journalisten, Verkäufer, Politiker, im Werbegeschäft.

Was zu den Affen paßt   Länder, die mit den Jahren des Affen in Verbindung stehen sollen, sind die USA und Vietnam, Portugal und Ungarn, der Sudan und Ägypten – der Aufstand in Ungarn und die Suez-Invasion haben beide 1956, einem Affenjahr, stattgefunden –, Kambodscha und Marokko.

Die Edelsteine und Halbedelsteine, die mit Affenjahren zusammenhängen sollen: Bergkristall, Aquamarin, Achat, Marmor, Topas, Beryll, Chrysolit.

Erfindungen, Entdeckungen und neue Entwicklungen aus Affenjahren ergeben das gleiche Bild, sie haben alle mit Kommunikation, Geschwindigkeit und neuen Arten des Denkens zu tun: das Radio, das Fernseh-Telefon, die Radio-Astronomie, die vierdimensionale Geometrie, das Unterwassergewehr.

Bekannte Affen   Zwei Politiker des 20. Jahrhunderts bieten ganz konstrastierende Bilder der Affenpersönlichkeit: Nelson Rockefeller, Vizepräsident der Vereinigten Staaten, verfügt über den Charme und den Mutterwitz der extrovertierten Affen, Oswald Mosley, der britische Führer der Vorkriegs-Faschisten, verkörpert die Neigung der introvertierten Affen zu rhetorischer Taschenspielerei. Ian Fleming, den Schöpfer von James Bond, könnte man als den Schriftsteller vorstellen, der das Affen-Urbild in einer erwachsenen Märchengestalt verewigt hat.

Zusammenleben mit anderen   So kommen die Affen im guten und im bösen mit den anderen Tieren zurecht:

Mit anderen Affen: so gut wie zwei aufgeweckte Schulkinder − voll Begeisterung, Unsinn, Quatsch und Redensarten, Neid, Wettkampf und inniger Liebe.

Mit Ratten: sehr gut, solange man diese Verbindung ganz natürlich wachsen und reifen läßt, ohne jemanden zu ermuntern und anzustoßen.

Mit Büffeln: Sie finden sie ordentlich, aber langweilig, die Büffel finden Sie anregend, aber unzuverlässig. Wenn jeder die Schwächen und Grenzen des anderen klar erkennt, kann es eine gute Mischung werden.

Mit Tigern: als ziemlich aggressive Verbindung bekannt, bei der eine Zärtlichkeit sofort in eine Schlägerei ausarten kann. Es ist auf jeden Fall immer etwas los.

Mit Hasen: Sie sind ihnen zu schnell, aber jeder Zappelphilipp braucht eine Mutter, und Hasen können einen vorzüglich mit Bratkartoffeln und Liebe versorgen.

Mit Drachen: sehr viel Vergleichbares und Verwandtes, denn Sie können eine gute geistige Partnerschaft aufbauen und über jede Enttäuschung lächeln.

Mit Schlangen: Sie schütteln und winden sich alle beide – Sie ruhelos und verachtungsvoll über den verbohrten Stolz der Schlange, die Schlange vor Verachtung über Ihre Oberflächlichkeit.

Mit Pferden: keine Probleme, wenn alle beide offen und aufrichtig bleiben. Pferde hassen Ihre Doppelzüngigkeit, während Sie ihre Selbstgefälligkeit nicht ausstehen können.

Mit Ziegen: gut auf dem Geschäftssektor, sehr kompliziert, wenn es um Gefühle geht. Im Grunde genommen kommen Sie mit der Kühle im Charakter der Ziege nicht zurecht.

Mit Hähnen: sie behandeln Sie als Fliegengewicht, Sie versuchen sie zu übertreffen, und was dabei herauskommt, ist ein Leben auf dem Vulkan.

Mit Hunden: gar nicht so schlecht, wie man erwarten könnte. So ein braver alter Hund hat auch seine guten Seiten. Sie werden sie schon entdecken, wenn Sie sich nur Zeit genug dazu lassen.

Mit Schweinen: es gibt einige Ähnlichkeiten in Ihren Naturen, aber auch sehr viele Antipathien. Wenn es zu einer Heirat kommt, können die Fetzen fliegen.

10   Das Jahr des Hahns

Das Charakterbild   Ihre hervorragendste Eigenschaft sind Ihr Pioniergeist und Ihr Drang, weit über Ihren Horizont hinauszublicken und Ihr Wissen durch Lesen, Gespräche und eigene Forschungen zu erweitern. Ihre unangenehmste Seite ist durch Angeberei, Aggressivität, durch Launen und Sarkasmus gekennzeichnet, durch den unstillbaren Wunsch, aus allen und allem Kleinholz zu machen. Zwischen diesen beiden Extremen schwanken Sie hin und her, im einen Augenblick sind Sie überlegen und unabhängig, ganz Hochspannung, Empfindsamkeit und Energie, im nächsten Augenblick sind Sie ein kleinkarierter Miesepeter, der nur deshalb andere Menschen um sich herum braucht, weil er sie abkanzeln können muß.

Damit hängt zusammen, daß Sie eine lebhafte und überzeugende Sexualität besitzen, warm, aber gleichzeitig drohend. Sie sind immer in Gefahr, diejenigen am tiefsten zu verletzen, die Sie am meisten lieben.

Ihr Leben ist auf Leistung ausgerichtet. Obgleich Sie eher praktisch sind, putzen Sie alles mit einem seltenen Einfallsgeist so auf, daß auch der Alltag in einem höheren Glanz erstrahlt. Hähne sind kaum jemals tiefschürfende Theoretiker und ätherische Träumer, sondern Menschen von Fleisch und Blut, die sich nach etwas Romantik sehnen, um ihre ganze Existenz mit einem Hauch von Poesie verklären zu können.

Da Sie selbst ohne Arg sind, kann jemand, der es darauf anlegt, Sie leicht reinlegen. Es fällt Ihnen schwer, herzhaft und ohne Bitterkeit über sich selbst zu lachen, und das verführt Sie zu einer gewissen Selbstüberschätzung, die leicht etwas aufgeblasen wirkt. Im besten Fall verfügen Sie über Schwung und Selbstvertrauen und märchenhafte Träume. Im schlimmsten Fall sind Sie ein Egozentriker.

Das Hahn-Kind Der kleine Hahn ist nicht gerade bescheiden und weiß in den meisten Fällen nicht, wie er auf andere wirkt. Seinen natürlichen Charme setzt der Hahn erst dann berechnend ein, wenn er erwachsen wird. Junge Hähne sind unternehmungslustig, gerne vorlaut und begierig, sich in das volle Leben zu stürzen. Sie haben keine ausgesprochene Begabung für die rein akademischen Fächer, obgleich es da auch Ausnahmen gibt, sondern sie treiben eher Sport und stürzen sich lieber in jede Art von Geselligkeit, statt die Nase in ein Buch zu stecken.

Der extrovertierte Hahn   Man ist entweder ein extrovertierter oder ein introvertierter Hahn, manchmal mischt sich beides, aber eine Seite ist doch stärker ausgeprägt. Die meisten Hähne sind extrovertiert, freundlich, immer dazu bereit und imstande, eine Situation zu verstehen, ziemlich selbstbewußt und ganz darauf versessen, die gesamte Welt von ihrer Persönlichkeit zu beeindrucken.

Der introvertierte Hahn   Sie sind eine sonderbare Mischung, ein Mensch, der sich auf das Innere konzentriert und trotzdem einen nach außen gerichteten Charakter besitzt. Das kann zu Frustrationen führen, und Sie können sich darüber beklagen, daß niemand Sie versteht. Sie müssen mit Mut und anhand von Erfahrungen lernen, die Welt mit Gelassenheit zu erfassen.

Was Hähne gerne tun   Typische Hahn-Sportarten sind Fechten, Boxen und Ringen, alle Arten von Zweikämpfen also, bei denen der Beste gewinnen kann. Hähne sind insgesamt leidenschaftliche Sportfreunde und genießen jeden gesunden Wettkampf, der ihnen Spaß bringt.

Hahn-Hobbies beruhen meistens auf ihrem Geschick auf allen praktischen Gebieten, sei es nun, daß dabei ein nützlicher Gegenstand herauskommt, sei es, daß man im Rahmen einer Gesellschaft bei anderen Eindruck schinden kann. Dazu gehören auch Amateur-Theater-Vorstellungen, Singen und Tanzen, Metallarbeiten und andere Basteleien, während die Damen gern etwas Dekoratives für das eigene Heim entwerfen.

Die Eigenschaften, mit denen die Menschen aus dem Hahnjahr im Beruf Erfolg haben: ihre ausgesprochene Begabung zur Führerschaft, solange diese Führerschaft von ihren Untergebenen akzeptiert wird, und eine gewisse Elastizität, mit der man auch einen Rückschlag überwindet. Hähne passen am besten dorthin, wo Mut, Unternehmungsgeist und eiserne Nerven verlangt werden, und wo der Lohn in einem Zuwachs an persönlichem Prestige besteht.

Was zu den Hähnen paßt Länder, die mit dem Jahr des Hahns in Verbindung gebracht werden können, sind England und Australien, Westindien mit Haiti und wahrscheinlich auch Ghana und Paraguay.

Die Edelsteine und Halbedelsteine, die mit den Hahnjahren korrespondieren, sind Diamant, Rubin, Granat und Topas.

Bekannte Hähne In der Musik sind es die beiden Opernriesen des 19. Jahrhunderts, Wagner und Verdi, die beide Hähne gewesen sind. Im öffentlichen Leben stellen zwei Engländer den Kern des Hahncharakters dar: Prinz Philipp, rassig und offen, sportlich, der geborene Führer, dazu der ehemalige Premierminister Anthony Eden, liebenswürdig, ehrgeizig, ein geborener Herr. Ein gutes Beispiel für einen introvertierten Hahn ist Papst Paul VI., der es in seiner Laufbahn zum höchsten Amt gebracht hat.

Zusammenleben mit anderen So kommen die Hähne mit den Vertretern der anderen Jahre aus:

Mit anderen Hähnen: können sich zwei in einen Thron teilen? Es kann eine brillante und erfolgreiche Partnerschaft werden, aber man muß an die Fußangeln denken.

Mit Ratten: gleich viel Ähnlichkeiten und Gegensätze. Sie sind beide von Ehrgeiz erfüllt, doch während es die Ratte mit charmanter List versucht, benutzen Sie Ihren marktschreierischen Glanz.

Mit Büffeln: eine gute Ehekombination, wenn jeder Partner die schwachen Stellen des anderen genau erkennt und sie niemals für seine Zwecke ausnützt.

Mit Tigern: Sie besitzen mehr Energie als ein Tiger, aber Sie sind beide dazu geschaffen, Zuneigung lieber entgegenzunehmen als sie zu verschenken.

Mit Hasen: Sie wären gute Eltern, denn Ihre Eigenschaften ergänzen sich in dieser Hinsicht aufs schönste. Jeder von Ihnen muß aber auch viel vom anderen lernen.

Mit Drachen: jeder hat seinen Ehrgeiz, wobei der Drache immer originell sein will, während Sie am leicht eingängigen, altmodischen Ruhm hängen.

Mit Schlangen: Sie bewerten die Dinge nach ihrem äußeren Anschein, Schlangen zerbrechen sich über die tiefere Bedeutung den Kopf. Keine schlechte Partnerschaft für gerissene Geschäftsleute.

Mit Pferden: Sie haben vieles miteinander gemeinsam, was nicht unbedingt zum gemeinsamen Glück führt. Sie kommen gut miteinander zurecht, wenn sich der eine von Zeit zu Zeit vom anderen erholen kann.

Mit Ziegen: Ihre verschiedenen Lebensziele lassen keine tiefere Sympathie aufkommen, aber wenn jeder einsieht, wo die Stärken des anderen liegen, können Sie einander schätzen lernen.

Mit Hunden: für die gelassenen Hunde sind Sie zu blendend und besitzen einen zu wankelmütigen Charakter, aber Sie bringen die Hunde wenigstens in Schwung und halten sie lebendig.

Mit Schweinen: Sie haben mehr Mut, die Schweine haben mehr Sinn für Gerechtigkeit. Sie verfügen über schrankenlose Kräfte, jene ziehen die leiblichen Genüsse vor.

11   Das Jahr des Hundes

Das Charakterbild Als Führer können Sie scheitern, dafür sind Sie der geborene zweite Mann: treu, zuverlässig, gründlich in Ihrer Arbeit, großmütig in der Beurteilung anderer. Es steckt eine Bedächtigkeit in Ihnen, die andere als Engstirnigkeit oder Beschränktheit bezeichnen werden, aber Sie sind sicher der Ansicht, daß es besser ist, seine Grenzen zu kennen, statt sich in Wagnisse einzulassen.

Sie haben Sinn für trockenen, leisen und liebenswürdigen Humor. Ihre gesamte Haltung anderen Menschen gegenüber wird durch geduldige Fürsorge und unerschütterliche Beständigkeit ausgezeichnet. Gefühlsausbrüche liegen Ihnen nicht, was sich manchmal als unangenehm herausstellt, denn Sie wissen nicht, was Sie mit Ihren Gefühlsüberschüssen anfangen sollen; sie bleiben in Ihnen stecken und quälen Sie. Als Freund – und eigentlich verhalten Sie sich allen Menschen gegenüber freundschaftlich – sind Sie so zuverlässig und gemütlich wie ein gut eingesessener Lehnstuhl.

Die Jahre des Hundes entsprechen den Hundstagen im Sommer: es sind lange, gemächliche und meistens konservative Perioden in der Geschichte, in denen sich der Zeitgeist lieber auf die gute alte Zeit als auf radikale Gedanken gerichtet hat. Auf fast unauffällige Art und Weise ordnen sich die Dinge und fügen sich ein, so wie es sich ein Hund in seiner Ecke gemütlich macht, wenn er einschlafen will.

Ihre große Stärke ist dieses Gefühl der Zuverlässigkeit, das Sie ausstrahlen, besonders wenn Sie die mittleren Jahre überschritten haben. Andere Menschen finden es angenehm, mit Ihnen zusammenzuleben. Sie sind das Polsterkissen, das scheinbar mühelos alle Püffe und Schläge auffängt.

Das Hunde-Kind Der kleine Hund kann manchmal kaum bis zur eigenen Nasenspitze schauen, aber der beschränkte, wohlvertraute Anblick seiner Alltagsumgebung bedeutet ihm die ganze Welt. Er ist nicht sonderlich abenteuerlustig, ist gern bereit, sich von erfahrenen Leuten belehren zu lassen, läßt sich gerne knuddeln und verwöhnen und übt alles so lange, bis er es wirklich kann.

Der extrovertierte Hund Entweder ist man ein extrovertierter oder ein introvertierter Hund, oder man findet beide Eigenschaften in sich vereint, wobei meistens die eine erheblich überwiegt. Wenn Sie ein extrovertierter Hund sind, genießen Sie die Gesellschaft anderer Menschen, Sie hören ihnen gerne zu und nehmen an ihren Problemen Anteil, belästigen sie aber nicht allzusehr mit Ihren eigenen Problemen. Sie sind begierig, der Welt zu beweisen, was Sie zu leisten vermögen, obgleich Sie eigentlich nicht sehr ehrgeizig sind, und Sie geben sich eher mit einem netten, gemütlichen Mittelmaß zufrieden, als daß es unbedingt die höchste Spitze sein muß.

Der introvertierte Hund   Sie wollen am liebsten möglichst viel Zeit für sich allein verbringen. Sie sind sich Ihres Platzes in der Welt nicht sehr sicher und brauchen ziemlich viel Ermunterung und Zuspruch von anderen, bevor Sie eine führende Rolle in der Gemeinschaft übernehmen können. Auch Sie sind freundlich, aber nicht so sehr wie der extrovertierte Hund auf Gesellschaft angewiesen.

Was Hunde gerne tun   Typische Hunde-Sportarten sind Segeln, Gewichtheben, Weitsprung, Tauziehen. Den Hunden macht es Spaß, sich im Kreise von Freunden zu vergnügen, und sie haben nichts gegen einen Wettbewerb, wenn er nicht zu anstrengend wird.

Hunde-Hobbies erstrecken sich über einen langen Zeitraum, damit sie voll zur Entfaltung kommen können: Gartenarbeit, kunstvolle Konstruktionen aus Metall, riesige Wandteppiche oder Stickereien, umfassende innenarchitektonische Veränderungen, die das Haus unter Umständen monatelang in einen Bauplatz verwandeln. Wenn Möbel oder Wände gestrichen werden müssen, tun es Hunde nicht unter drei Anstrichen. Sie sind sehr gründliche Naturen, selbst beim Spiel.

Die Eigenschaften, die den Menschen der Hundejahre in ihrem Beruf zum Erfolg verhelfen, sind eine unermüdliche Geduld, Organisationstalent und die Fähigkeit, Dinge und Zustände so zu erhalten, wie sie sind. Sie können sich fast jede Arbeit zumuten, für die man nicht allzuviel Genialität besitzen muß, aber sie werden andererseits von ihrer Umgebung oft unterschätzt.

Was zu den Hunden paßt   Länder, die mit den Jahren des Hundes in Verbindung gebracht werden, sind eine sonderbare Mischung: Luxemburg und Malta, Costa Rica und Guyana, Angola, Guinea und Korea.

Die Edelsteine und Halbedelsteine, die etwas mit den Hundejahren zu tun haben sollen, sind rosa Bernstein, Hyazinth, Achat, Mondstein und Karneol.

Bekannte Hunde   Viele gibt es nicht, denn die Hunde machen keine Schlagzeilen. Unter den weiblichen Hunden gibt es einige hervorragende Schönheiten, zum Beispiel Sophia Loren, Ava Gardner und Candice Bergen. Zwei Schriftsteller charakterisieren die bewährten Tugenden des Tieres: W. Somerset Maugham und G. K. Chesterton, großartige Erzähler und Beobachter ohne ausgesprochenes Genie.

Und trotzdem, es muß ein gewisses Geheimnis bei Hunden geben. In Fällen der Not scheinen sie sich weit über ihren Durchschnitt erheben zu können. Der große Winston Churchill ist in einem Hundejahr geboren worden, und er hat interessanterweise die Depressionen, unter denen er litt, seine Schwarzen Hundelaunen genannt. Vielleicht stellte das Hundejahr eine dunkle Seite seiner Persönlichkeit dar, die er nicht sonderlich schätzte.

Zusammenleben mit anderen   So harmonisch oder konfliktbeladen leben die Hunde mit den Vertretern anderer Tierjahre:

Mit anderen Hunden: Hunde begrüßen einen Artgenossen gern auf die althergebrachte Weise, tauschen Neuigkeiten aus, laufen ein Stück zusammen, schlafen gemütlich miteinander. Da mag es manche Entsprechungen geben.

Mit Ratten: ihr Charme kann Ihnen manchmal zuviel werden, aber Sie sind alle beide friedliche Leute, die nichts anderes als ein ruhiges Leben führen wollen, und deshalb schaffen Sie es in der Regel auch sehr gut, gemeinsame Aufgaben zu erledigen.

Mit Büffeln: einige Ähnlichkeiten, kann aber eine ziemlich reizlose Verbindung werden, in der nichts knistert und keiner dem anderen etwas wirklich Interessantes zu bieten hat.

Mit Tigern: wenn keiner versucht, vom anderen Besitz zu ergreifen, kann es zu einer blühenden Verbindung kommen. Sie sind sehr verschieden, und deshalb ziehen Sie sich heftig an.

Mit Hasen: in jeder Beziehung sehr gut, weil beide daran interessiert sind, zusammenzubleiben. Es kann jedoch die Gefahr bestehen, daß Sie ein langweiliges Paar werden.

Mit Drachen: eine echte Haß-Liebe. Manchmal sind sie so unwiderstehlich reizvoll, manchmal solche unausstehlichen Besserwisser.

Mit Schlangen: ihre Lebensansichten sind intensiver, aber einseitiger als Ihre, wenn Sie jedoch eine Schlange lieben, so hält diese Zuneigung zu ihm oder zu ihr ein ganzes Leben lang an.

Mit Pferden: zahlreiche Entsprechungen und Verträglichkeiten. Dies ist vermutlich die beste Kombination des ganzen Tierkreises.

Mit Ziegen: ebenfalls recht gut, es kann Ihnen jedoch passieren, daß Sie sich beide endlos den Kopf über Probleme zerbrechen, die ein anderes Tier im Nu gelöst haben würde.

Mit Schweinen: Schweine reizen und necken Sie, während Sie ihnen gleichzeitig auch auf die Nerven gehen, aber wenn Sie diese Schwierigkeiten erst einmal überwunden haben, können Sie zu einer echten und herzlichen Verbindung kommen.

12 Das Jahr des Schweins

Das Charakterbild Das Hauptmotiv Ihres Lebens ist die Suche nach der Wahrheit. Sie können diese Aufgabe auf vornehme Art tun – als Wissenschaftler und Forscher oder als stets an sich selbst arbeitender Suchender. Sie können es aber auch als Schnüffelei betreiben, und zwar nicht zu besseren Zwecken, sondern um der Schnüffelei willen. Sie konzentrieren sich jeweils ausschließlich auf eine Sache, das übrige Leben muß dann so abrollen, wie es gerade kommt. Aus dieser Besessenheit resultiert die unordentliche, faulenzerische Seite Ihrer Natur.

Ihre Fehler bestehen darin, daß Sie den Menschen, die nicht so gescheit sind wie Sie, mit Verachtung begegnen, daß Sie dazu neigen, dick zu werden (ein Zeichen für die Gleichgültigkeit, mit der Sie bestimmte Bereiche des Lebens behandeln) und daß Sie unsystematisch sind.

Zu Ihren Tugenden gehören Ihre gerechte Empörung, besonders über Menschen, die unter schwierigen Bedingungen existieren müssen, und Ihr moralisches Gewicht, das sich unter Umständen erst im Alter entwickelt.

Sie sehen, daß Sie ein recht vielschichtiger Charakter sind, stolz auf Ihre intellektuellen Fähigkeiten und Leistungen, aber nie zufrieden mit Ihren gefühlsmäßigen Bindungen. Zwar sind Sie fähig, Liebe und Treue zu beweisen, aber eigentlich brauchen Sie eher einen freundlichen und witzigen Kameraden als einen Partner für große Leidenschaften. Wenn Sie aber die große Liebe packt, so setzt Sie das in größte Verlegenheit. Natürlich können die Schweine dieser Welt auch sinnlich sein, und manchmal kennen sie ihre Grenzen nicht ganz; leidenschaftliche Gefühle passen einfach nicht so recht zu ihnen.

In Gefühlsdingen müssen Sie Geduld und Gelassenheit entwickeln. Sei haben einen bewundernswürdig geradlinigen Verstand zu bieten, der Ihnen helfen kann, kreativ zu sein, sich durchzusetzen und andere zu beflügeln.

Das Schweine-Kind Es ist immer ein Vorteil für ein kleines Schwein, wenn es in Ruhe und Regelmäßigkeit erzogen
wird, damit es Zeit und Gelegenheit hat, möglichst viele
verschiedene Wissensgebiete kennenzulernen. Es braucht
wie jedes Kind ein geborgenes Zuhause, aber seine Eltern
dürfen sich nicht wundern, wenn es relativ früh einen
Drang zur Unabhängigkeit entwickelt. Mit anderen Kindern geht es freundlich um, aber es möchte in allen möglichen Kleinigkeiten seine Überlegenheit beweisen. Durch
Drohungen kann es überhaupt nicht eingeschüchtert werden, sie verstärken höchstens seinen Mut. Es sucht jedoch
niemals von sich aus Ärger und Streit.

Das extrovertierte Schwein Sie sind ein extrovertiertes
oder ein introvertiertes Schwein, oder etwas von beiden,
wobei das eine gewiß etwas stärker ausgeprägt sein wird.
Wenn Sie zu den extrovertierten Schweinen gehören, werden Sie andere Menschen zu beeindrucken suchen und eine
führende, aber geheime Rolle in öffentlichen Angelegenheiten spielen wollen. Sie besitzen Selbstvertrauen, aber Sie
machen sich kaum klar, wie Sie auf andere wirken, deshalb können Sie taktlos und grob und trotzdem mit sich
selbst höchst zufrieden sein.

Das introvertierte Schwein Dadurch, daß Sie sich vor
allem mit Ihren eigenen Gefühlen und Ansichten befassen,
können Sie im Ungewissen sein, wie andere Menschen auf
Sie reagieren – und das kann Ärger und Aufregungen bedeuten. Sie haben wahrscheinlich eher ein paar treue Busenfreunde als eine große Zahl von Bekannten.

Was Schweine gerne tun Typische Schwein-Sportarten
sind Skifahren, Kricket und Baseball, Golf und Tennis.
 Schweine-Hobbies sind meistens intellektuell: Kreuzworträtsel, Wettbewerbe, Amateurschriftstellerei. Schwei-
ne-Mädchen beschäftigen sich mit dem Entwerfen neuer

Frisuren und experimentieren mit Make-up und Korbflechterei.

Die guten Eigenschaften, die die Menschen aus Schweinejahren für ihre Berufe mitbringen, sind Begeisterungsfähigkeit, Genauigkeit im Detail, beachtlichen Verstand und die begrüßenswerte Fähigkeit, mit anderen Kompromisse zu schließen. Sie können die rechte Hand des Chefs oder der geschäftsführende Direktor sein, aber es wird Ihnen schwerfallen, in aller Öffentlichkeit mit einer großen Gruppe von Menschen zurechtzukommen.

Was zu den Schweinen paßt Länder, die mit den Jahren des Schweins in Verbindung gebracht werden, sind Dänemark, Israel, Brasilien, Afghanistan, Burma, Island, Malaysia und Pakistan.

Die Edelsteine und Halbedelsteine, die zu den Schweinejahren passen, sind Moos-Achat, Koralle, Lapislazuli, Beryll und Alabaster.

Bekannte Schweine Auf politischem Gebiet gehören der ehemalige französische Präsident Georges Pompidou und Lloyd George, der zwar englischer Premierminister geworden ist, sich aber niemals dem Establishment angepaßt hat, zu den typischen Schweinen.

Auf künstlerischem Gebiet sind Vladimir Nabokov und Charles Laughton Schweine gewesen, aber auch Duke Ellington und Noel Coward.

Zusammenleben mit anderen So kommen die Schweine mit den Vertretern anderer Tierjahre zurecht:

Mit anderen Schweinen: kann sehr aufregend werden, besonders wenn der eine den anderen matt zu setzen versucht. Oft eine Partnerschaft voller Streit und Rederei.

Mit Ratten: Sie sind vollkommen verschiedene Wesen, und wenn Sie sich zusammentun wollen, so wäre es empfehlenswert, wenn Sie die Denkarbeit übernehmen, während dagegen die Ratte mit ihrem Charme die Außenarbeit erledigt.

Mit Büffeln: Sie neigen beide zu Faulheit und Muße, womit Sie immerhin eine Gemeinsamkeit haben. Bei Ihnen kann jedoch manchmal eine Art innerer Rastlosigkeit ausbrechen, die dem Büffel-Charakter widerspricht.

Mit Tigern: Sie kommen recht gut miteinander aus, wenn das den anderen Leuten auch nicht wahrscheinlich erscheint. Es ist ein Schwester- und Bruderverhältnis mit einer interessanten Prise Sex.

Mit Hasen: da herrschen eine Reihe von Übereinstimmungen, denn obgleich Sie ausgesprochen unabhängig sind, brauchen Sie von Zeit zu Zeit Entspannung, die Sie besonders gut beim Hasen genießen können.

Mit Drachen: Es kann zwischen Ihnen eine beneidenswert anregende und befruchtende Partnerschaft entstehen, aber wenn das nicht auf Anhieb klappt, dann hüten Sie sich vor den Krallen und dem Feueratem!

Mit Schlangen: Ihr Gegenbild. Wenn Sie die richtige Schlange erwischen, so fährt Ihnen das Zusammengehörigkeitsgefühl durch Mark und Knochen.

Mit Pferden: nicht schlecht. Ihre Heiterkeit kann Ihnen etwas auf die Nerven gehen, aber Sie genießen es beide, immer für Wirbel und Aufregungen sorgen zu können.

Mit Ziegen: sie sind fleißiger als Sie, was eine wunderbare Basis für eine Zusammenarbeit ergeben kann.

Mit Affen: Sie werden viel zusammen lachen können, oft jeweils auf Kosten des anderen. Es ist Ansichtssache, ob man so eine Verbindung ausbauen und tiefergehen lassen soll. Es kommt auf den Versuch an.

Mit Hähnen: Ihrer Meinung nach sind die Hähne etwas zu aufgedonnert; nett und dekorativ für einen Abend, aber nichts für das ganze Leben.

Mit Hunden: eine reizvolle Ehekombination, wenn Sie sich davor hüten, Ihre geistige Überheblichkeit zur psychologischen Folter werden zu lassen.

DER
ZWEITE PFAD:

DIE
JAHRESZEIT
DER
GEBURT

Einführung in die Theorie der Fünf Elemente

In alten Zeiten gab es bei den Chinesen die Theorie der Fünf Elemente, die ebenso verbreitet war wie diejenige der kosmischen Urkräfte Yin und Yang (auf die später noch ausführlicher eingegangen wird).

Die Chinesen versuchten, das ganze Leben – von den Menschen bis zu den Farben, von Tieren bis zu Körperteilen – in fünf Grundkategorien einzuteilen. Das waren die Elemente: Holz, Feuer, Erde, Metall und Wasser.

Mit dieser Klassifizierung sollte jedoch die Materie nicht einfach in fünf Gruppen eingeteilt werden, auch hatte der Begriff Element nicht dieselbe Bedeutung wie in der modernen Physik. Die Chinesen waren ja von jeher mehr an den Verwandtschaften und an den Zusammenhängen zwischen den Dingen als an diesen selbst interessiert. Ihre Theorie von den Fünf Elementen ist ein großartiger Versuch, fünf verschiedene Möglichkeiten der lebendigen Entwicklung zu beschreiben.

Da jedes Element mit einer bestimmten Jahreszeit verbunden war, ergibt es sich, daß sich in jedem in der betreffenden Jahreszeit geborenen Menschen die Eigenschaften des entsprechenden Elements widerspiegeln.

Die einzige Schwierigkeit beruht darin, daß die Chinesen die verschiedensten Methoden benutzten, um ihre Jahreszeiten zu bestimmen und daß man vier Jahreszeiten mit fünf Elementen in Einklang zu bringen hatte. Daher mußte immer eine fünfte Jahreszeit dazu erfunden werden. So nannte man zum Beispiel die mit dem Element Erde korrespondierende Jahreszeit den sechsten Monat zwischen Sommer und Herbst. Ich habe mich für das System entschieden, das von Chao Wei-pang stammt und nach welchem jede Jahreszeit aus den drei Monaten nach einer Sonnenwende oder Tag- und Nachtgleiche minus 18 Tagen besteht. Wenn man diese fünfmal 18 Tage multipliziert, so hat man die fünfte Jahreszeit, die sich in regelmäßigen Abständen auf das ganze Jahr verteilt.

Seit der Erfindung dieses Systems — vor 22 Jahrhunderten — hat die Verschiebung der Tag- und Nachtgleichen bewirkt, daß unsere Jahreszeiten nicht mehr mit den alten chinesischen übereinstimmen. Ich bin der modernen Praxis unserer Astrologen gefolgt und gehe bei meinen Berechnungen von den Tag- und Nachtgleichen aus und nicht von der siderischen Umlaufzeit. Sie finden also die vertrauten Anfangsdaten unserer Jahreszeiten wieder: 21. März, 22. Juni, 23. September und 22. Dezember.

Wie Sie sich zurechtfinden

Stellen Sie anhand der folgenden Tabelle fest, in welche Jahreszeit Ihr Geburtstag fällt. Vergessen Sie nicht, daß die Charakterbilder und die Wechselbeziehungen, die sich aus der betreffenden Jahreszeit ergeben, sich nur auf einen bestimmten Ausschnitt Ihrer gesamten Persönlichkeit beziehen, und zwar auf den Menschentyp, der Sie entsprechend der kosmischen fünffachen Einteilung sind. Das betrifft die subtilste, gefährdetste und am schwersten zu deutende Seite Ihres Ichs: Ihr Glück, Ihre Gesundheit und Ihr geistiges Streben.

Tabelle zur Bestimmung des Ihnen entsprechenden Elements

				siehe Seite
1. 1.	– 2. 3.	Wasser		97
3. 3.	– 20. 3.	Erde		93
21. 3.	– 3. 6.	Holz		90
4. 6.	– 21. 6.	Erde		93
22. 6.	– 4. 9.	Feuer		92
5. 9.	– 22. 9.	Erde		93
23. 9.	– 3. 12.	Metall		95
4. 12.	– 21. 12.	Erde		93
22. 12.	– 31. 12.	Wasser		97

Die Fünf Elemente
und ihre individuelle Bedeutung

1 Die Holz-Jahreszeit

Ursprüngliche Bedeutung Wenn das Element Holz zu regieren beginnt, wird der Kaiser in großer Gefahr sein,
wenn er ein großes Schlagen, Zerstören und Verwunden
gestattet, statt Gnaden zu erweisen und Belohnungen zu
vergeben. Sollte er nicht sterben, so wird sein Erbe in Gefahr sein, und jemand aus seiner Familie oder seinem Mini-
sterrat wird sterben oder sein ältester Sohn auf andere Art
und Weise umkommen.

Grundverbindungen Das Element Holz wird dem Frühling zugeordnet. So heißt es in einem alten Text: »Während sich der große Yu erhob, ließ der Himmel Pflanzen
und Bäume wachsen, die im Herbst und im Winter nicht
verwelkten. Er sagte: Dies zeigt an, daß das Element Holz
im Aufstieg begriffen ist, und deshalb muß unsere Farbe
grün sein, und alle unsere Handlungen sollen unter dem
Zeichen des Holzes geschehen.«

Die Lieblingsfarbe der Holzmenschen ist Grün, und sie
finden vor allem in Tagen der Krankheit oder Erschöpfung
durch die grüne Farbe Erholung und Entspannung.

Holz ist mit dem Osten verbunden. Holzmenschen sollten ihre Häuser nach Osten bauen, sie sollten mit dem
Kopf nach Osten schlafen, und sie sollten die Ankunft
jedes neuen Tages mit einem frohen Herzen begrüßen.

Holz wird auch in Verbindung gebracht mit saurem Geschmack und einem scharfen Aroma. Holz ist mit dem Wind verschwistert, und deshalb werden Holzmenschen vom Säuseln einer sanften Brise oder dem Heulen eines jähen Windstoßes inspiriert.

Im Sternenpalast des Blauen Drachen steht Holz; es gehört zu den Sternen, zu Jupiter und dem großen Herrscher Yu. Holz ist eine der schwächeren Ausprägungen von Yang.

Holz ist mit Zorn verbunden, mit Verrücktheiten, mit dem Auge in Ihrem Kopf und den Muskeln Ihres Körpers. Man soll seine Opfer auf das Holz einer inneren Schwelle legen. Ziegen und schuppige Fische sind die Tiere, die zum Holz gehören. Weizen ist Ihre Nahrung, der Kompaß Ihr Instrument.

Ihre Glückszahl ist die Acht.

Die Landwirtschaft steht mit dem Element Holz in Verbindung. Wenn Holz die Welt regiert, lastet die Herrschaft nicht so schwer auf allem.

Moderne Bedeutung   Alle, die in der Jahreszeit des Holzes geboren sind, vertreten instinktiv ein Ideal, nach dem der Mensch ein zivilisiertes Mitglied der Gesellschaft ist. Wenn Sie in Ruhe darüber nachdenken, so werden Sie feststellen, wie wichtig es für Sie selbst ist – und deshalb Ihrer Ansicht nach für die ganze Welt –, die Aggressionstriebe in Zaum zu halten, Probleme anders als auf kriegerische Art und Weise zu lösen und in der Berufswelt sowohl wie im Privatleben Rücksichtnahme und Höflichkeit walten zu lassen.

Die große innere Aufgabe, die sich die Holzmenschen stellen: ein natürliches und einfaches Leben zu führen, so entfremdet und denaturiert die Umwelt auch sein mag, damit sie einer mächtigen Eiche ähneln, stark, vollkommen im Gleichgewicht und mit jedem Blatt und jeder Faser vom Frieden Gottes erfüllt.

2 Die Feuer-Jahreszeit

Ursprüngliche Bedeutung Wenn das Element Feuer zu herrschen beginnt und der Kaiser hastige und übereilte Maßnahmen ergreift, so werden Seuchen auf Dürren folgen, Sterne werden stürzen, und das Volk wird leiden.

Grundverbindungen Das Element Feuer steht mit der sommerlichen Jahreszeit in Verbindung. Nach einer alten Quelle heißt es so: »Während sich der König Wen erhob, regnete Feuer aus dem Himmel, und Scharen von roten Vögeln umschwirrten den Altar der Dynastie. Sie hielten rotbeschriebene Briefe in den Schnäbeln. Er sagte: Dies zeigt an, daß sich das Element Feuer naht, deshalb soll unsere Farbe rot sein, und alle unsere Handlungen müssen unter dem Zeichen des Feuers geschehen.«

Rot ist die Lieblingsfarbe der Feuermenschen, besonders in Zeiten der Verzweiflung oder der seelischen Krankheit.

Feuer steht mit dem Süden in Verbindung. Feuermenschen sollten ihre Häuser nach Süden bauen, sie sollten mit dem Kopf nach Süden schlafen, und sie sollten die Sonne des Mittags mit frohem Herzen grüßen.

Feuer steht in Verbindung mit bitterem Geschmack und brennend scharfem Aroma oder Geruch. Es gehört zur Hitze, und deshalb empfangen die Feuermenschen in der Wärme der südlichen Sonne oder im blendenden Glanz des himmlischen Lichtes ihre besten Inspirationen.

Feuer steht im Sternenpalast des Feng-Vogels. Es ist mit der Sonne, dem Mars und dem Herrscher Wen Wang verbunden. Es gehört zu den starken Formen des Yang.

Feuer wird mit Freude in Zusammenhang gebracht, mit den Lungen, dem Blutkreislauf und der Zunge. Ihre Opfergaben sollten Sie vor den Herd legen. Geflügel und die gefiederten Vögel der Lüfte sind die Tiere des Feuers. Bohnen sind Ihre Nahrung; Ihre Instrumente sind Gewichte und Maße.

Ihre Glückszahl ist die Sieben.

Das Kriegshandwerk gehört zum Element des Feuers. Wenn das Feuer über die Welt herrscht, so sind auch die Herrschenden befeuert und erhellt.

Moderne Bedeutung Diejenigen, die während der Jahreszeit des Feuers auf die Welt gekommen sind, betrachten den Menschen instinktiv als den großen Suchenden − auf der Suche nach Wissen und nach seiner geistigen Heimat. Wenn Sie tief und entspannt nachdenken, so werden Sie feststellen, wie wichtig es für Sie selbst ist − und demnach für die ganze Welt − , weitblickend zu werden, über die unmittelbaren, täglichen Notwendigkeiten hinauszusehen, neue Gesellschaftsordnungen zu entwerfen, neue Technologien und ein neues Bewußtsein von Gott, damit das öffentliche und das private Leben von der Wärme ausgeglichender Gefühle und Leidenschaften erfüllt ist.

Als Ihre große Aufgabe im Leben sehen Sie dies an: stark zu sein und ein Leben voll Selbstvertrauen zu führen, so daß Sie der Sonne gleichen, strahlend vor Lebenskraft, dazu imstande, sich von der göttlichen Quelle immer wieder entflammen und mit neuer Energie aufladen zu lassen, ein Licht von kosmischer Reinheit.

3 Die Erd-Jahreszeit

Ursprüngliche Bedeutung Wenn das Element Erde zu regieren beginnt, wird das Leben des Kaisers in Gefahr sein, wenn er jetzt Paläste bauen und Pavillons errichten läßt, und seine Minister werden sterben, wenn in dieser Zeit Stadtmauern gebaut werden. Denn die Arbeiter sollten jetzt keinesfalls von den Feldern entfernt werden.

Grundverbindungen Das Element Erde ist mit keiner bestimmten Jahreszeit verbunden. Aber wie es in einer alten

Schrift heißt: »Als sich der Gelbe Kaiser erhob, erschienen große Ameisen und Erdwürmer. Er sagte: Dieses zeigt an, daß das Element Erde im Kommen ist, deshalb soll unsere Farbe gelb sein, und wir müssen unsere Handlungen unter das Zeichen der Erde stellen.«

Gelb ist für die Erdmenschen die Glücks- und Lieblingsfarbe, besonders wenn sie niedergeschlagen sind oder sich krank fühlen.

Die Erde wird mit dem Mittelpunkt in Zusammenhang gebracht. Erdmenschen sollten in Häusern wohnen, die sie von allen Seiten umschließen, sie sollten mitten im Schlafzimmer schlafen, und sie sollten in jeder Minute des Tages ein glückliches Herz haben.

Die Erde gehört zu süßem Geschmack und zarten, flüchtigen Gerüchen. Sie ist mit dem Donner verbunden, und deshalb fühlen sich Erdmenschen nach einem Gewitter geistig gereinigt. Wenn sie krank sind, können sie durch radioaktive oder telepathische Heilmethoden genesen.

Erde steht im Sternenpalast des Gelben Drachen. Sie ist mit unserem Planeten verbunden, mit Saturn und dem Herrscher Huang Ti. Erde bedeutet Gleichgewicht.

Erde gehört auch zu Wünschen und Begehren, zu Herz, Mund und dem Fleisch Ihres Körpers. Opfergaben sollten in den innersten Hof gelegt werden. Die Kreaturen der Erde sind Büffel und nackte Menschen. Rispenhirse ist Ihr Nahrungsmittel; Ihre Instrumente sind Senkschnüre.

Ihre Glückszahl ist die Fünf.

Die Angelegenheiten der Hauptstadt sind mit dem Element der Erde verbunden. Wenn die Erde über die Welt herrscht, handeln die Regierungen vorsichtig.

Moderne Bedeutung   Alle, die in der Jahreszeit der Erde geboren sind, halten den Menschen instinktiv für den Mittelpunkt des Universums. Wenn Sie gründlich und ungestört nachdenken, so werden Sie zu dem Ergebnis kommen, daß es für Sie selbst wichtig ist – und damit für die ganze Welt − anderen zu dienen, die Bedürfnisse der anderen über die eigenen zu stellen, und eine stoische Philosophie zu entwickeln, mit deren Hilfe man alle eigenen Wünsche überwinden kann.

Ihr tiefster Wunsch im Leben: sich so dem Dienst für andere zu widmen, daß man dem Polarstern gleicht, unverrückbar, zuverlässig, ein Trost für alle Verlorenen und Verängstigten, das ganze Leben ein ständiges Kreisen um die göttliche Stimme im innersten Herzen.

4 Die Metall-Jahreszeit

Ursprüngliche Bedeutung Wenn das Metall zu herrschen beginnt und der Kaiser in dieser Zeit die Berge durch Minen und Stollen verletzt, indem er Felsen zu sprengen befiehlt, so werden seine Truppen im Krieg geschlagen werden, seine Soldaten sterben, und er wird seinen Thron verlieren.

Grundverbindungen Das Element Metall steht mit der Jahreszeit des Herbstes in Verbindung. In einem alten Text heißt es: »Während Thang, der Siegreiche, sich erhob, stieg ein metallenes Schwert aus dem Wasser. Er sagte: Dies verkündet, daß das Element Metall im Kommen ist, und deshalb muß unsere Farbe weiß sein, und wir müssen unsere Handlungen unter das Zeichen des Metalls stellen.«

Metallmenschen halten Weiß für ihre Lieblings- und Glücksfarbe, besonders wenn sie von einer Krankheit genesen.

Metall wird mit dem Westen in Verbindung gebracht. Metallmenschen sollten daher ihre Häuser nach Westen bauen, sie sollten mit dem Kopf nach Westen schlafen, und sie sollten sich von dem sterbenden Tag mit der frohen Hoffnung verabschieden, daß die Sonne morgen wieder aufgehen wird.

Metall hat etwas mit ätzenden Aromen und ranzigen Gerüchen zu tun. Es steht mit der Kälte in Verbindung, und deshalb empfinden Metallmenschen in Schnee und Eis und in beißender, frostiger Luft ein Gefühl geistiger Reinheit.

Metall steht im Sternenpalast des Weißen Tigers. Es gehört zu den Hsui-Konstellationen, zu Venus und dem Herrscher Thang, dem Siegreichen. Es ist ein schwächeres Yin.

Metall wird mit Sorge verbunden, mit den Nieren, der Nase, der Haut und dem Haar Ihres Körpers. Sie sollten Ihre Opfer vor die äußere Tür legen. Hunde und haarige Säugetiere sind die Tiere des Metalls. Hanf ist Ihr Getreide, und Ihre Instrumente sind die Reißschienen und Kreuzwinkel.

Ihre Glückszahl ist die Neun.

Die Gerechtigkeit steht mit dem Metall in Verbindung. Wenn das Metall über die Welt herrscht, so sind die Regierungen von Schwung und Energie erfüllt.

Moderne Bedeutung Diejenigen, die in der Jahreszeit des Metalls geboren sind, sehen das Idealbild des Menschen instinktiv als Förderer von Wahrheit und Schönheit. Wenn Sie tief in sich hineinhorchen, so werden Sie merken, wie wichtig es für Sie selbst ist – und damit auch für alle anderen –, sich selber treu zu bleiben und seine innerste Natur nicht zu verleugnen, das Alltagsleben mit Kunst und Kultur zu bereichern und lieber die Lebensqualitäten der Umwelt zu verbessern, als ausschließlich egoistische Ziele zu verfolgen.

Die eigene große Aufgabe im Leben sehen Sie so: ein so feinfühliges, erlesenes Leben zu führen, daß es einer schöngehämmerten Silberschale gleicht: sie klingt, wenn man sie berührt, und sie dient gleichzeitig auch als Gefäß, in das die anderen ihre Sorgen werfen können, damit sie getröstet werden.

5   Die Wasser-Jahreszeit

Ursprüngliche Bedeutung   Wenn das Element Wasser zu herrschen beginnt und der Kaiser in dieser Zeit zuläßt, daß die Deiche durchstochen werden und große Fluten kommen, dann werden seine Kaiserin und andere hohe Damen sterben, man wird viele hohle Vogeleier finden, die Jungen der Feldtiere werden unfruchtbar bleiben und die Schwangeren Fehlgeburten erleiden.

Grundverbindungen   Das Element Wasser hängt mit der Jahreszeit des Winters zusammen. In einer alten Schrift heißt es: »Der Himmel wird es anzeigen, wenn die Zeit für das Wasser reif ist. Dann wird die Farbe schwarz sein müssen, und alle Handlungen werden unter dem Zeichen des Wassers stehen.«

Schwarz oder Silbergrau wird die Lieblingsfarbe der Wassermenschen sein, besonders in Krankheitstagen. Schwarz kann in diesem Fall mit der Dunkelheit des Weltraums zusammenhängen, deshalb ist ein tiefes Ultramarinblau eine bessere, modernere Farbentsprechung.

Wasser wird mit dem Norden in Verbindung gebracht. Wassermenschen sollten in Häusern leben, die nach Norden schauen, sie sollten mit dem Kopf nach Norden schlafen und in der Stille der Mitternacht die verborgene Sonne ehren.

Wasser hängt mit salzigem Geschmack und fauligen Gerüchen zusammen. Es ist mit Regen verbunden, und deshalb werden Wassermenschen die heilenden Regengüsse vom Himmel als geistige Erquickung empfinden. Sie sollten Regenwasser trinken und darin baden, sollten sich ganz von der göttlichen Gnade durchtränken lassen, die die menschliche Seele fruchtbar macht.

Wasser steht im Sternenpalast des Dunklen Kriegers. Es ist mit dem Mond verbunden, mit Merkur, mit dem Herrscher Chin Shih Huang Ti. Es ist ein stärkeres Yin.

Wasser hat mit der Furcht zu tun, mit dem Ohr neben Ihrer Schläfe und dem Mark in Ihren Knochen. Ihre Opfer sollten Sie auf einen Brunnenrand legen. Alle Schweine und Schalentiere sind die Kreaturen des Wassers. Hirse ist Ihre Speise, und Ihre Instrumente sind die Waagen.

Ihre Glückszahl ist die Sechs.

Die Arbeit steht mit dem Element des Wassers in Verbindung, und wenn das Wasser die Welt beherrscht, so ist es eine Zeit der ruhigen Regierungen.

Moderne Bedeutung Alle, die in der Jahreszeit des Wassers geboren werden, sehen das Idealbild des Menschen instinktiv als Trostspender. Wenn Sie sich ganz in sich vertiefen, dann werden Sie feststellen, wie wichtig es für Sie selbst ist – und darüber hinaus für die ganze Welt – , die Verzweifelten und Benachteiligten wie eine Mutter zu trösten, einfache, ehrliche Gefühle zu pflegen, rasch auf die Nöte der anderen einzugehen und den eigenen Freunden und Arbeitskollegen warmherzige Zuneigung zu schenken.

Ihre große Lebensaufgabe sehen Sie so: den Aufruhr der Ängste und der Furcht in den eigenen Eingeweiden zu beschwichtigen, auf dem Meer der Ruhe zu wandeln und die Seele in den ewigen Tränen zu baden, aus denen wir geboren sind und zu denen wir alle zurückkehren müssen.

DER
DRITTE PFAD:

DIE
DOPPELWOCHE DER
GEBURT

Einführung in die Bedeutung der 24 Doppelwochen *(chi)*

Wir haben gesehen, daß die Chinesen im Altertum jedes Jahr mit dem Namen eines Tieres und jede Jahreszeit mit einem sogenannten Element bezeichnet haben. In ihrem Kalender gibt es aber auch, wie bei uns, zwölf Monate, die sie jeweils halbierten, also insgesamt in 24 Teile aufteilten. Die eine Hälfte wurde *chi*-Zentren genannt, die andere Hälfte *chi*-Knoten. Diese 24 Doppelwochen und ihre Bedeutung stellen den dritten Pfad auf dem Wege zur vollkommenen Selbsterkenntnis dar.

Gerechterweise muß man noch hinzufügen, daß dieser dritte Pfad eine echte Ost-West-Mischung darstellt. Die Chinesen haben diese *chi* nur als Mittel der Zeiteinteilung benutzt, sie hatten nichts mit Prophezeiungen zu tun. Aber jedes *chi* entspricht zufälligerweise immer einem halben Zeichen unseres westlichen Tierkreises, so daß die nachfolgenden Interpretationen auf einen wohlbekannten Aspekt unseres traditionellen astrologischen Wissens hinweisen.

Wie Sie sich zurechtfinden

Suchen Sie sich gemäß Ihrem Geburtstag aus der folgenden Tabelle Ihre chinesische *chi* oder Doppelwoche heraus. Behalten Sie dabei im Auge, daß Ihr *chi* nur einen Teil Ihrer gesamten Persönlichkeit beschreibt, und zwar Ihr soziales und politisches Wesen, Ihre Einstellung zu Alltag und Beruf, Ihre besonders gelagerten Fähigkeiten und Talente – vielleicht auch den Mangel an Begabungen –, die Sie höchstwahrscheinlich für Ihren Beruf einsetzen, dazu die Berufsarten, die Ihnen entsprechen.

Wenn Ihr Geburtstag genau auf den letzten oder ersten Tag eines *chis* fällt, und wenn Sie das Gefühl haben, daß die Beschreibung nicht zu Ihnen paßt, so nehmen Sie die vorhergehende oder anschließende Doppelwoche, die Ihnen vielleicht besser behagt. Der Grund für diese eventuell auftretende Ungenauigkeit liegt darin, daß die Daten der Tabelle zwar annähernd genau sind, daß sie sich aber wegen des alle vier Jahre notwendigen Schaltjahrs doch Jahr für Jahr um eine Kleinigkeit verschieben. Außerdem spielt es noch eine Rolle, zu welcher Tageszeit Sie geboren sind.

Tabelle zur Bestimmung
Ihrer eigenen Doppelwoche

Da das chinesische Neujahr nicht mit unserem Neujahrstag zusammen-
fällt, beginnt die Tabelle nicht mit dem 1. Januar.

			siehe Seite
5. 2. − 18. 2.	1	Frühlingsbeginn	103
19. 2. − 5. 3.	2	Regen	105
6. 3. − 20. 3.	3	Erwachen	107
21. 3. − 5. 4.	4	Frühling	109
6. 4. − 20. 4.	5	Klar und sonnig	111
21. 4. − 5. 5.	6	Fruchtbarer Regen	112
6. 5. − 21. 5.	7	Sommer	115
22. 5. − 6. 6.	8	Schwellende Fülle	117
7. 6. − 21. 6.	9	Reifende Garben	119
22. 6. − 6. 7.	10	Sommerwende	121
7. 7. − 22. 7.	11	Kleine Hitze	122
23. 7. − 7. 8.	12	Große Hitze	124
8. 8. − 23. 8.	13	Herbst	126
24. 8. − 7. 9.	14	Ende der Hitze	128
8. 9. − 22. 9.	15	Weißer Tau	131
23. 9. − 8. 10.	16	Herbstwende	133
9. 10. − 23. 10.	17	Kalter Tau	135
24. 10. − 7. 11.	18	Erster Frosthauch	137
8. 11. − 22. 11.	19	Winterbeginn	139
23. 11. − 7. 12.	20	Kleiner Schnee	140
8. 12. − 21. 12.	21	Großer Schnee	142
22. 12. − 5. 1.	22	Winterwende	144
6. 1. − 20. 1.	23	Kleine Kälte	146
21. 1. − 4. 2.	24	Große Kälte	148

Die 24 *chi*
und ihre individuelle Bedeutung

1 Frühlingsbeginn

Quellen Die erste der 24 chinesischen Doppelwochen umfaßt die Zeit vom 5. bis zum 18. Februar. Chinesische Bezeichnung: *li chun*. Bedeutung: der Beginn des Frühlings. Entspricht der zweiten Hälfte unseres Tierkreiszeichens Wassermann.

Ihr Platz in der Welt Ihre soziale und politische Einstellung ist idealistisch, humanitär und im Grundton liberal-progressiv. Sie betrachten sich als Mitglied einer Demokratie, halten sich weder für besser noch für schlechter als Ihre Mitbürger, aber Sie hätten andererseits nichts dagegen, wenn Zuneigung und Versöhnlichkeit eine größere Rolle auch im öffentlichen Leben spielten, als sie es heute gewöhnlich tun.

Ihre Einstellung zur Arbeit Die Tätigkeiten in Ihrem Leben müssen einen sozialen und allgemeinen Nutzen besitzen und Sie persönlich befriedigen. Ihnen geht es nicht in erster Linie um Geld oder Ruhm. Sie würden auch gern etwas weniger verdienen, wenn man Ihnen eine Aufgabe stellte, bei der Sie all Ihre persönlichen Stärken, Fähigkeiten und Eigenschaften beweisen können. Sie scheuen nicht vor schwerer Arbeit zurück, und unter den erwähnten Voraussetzungen brechen Sie auch nicht darunter zusammen. Wenn Ihnen jedoch nicht die Chance geboten wird, eigene Initiative bei der Arbeit zu verwirklichen, oder wenn es Ihnen nicht möglich ist, Ihrem Vorgesetzten die nötige Achtung entgegenzubringen, so werden Sie der betreffenden Beschäftigung aus dem Wege gehen.

Ihre Begabungen und Schwächen Sie besitzen einen guten, klaren Verstand und können sehr gut logisch denken, auch wenn Sie ständig versuchen, die Dinge nicht nur mit dem Intellekt, sondern auch mit Intuition zu erfassen. Sie arbeiten gerne mit anderen Menschen zusammen, aber es ist für Sie nicht lebensnotwendig. Sie sind nicht unbedingt ein geborener Führer, aber kleine Gruppen können Sie sehr gut organisieren und wären ein ausgezeichneter Geschäftsführer.

Im Idealfall arbeiten Sie besser mit dem Kopf als mit den Händen, denn Sie benutzen Ihren Verstand mehr als Ihre Muskeln.

Sie sind jedoch gar nicht unbegabt für technische Dinge, obgleich es Ihnen lieber ist, wenn die betreffende Technik zu einem künstlerischen Ergebnis führt oder irgendwie der Gemeinschaft zugute kommt. Sie brauchen ein gewisses Maß an Unabhängigkeit, doch entfalten Sie sich im Grunde genommen besser in einem Unternehmen als in einem freien Beruf.

Ihr Hauptfehler liegt darin, daß Sie nicht imstande sind, zur rechten Zeit die richtige Entscheidung zu fällen. Sie neigen dazu, hin und her zu schwanken und wichtige Entscheidungen auf den nächsten Tag zu schieben.

Berufsaussichten In der Industrie als Beschäftigter in der Qualitätskontrolle, an Fernmeßgeräten, in Forschung und Entwicklung, als Laborassistent.

Im Handel als Vertreter für ganz spezielle Waren wie zum Beispiel Lehrbücher und Lerngeräte oder Instrumente, als technischer Zeichner, Werbefotograf, Drucker.

Im öffentlichen Dienst als Fürsorger oder Pfleger; auf politischem Gebiet in der Gemeindearbeit, in politischen Parteien, in der Gewerkschaft und in karitativen Vereinen.

In den freien Berufen als Psychologe, als Jurist mit Neigung zum Völkerrecht, als moralisch integrer Politiker.

2 Regen

Quellen Zweite der 24 chinesischen Doppelwochen, umspannt die Tage vom 19. Februar bis zum 5. März. Chinesische Bezeichnung: *yü shui*. Bedeutung: der Regen oder die Regenschauer. Entspricht der ersten Hälfte unseres Tierkreiszeichens Fische.

Ihr Platz in der Welt Sie vertreten all Ihre sozialen und politischen Einstellungen mit einem ehrlichen und überzeugten Optimismus, den andere vielleicht als Verranntheit oder blinde Treue bezeichnen. Sie möchten am liebsten von allen Politikern gut denken können, aber zu viele Enttäuschungen können Sie zu einer Flucht aus der Wirklichkeit treiben, zu dem Wunsch, in einer vorgestellten Welt zu leben, vielleicht zum Rückzug in die Romantik der Vergangenheit, in die ›gute alte Zeit‹ oder auch in eine selbsterfundene Utopie. Zuviel Wirklichkeit können Sie nicht ertragen.

Ihre Einstellung zur Arbeit Ihre unreife Einstellung zur Arbeit wäre vollkommen frivol, wenn Sie sie lediglich als unwillkommene Unterbrechung Ihrer Muße betrachten würden. In dem Maße, in dem sich Ihr Sinn für Verantwortung entwickelt, nehmen Sie jedoch vermutlich eine etwas pflichtbewußtere, wenn auch immer noch leicht weltfremde Haltung ein. Wenn es sich um etwas dreht, das Sie interessiert, so würden Sie sogar umsonst arbeiten, vorausgesetzt, Sie müßten nicht verhungern. Zwei Motive

105

wirken bei Ihnen sehr viel entscheidender als Geld. Das eine ist der Einsatz für eine gerechte Sache (Sie werfen sich gern mit Kopf und Kragen in ein Unternehmen, an das Sie glauben können) und das andere ist Sympathie für andere.

Ihre Begabungen und Schwächen Sie lassen sich mehr von Ihrem Herzen als von Ihrem Verstand leiten, und deshalb sind Sie eher für eine Arbeit geeignet, bei der Sie es mit Menschen statt mit Maschinen zu tun haben. Sie sind nicht unbedingt ein guter Organisator, weil Sie erstens in kritischen Situationen selber eine starke leitende Hand brauchen, und weil Sie vor allem durch vorübergehende Launen genauso wie durch geschicktes Überreden von Ihrem eigentlichen Ziel abgelenkt werden können.

Sie verfügen wahrscheinlich über einige gute künstlerische Talente, ob Sie sie nun ausüben oder nicht.

Außer wenn Sie aus einer persönlichen Verpflichtung heraus soviel Willenskraft entwickeln, daß Sie sich auf Ihre Arbeit konzentrieren, sollten Sie Präzisionsarbeiten vermeiden. Ihnen liegen mehr Aufgaben, bei denen es nicht so genau darauf ankommt.

Berufsaussichten In Industrie und Gewerbe: in der Personalabteilung oder als Arbeiter in chemischen oder pharmazeutischen Betrieben. Aber passen Sie auf, daß Ihre Kollegen Sie nicht zum Prügelknaben machen!

In Handel und Wirtschaft: Lebensmittelbranche, speziell Getränkehandel, Schiffsmakler oder Reedereivertreter, Hafenmeister oder Fischhändler.

Im öffentlichen Dienst: Krankenschwester oder irgendeine andere Beschäftigung im Gesundheitswesen; Kammerjäger, Bademeister.

Auf dem Gebiet der Kunst: fast alles, vor allem aber Tänzer oder Musiker.

Weitere Berufe: Lehrer für Literatur und Kunstgeschichte, Eheberater, Industrieberater, Tierpfleger oder Tierarzt.

3   Erwachen

Quellen   Die dritte der 24 Doppelwochen umspannt die Periode zwischen dem 6. und dem 20. März. Chinesische Bezeichnung: *ching che* oder *chih*. Bedeutung: das Erwachen der Tiere aus dem Winterschlaf. Entspricht der zweiten Hälfte unseres Tierkreiszeichens Fische.

Ihr Platz in der Welt   Sie sind zwischen Traum und Wirklichkeit gefangen, zwischen Wünschen und einem festen, erdverbundenen Respekt vor Tatsachen. Manchmal verzehren Sie sich nach einer unerreichbaren Welt voll Zartheit, Helligkeit und Güte, zu anderen Zeiten leben Sie zufrieden in unserer Welt des Hier und Heute und machen sich über törichte Phantasien lustig. Ihre politische Einstellung wird auch von dieser zwiespältigen Haltung betroffen – im einen Augenblick werfen Sie allen Politikern vor, zynisch und ohne eine Spur von menschlichem Gefühl zu sein, im nächsten Augenblick nehmen Sie sie wieder in Schutz. Mit Ihren eigenen Zielen und mit Ihrem Ehrgeiz geht es Ihnen ebenso: Sie schwanken zwischen Tagträumen und der unbeschwerten Anpassung an gegebene Tatsachen.

Ihre Einstellung zum Beruf   Solange Sie noch keine Reife und Lebenserfahrung gewonnen haben, können Sie sehr unter dem Gegensatz zwischen Ihren unmöglich hochgespannten Hoffnungen Ihrer Jugend und der Erkenntnis leiden, daß Sie sich mit einer Durchschnittsexistenz zufriedengeben müssen. Im Laufe der Entwicklung können Sie die beiden Seiten Ihres Charakters miteinander in Einklang bringen, was Sie zu einem praktischen Idealisten bzw. zum Lebenskünstler macht. Erfolg und Geld sind Ihnen zwar sehr wichtig, aber an der obersten Stelle der Wertskala steht bei Ihnen der Stolz auf Ihre eigene Leistung oder Schöpfung.

Ihre Begabungen und Schwächen Als junger Mensch werden Sie eher geführt als daß Sie selbst die Führung übernehmen, wobei Sie ohne Schwierigkeiten die Befehle Älterer entgegennehmen.

Als Erwachsener ziehen Sie es vor, selbst ein wenig die Initiative zu ergreifen, und wenn Sie einmal das mittlere Lebensalter erreicht haben, führen Sie den Laden am liebsten alleine.

Mit Arbeitskollegen kommen Sie gut zurecht und arbeiten auch erfolgreich in einem Team, vorausgesetzt, daß die betreffende Arbeit einen sozialen Zweck erfüllt (das gilt vor allem für Ihre Jugendjahre) oder daß Sie die Führung des Teams übernehmen können (das gilt besonders für Ihre Erwachsenenjahre).

Bei Ihnen verbinden sich lebhafte Vorstellungskraft mit großem handwerklichem Geschick auf den verschiedenartigsten Gebieten. Sie lieben die Arbeit im Freien, was Ihnen gleichzeitig die Illusion der Freiheit vermittelt, oder eine berufliche Aufgabe, die mit vielen Reisen verbunden ist.

Berufsaussichten In Industrie und Gewerbe: Installateur, Ingenieur, Wasserbau-Ingenieur. Sie sind außerdem der geborene Allroundman in allen Bereichen des Bauens und Bastelns.

In Handel und Wirtschaft: Verkäufer in Mode- oder Sportgeschäften, Schiffsausrüster, Vertreter für Schwimmbecken, Boots- oder Tauchausrüstung, Schiffsversicherungsmakler.

Im öffentlichen Dienst: Rehabilitationsarbeiter für Alkoholiker, Strafentlassene oder seelisch Gestörte, Beschäftigungstherapeut.

Auf dem Gebiet der Kunst: jegliches Kunsthandwerk wie Töpferei oder Keramik, alle Arten von Handarbeit, Dekoration.

Freie Berufe: Mathematiker.

4 Frühling

Quellen Die vierte der 24 chinesischen Doppelwochen umspannt die Tage vom 21. März bis zum 5. April. Chinesische Bezeichnung: *chun sen*. Bedeutung: Frühlings-Tag-und-Nachtgleiche. Diese Doppelwoche entspricht der ersten Hälfte unseres Tierkreiszeichens Widder.

Ihr Platz in der Welt Sie betrachten die Welt ähnlich wie ein Kind den Strand behandelt: es schaufelt Dämme für Bäche und Ströme, kämpft gegen die anrollende Flut und baut sich seine eigene Burg, in der es König sein kann. Sie sind ein Eroberer, ein Pionier, ein unabhängiger, selbständiger Mensch. Vom Wohlfahrtsstaat, der einem alles abnimmt, halten Sie nicht viel. Sie hassen die Bürokratie, die Sie daran hindert, die Dinge zu tun, die Ihnen am Herzen liegen. Sie erwarten, daß politische Führer ehrliche, offene und praktische Leute sind, aber in einer Demokratie fühlen Sie sich trotzdem nicht so recht wohl.

Ihre Einstellung zur Arbeit Die Energie, die Sie durchpulst, bewirkt, daß Sie hart arbeiten und auch ein zäher Spieler sind. Sollte eine Arbeit Sie jedoch langweilen und Sie sich in Ihrer Umgebung gefangen fühlen, so sind Sie imstande, die Arbeit einfach hinzuschmeißen und zu gehen. Persönliche Befriedigung ist das Ziel Ihrer Karriere, die Sie nach objektiven Erfolgen bemessen: Wie viele Brücken habe ich gebaut? Wie tief ist der Eindruck, den ich hinterlassen habe?

Ihre Begabungen und Schwächen Sie arbeiten mit einem dickköpfigen Verstand, der nur Fakten achtet, und mit einem Geist, der keine Niederlage anerkennt. Sie sind ein Leistungstyp, der den Wettbewerb mit Kollegen oder Konkurrenzfirmen genießt. Sie besitzen ein ziemliches Durchsetzungsvermögen.

Sie fühlen sich als Führungskraft, und in kritischen Zeiten drängen sich die Leute auch tatsächlich um Sie. Aber so, wie Winston Churchill nach dem Zweiten Weltkrieg durch eine Wahlniederlage seines Amtes enthoben worden ist, wird man Sie wahrscheinlich mehr, als Ihnen lieb ist, übersehen, wenn wieder normale Zustände eingetreten sind.

In bezug auf Ihre eigene Person und eine kleine Schar von Freunden sind zwar Sie ein vorzüglicher Organisator, aber Sie neigen in der Regel eher dazu, Befehle zu erteilen, als Ihre Mitmenschen durch gute und logische Argumente zu überzeugen.

Ihre Fehler sind Ihr Mangel an Einfühlungsvermögen, besonders im zwischenmenschlichen Bereich, und Ihre Härte, die Sie bei der Verwirklichung von Ideen gerne gebrauchen.

Ihre Stärken sind Ihre guten praktischen Fähigkeiten, Ihre rasche Auffassungsgabe und Ihre Bereitschaft, schnell Entschlüsse zu fassen, schließlich auch der Mut, mit dem Sie Risiken auf sich nehmen, und Ihr intuitives Verständnis für Maschinen.

Berufsaussichten In Industrie und Gewerbe: fast überall, aber vor allem auf den verschiedenen Gebieten des Ingenieurberufs (Hoch- und Tiefbau, Maschinenbau), in der Stahlverarbeitung sowie im Transportwesen.

In Wirtschaft und Handel: ebenfalls auf ziemlich vielen Gebieten, besonders Wirtschaftsplanung, Marketing, Verkaufs- und Exportdirektor.

Im öffentlichen Dienst: Aufseher in Haftanstalten, im Polizeidienst und in der Jugendfürsorge (besonders im Außendienst).

Auf dem Gebiet der Kunst: Bildhauer (Metall).

Freie Berufe: Zahnarzt, Chirurg und Rechtsanwalt.

Außerdem Militärdienst (vorzüglich Heer) und Turnlehrer.

5 Klar und sonnig

Quellen Die fünfte der 24 chinesischen Doppelwochen erstreckt sich vom 6. bis zum 20. April. Chinesische Bezeichnung: *ching ming*. Bedeutung: klar und sonnig. Entspricht der zweiten Hälfte unseres Tierkreiszeichens Widder.

Ihr Platz in der Welt Als junger Mann oder als junge Frau verfügen Sie über genug Energie und Unternehmungsgeist, um alles zu erreichen, was Sie wollen. Je älter Sie jedoch werden, desto ruhiger wird Ihr Feuer brennen. Sie werden dann die Routine dem Abenteuer vorziehen, geordnete Verhältnisse dem ständigen Wechsel. In bezug auf Ihr gesellschaftliches Verhalten und Ihre politischen Ansichten bedeutet das, daß Sie im Lauf Ihres Lebens vom selbstzufriedenen Glauben an die Macht des Individuums zum gemilderten Wunsch nach vertretbarer Sicherheit umwechseln. Sie beginnen sozusagen als Radikaler und enden als etablierter Konservativer.

Ihre Einstellung zur Arbeit Die Arbeit macht Ihnen Spaß, selbst nach Feierabend, und Sie können sich für jede sinnvolle Tätigkeit begeistern. Ihre Ziele schwanken je nach Ihrem Alter. In der Jugend brauchen Sie den Ansporn einer persönlichen Herausforderung, brauchen auch Erfolg; im gesetzten mittleren Alter ziehen Sie die friedlicheren Ideale wie Wohlstand und Ansehen vor, wobei Sie im Beruf eine gewisse Autorität anstreben.

Ihre Begabungen und Schwächen Am Anfang Ihrer Laufbahn entwickeln Sie gewisse tollkühne und wagemutige Eigenschaften und riskieren auch gerne etwas. Später verändert sich das zu einer beständigeren und vorsichtigeren Haltung. Als junger Mensch sind Sie einfallsreich, denken schnell, während Sie im mittleren Alter die regelmäßige

Ordnung schätzen, weniger gewandt und rasch, dafür aber imstande sind, fundiertere und wertvollere Gedanken zu entwickeln.

Das ganze Leben hindurch sind Sie ein Realist, praktisch in der Planung, fleißig beim Ausführen. Wenn Sie älter werden, entwickeln Sie jedoch ein größeres Verständnis für die Wünsche und Nöte anderer, aber Sie vergessen dabei nie, auch an sich zu denken.

Sie besitzen eine bewundernswerte Organisationsgabe, im Büro genauso wie in der Fabrik oder auf dem Baugelände. Man traut Ihnen immer zu, daß Sie Ihre Arbeit rechtzeitig erledigen, obgleich Sie in der Jugend eher ein Hansdampf in allen Gassen sind.

Berufsaussichten In Industrie und Gewerbe: besonders im Baugewerbe als Turm- oder Schornsteinarbeiter, Gerüstbauer, Monteur, Installateur, Schlosser, Schweißer. Erst im mittleren Alter auch gut auf dem Produktionsgebiet.

In Wirtschaft und Handel: als Vermögensberater, Börsenmakler, Vertreter (Musikinstrumente, Grundstücke, Lebensversicherungen).

Im öffentlichen Dienst: Lehrer (Biologie, Physik, Erdkunde), Sozialarbeiter (Abenteuerspielplätze).

Auf dem Gebiet der Kunst: Bildhauer (Stein oder Marmor), Steinmetz.

Außerdem Ingenieur, Soldat, Sportler oder Sportlerin.

6 Fruchtbarer Regen

Quellen Die sechste der 24 chinesischen Doppelwochen umspannt die Tage vom 21. April bis zum 5. Mai. Chinesische Bezeichnung *ku yü*. Bedeutung: der Regen, der das Getreide zum Wachsen bringt. Entspricht der ersten Hälfte unseres Tierkreiszeichens Stier.

Ihr Platz in der Welt   Im besten Fall verfügen Sie über eine vollkommen unerschütterliche Selbstsicherheit, die Ihnen das Gefühl gibt, mit beiden Füßen im Zentrum der Welt zu stehen, während sich das ganze Leben um Sie dreht. Sie haben es gern, wenn Sie im Beruf und in der Gesellschaft als eine Säule der Zuverlässigkeit und Vertrauenswürdigkeit betrachtet werden. Sie sind der geborene Konservative, wollen das Beste der Vergangenheit bewahren und überliefern, während Sie sich allen fortschrittlichen Ideen mit einer gewissen Vorsicht nähern. Sie erwarten auch von Politikern vor allem Zuverlässigkeit und die Wahrung der Sicherheit, besonders wenn es sich um die Verteidigung und um die Finanzen dreht.

Ihre Einstellung zur Arbeit   Wenn Sie zureichend motiviert sind, geht Ihnen jede Arbeit leicht von der Hand. Dabei ist für Sie in allererster Linie der Wunsch nach wirtschaftlicher Sicherheit ausschlaggebend (Sie ziehen also ein garantiertes Einkommen einem vielleicht höheren Verdienst vor, wenn dieser mit höheren Risiken verbunden wäre), ferner der Stolz auf Ihre eigene Leistung und das Bedürfnis nach gebührender Anerkennung dieser Leistung durch andere. Sie haben dagegen vergleichsweise wenig Lust, sich für andere oder für die Gemeinschaft zu engagieren.

Wenn Sie älter werden, können Sie zur Trägheit neigen, und wenn sich diese Neigung schon früh zeigt, so kann es sein, daß Sie nie dazu kommen werden, Ihre vollen Fähigkeiten zu entwickeln.

Ihre Begabungen und Schwächen   Ihre große Stärke ist Ihre Verläßlichkeit. Sie brauchen eine Arbeit, in der Sie Verantwortung übernehmen können. Ihre Schwäche ist Ihr relativer Mangel an geistiger Beweglichkeit, weswegen Ihnen alle Situationen, in denen es auf schnelles Denken und Sprechen ankommt, nicht behagen.

Es ist für Sie besser, wenn Sie sich in ein gemachtes Bett legen können, als wenn Sie das Bett erst erfinden müßten. Wenn Sie sich erst einmal an gewisse Methoden und Regeln gewöhnt haben, so bleiben Sie auch dabei, selbst wenn sich die Umstände ändern, was Ihnen die Fähigkeit zur Voraussicht oder Vorausplanung nimmt. Sie sind daher auch keine geborene Führernatur, dafür aber ein guter zweiter Mann.

Diese Eigenschaften machen Sie zu einem ausgezeichneten Organisator und Verwalter, besonders auf den Gebieten der Finanz, des Rechtswesens und der Verwaltung.

Auf manuellem Gebiet besitzen Sie zweifelsohne die Kraft und Ausdauer, auch in einer bescheidenen Position gut und hart zu arbeiten. Es wäre jedoch ideal für Sie, wenn Sie selbst in einer eintönigen Beschäftigung einen Hauch von Kunstfertigkeit entdecken könnten, den Sie als Ansporn und Rechtfertigung brauchen.

Berufsaussichten In Industrie und Gewerbe: am Fließband und im Handwerk bei allen Zulieferer-Tätigkeiten, da Ihnen monotone Arbeit nichts ausmacht. Gute Aussichten bestehen auch in allen Bauberufen, in Gemüse- und Obstbau, in Berufen, die mit Ökologie oder Umweltschutz zu tun haben.

In Wirtschaft und Handel: als Büroangestellter oder als Beamter in großen Institutionen oder Gesellschaften, in der mittleren Ebene der Verwaltungsberufe, als Bankangestellter, Kontenführer, Buchhalter und in ähnlichen Tätigkeiten. Als Wartungsmonteur, Lagermeister, Verkäufer, Hausmeister.

Im öffentlichen Dienst: als Parkaufsichtsbeamter, Stadtgärtner, in der Fürsorgeverwaltung.

Auf dem Gebiet der Künste: als Bildhauer (Ton), Töpfer, Schriftsteller.

Außerdem als Auktionator, Architekt, Inspektor oder Aufseher.

7 Sommer

Quellen Die siebte der 24 chinesischen Doppelwochen erstreckt sich über die Zeit vom 6. bis zum 21. Mai. Chinesische Bezeichnung: *li hsia*. Bedeutung: Beginn des Sommers. Entspricht der zweiten Hälfte unseres Tierkreiszeichens Stier.

Ihr Platz in der Welt In Ihnen mischt sich das Bedürfnis nach Sicherheit mit dem Wunsch nach Wendigkeit. Die eine Hälfte Ihres Wesens möchte mit allen Fasern des Herzens in der Erde verwurzelt sein, während Ihr zweites Ich nach Abenteuern Ausschau hält.

Sie sehen sich selbst als zuverlässigen Bürger mit einem weiten Horizont, der Ihnen gestattet, auch die Standpunkte anderer zu erkennen und zu billigen. In sozialer und politischer Hinsicht gehören Sie zum gemäßigten rechten Flügel, und Sie werden vermutlich in dem Maße, in dem Sie an Erkenntnis und Erfahrung zunehmen, auch mehr Weitsicht und Wendigkeit gewinnen. Sie haben es gern, wenn Ihre Politiker prächtige Kerle sind, und einen guten Redner bewundern Sie aus ganzem Herzen.

Ihre Einstellung zur Arbeit Es macht Ihnen Spaß, Ihre Arbeit zu erledigen, aber Sie verfügen nicht über ganz so viel Schwung und Einfälle, wie Sie selber vielleicht glauben, und deshalb neigen Sie mehr und mehr dazu, die eine Arbeit halb erledigt liegen zu lassen, sobald sich Ihnen eine neue Beschäftigung bietet. Ein guter Verdienst ist Ihnen sehr wichtig, nicht aus Geldgier, sondern weil Sie sich für alle, die von Ihnen abhängen, in hohem Maße verantwortlich fühlen.

Sie sparen gern und planen Ihr Leben auf weite Sicht. Darum bleiben Sie bei der einmal eingeschlagenen Laufbahn oder an Ihrer Stelle, und nicht, weil Sie vom Wunsch besessen sind, Karriere zu machen.

Ihre Begabungen und Schwächen Sie besitzen eine große Begabung für Gelddinge, verfügen außerdem über gesunden Menschenverstand und eine praktische Lebensansicht. Das kann im schlimmsten Fall zu einer vollkommen materialistischen Einstellung führen, denn Sie sind alles andere als ein Idealist. Im besten Fall erledigen Sie alles, was erledigt werden muß, zwar nicht sehr schnell, aber meistens gründlich.

Sie verfügen ebenfalls über ein ausgeprägtes künstlerisches Empfinden in bezug auf Form, Farbe und Ebenmaß, was sich in Ihrer Arbeit immer wieder ausdrücken wird. Sie können Ihre Ideen sehr gut durchsetzen, besonders wenn Sie in der praktischen Arbeit genug Erfahrungen gewonnen haben.

Ihr Fehler ist Ihr Mangel an Eigeninitiative. Sie ziehen es vor, daß jemand anderes die Verantwortung und damit auch das Risiko trägt und die Anordnungen gibt. Sie sind ein guter zweiter Mann.

Berufsaussichten In Industrie und Gewerbe: als Fabrikaufseher, Lagerverwalter, Maschineningenieur, jede Arbeit an Maschinen oder auch mit Schwertransporten.

In Handel und Wirtschaft: alles, was mit Geldbewegungen zu tun hat, besonders mit Hypotheken und Kaufverträgen. Als Beamter alles, was mit Wohnungsfragen zusammenhängt. In der Verwaltung alles, was mit dem weiten Feld von Produktion und Herstellung verbunden ist, inklusive Geräte und Ausrüstungsgegenstände für Wohnwagen, Gärten und Parkanlagen, Hauswirtschaft, Landwirtschaft und ähnliches.

Im öffentlichen Dienst: alles, was Unterstützungen und Renten betrifft.

Auf dem Gebiet der Kunst: Sänger oder Musiker, Schriftsteller, Maler oder Kinetiker.

Außerdem Archäologe, Geologe, Ökologe oder Chemiker.

8   Schwellende Fülle

Quellen   Die achte der 24 chinesischen Doppelwochen umspannt die Tage zwischen dem 22. Mai und dem 6. Juni. Chinesische Bezeichnung: *hsiao man*. Bedeutung: das Getreide beginnt zu wachsen. Entspricht der ersten Hälfte unseres Tierkreiszeichens Zwillinge.

Ihr Platz in der Welt   Sie fühlen sich wie ein Kind im Garten: es gibt so viel zu tun und zu sehen, so viel zu entdecken und zu erforschen, daß es Ihnen völlig unmöglich ist, sich auf einen einzigen Gegenstand allein zu konzentrieren. Dies Kind bleiben Sie Ihr ganzes Leben lang, Sie werden nie ganz erwachsen werden, und deshalb werden Sie auch den Platz eines verantwortungsvollen, aufrechten Bürgers, den Sie eigentlich einnehmen müßten, nie vollständig ausfüllen.

Sie glauben an eine freie, offene Gesellschaft, in der jeder das Seine zu allen Entscheidungen beiträgt. Zuviel Autorität ist Ihnen allerdings lästig. Sie halten selber nicht allzu viel von strengen Prinzipien, obgleich es Ihnen auch Spaß macht, für das Recht zu argumentieren. Sie sprechen am meisten auf Politiker an, die eine etwas flexible Haltung vertreten.

Ihre Einstellung zur Arbeit   Die Arbeit kommt Ihnen wie ein Spiel vor, und solange Sie auch Spaß dabei empfinden, gefällt sie Ihnen. Sobald die Sache jedoch ernst und anstrengend wird, schauen Sie sich nach anderen Möglichkeiten um.

Sie werden vor allem von dem Reiz angesprochen, der von einer Arbeit ausgehen kann: von den Aufregungen und Spannungen bei Forschung und Neuentwicklungen, vom Austausch von Informationen, von den leidenschaftlichen, kontroversen Redeschlachten und vom geschäftlichen Wettbewerb.

Ihre Begabungen und Schwächen Sie haben Ideen zu bieten, Sie sprudeln nur so von glänzenden Einfällen über, aber es fehlen Ihnen die Verständigkeit und auch die Urteilskraft, die man zu jeder endgültigen Entscheidung unbedingt braucht. Ihr Platz ist in Forschungsabteilungen, Informationszentren, Schulen, Hochschulen und Kommunikationszentren. Da Ihre Stärke in Ihrer Geistesgegenwart und Ihrer Fähigkeit liegt, Ihre Gedanken in eine überzeugende Form zu kleiden, können Sie auch als Verkäufer sehr erfolgreich tätig sein.

Es fehlt Ihnen dagegen die Fähigkeit, eine Sache besonders wirksam zu organisieren, das liegt zum Teil daran, daß Sie nicht gründlich genug arbeiten, und zum Teil an Ihrer relativen Unfähigkeit, einen umfassenden Plan zu entwerfen. Ihnen liegt es mehr, Schritt für Schritt und Stück für Stück zu arbeiten.

Wenn Sie unter Druck stehen, können Sie zusammenbrechen, und in kritischen Situationen ist kein Verlaß auf Sie.

Berufsaussichten In Industrie und Gewerbe: als Lastwagen- oder Busfahrer, Bahn- oder Postbeamter, Schaffner, Reiseleiter, in jeder anderen Position, die mit der Herstellung von Transportgütern zusammenhängt, mit Zeitungspapier, Schreib- und Papierwaren, Druckausrüstungen und ähnlichem.

In Wirtschaft und Handel: als Verkäufer in einem Geschäft, Hotelkellner, Telefonist, Funker, kaufmännischer Angestellter, besonders im Import-Export oder in Versandgeschäften.

Im öffentlichen Dienst: in der Sprachtherapie, als Fachmann für Familienplanung, in der Behindertenarbeit.

Auf dem Gebiet der Kunst: als Schriftsteller, Verleger, Pianist oder Violonist.

Außerdem als Rechtsanwalt, Aktien- oder Börsenmakler, Lehrer (besonders Literatur und Sprachen).

118

9 Reifende Garben

Quellen Die neunte der 24 chinesischen Doppelwochen umspannt die Tage vom 7. Juni bis zum 21. Juni. Chinesische Bezeichnung: *mang chung*. Bedeutung: das Getreide beginnt zu reifen. Entspricht der zweiten Hälfte unseres Tierkreiszeichens Zwillinge.

Ihr Platz in der Welt In jungen Jahren sind Sie ein lebhafter, allseitig interessierter Mensch, der gern sein eigener Herr bleibt. Je älter Sie jedoch werden, desto mehr liegt Ihnen daran, irgendwo seßhaft zu werden und sich mit einer bestimmten Familie, Heimatstadt, politischen Überzeugung und moralischen Einstellung verbunden zu fühlen.

Sie glauben an die Nützlichkeit offener und ehrlicher Aussprachen, und deshalb bevorzugen Sie auch die demokratische Gesellschaft, in der jeder das Recht besitzt, seine Meinung völlig frei zu äußern und dadurch – wenigstens bis zu einem gewissen Grad – die allgemeine Politik zu beeinflussen.

Als junger Mensch wechseln Sie Ihre sozialen und politischen Ideen ziemlich oft, aber wenn Sie das mittlere Alter erreicht haben, entscheiden Sie sich meistens für eine konservative Lebenshaltung.

Ihre Einstellung zur Arbeit Sie haben die Arbeit nicht erfunden. In der Jugend reizt Sie das ganze Hin und Her, das zur Entwicklung eines neuen Projektes gehört, und in späteren Lebensjahren spornt Sie der innere Wunsch nach Sicherheit an, was sich ebenso auf die Gefühle wie auf die Finanzen bezieht.

Sie genießen es, wenn Sie für eine gelungene Leistung gelobt werden, aber Sie empfinden kein ausgeprägtes Verlangen nach Erfolg, wenn er mit zuviel Verantwortung verbunden ist.

Ihre Begabungen und Schwächen Sie sind in allen schnellen, klugen Berechnungen hervorragend, Sie denken fehlerlos und gradlinig und finden immer die rechten Worte. Dafür mangelt es Ihnen an Beharrlichkeit und Ausdauer, Mut und Führungseigenschaften, und die Menschen, die Ihnen folgen, entwickeln sich eher zu Ihren Freunden als zu bloßen Untergebenen.

Sie kommen fast mit allen Menschen gut zurecht, aber es ist ganz ratsam, nicht zu vergessen, daß Sie einem Kollegen gern eins auswischen, wenn er sich Ihnen gegenüber falsch oder dumm benommen hat. Sie können über lächerlich geringe Geldsummen, die Ihnen jemand schuldet, ein ungeheures Theater veranstalten, obgleich Sie selber ein recht saumseliger Schuldner sind.

Sie schätzen die Vermittlerrolle bei Verhandlungen, sind gern Schiedsrichter oder Unparteiischer, Bote oder Berater. Persönliche Kontakte jeglicher Art behandeln Sie mit großem Geschick.

Sie sollten versuchen, sich von Routinearbeiten fernzuhalten, obgleich Sie nicht die Flucht ergreifen sollten, wenn sich eine interessante Aufgabe damit verbindet.

Berufsaussichten In Industrie und Gewerbe: im Transportgewerbe, bei Umzugsfirmen und Fuhrunternehmen, Angesteller bei Fluggesellschaften, Bote, Kurier, Kranführer, Herstellungsleiter.

In Wirtschaft und Handel: als Grundstücksmakler, Arbeitsvermittler, Vertreter, Sekretärin (besonders in einem sehr betriebsamen Büro), Makler, Zeitungsreporter, Verleger, Texter in Anzeigen-Agenturen und ähnliches.

Im öffentlichen Dienst: jede Sozialarbeit mit Tauben, Stummen und Blinden.

Auf dem Gebiet der Kunst: als Dramatiker, Romanschriftsteller und in der Musik als Schlagzeuger.

Im übrigen als Scheidungsanwalt oder wirtschaftswissenschaftlicher Lehrer.

10   Sommerwende

Quellen   Die zehnte der 24 chinesischen Doppelwochen umspannt die Zeit zwischen dem 22. Juni und dem 6. Juli. Chinesische Bezeichnung: *hsia chih*. Bedeutung: Sommersonnenwende. Entspricht der ersten Hälftes unseres Tierkreiszeichens Krebs.

Ihr Platz in der Welt   Es ist für Sie sehr wichtig, daß Sie das Gefühl haben, geliebt und erwünscht zu sein, in der Familie, am Arbeitsplatz, im Freundeskreis und in Ihrer weiteren Umgebung. Es würde Ihnen nie gelingen, sich aus Ihrem Milieu zu lösen und vollkommen ohne Bindungen zu leben. Sie brauchen das Zugehörigkeitsgefühl.

Daraus ergibt sich, daß Sie sich gerne den Regeln und Verhaltensformen anpassen, die in Ihrer Umgebung gültig sind. Sie sind kein geborener Rebell, der Konformismus entspricht Ihnen mehr. Sie sind ein gefühlvoller Konservativer, die Vergangenheit schätzen Sie höher als die Zukunft. Politiker nach Ihrem Geschmack sind nette, häusliche Leute, denen man sein Vertrauen schenken kann. Wenn Sie in einer anderen Zeit leben könnten, so würden Sie sich die alte Ritterherrlichkeit aussuchen, in der der Mann noch etwas wert war.

Ihre Einstellung zur Arbeit   Sie arbeiten aus einem Bedürfnis nach Sicherheit heraus. Sie brauchen Geld, um sich sicher zu fühlen. Es kommt jedoch hinzu, daß Sie jede Arbeit befriedigt, die zum Aufbau eines soliden und dauerhaften Unternehmens beiträgt und außerdem mit einem sozialen Zweck verbunden zu sein scheint. Obgleich Sie ein guter Geschäftsmann sind, können Sie sich auch im Sozialdienst und auf dem Gebiet der Kunst entfalten und bewähren. Aber wenn Sie morgen plötzlich als Millionär aufwachten, würden Sie die Arbeit wahrscheinlich ganz und gar an den Nagel hängen. So wichtig ist sie Ihnen nicht.

Ihre Begabungen und Schwächen Ihre hervorragendste Eigenschaft ist die reine menschliche Sympathie, die es Ihnen gestattet, das Herz und das Verständnis anderer Menschen zu gewinnen, so daß Sie Ihre Gefühle teilen können. Infolgedessen arbeiten Sie am besten unter Bedingungen, die Fürsorge und Mitgefühl erfordern.

Ihre größte Schwäche ist vermutlich Ihre Feigheit, die es Ihnen erschwert, groben und gerissenen Geschäftspartnern standzuhalten oder mit Lärm und schwierigen Arbeitsbedingungen in einer Fabrik fertig zu werden.

Sie sind auch nicht besonders für detaillierte Berechnungen und andere präzise Arbeiten geeignet. Sie brauchen Aufgaben, bei denen sich Ihre Intuition entfalten kann.

Berufsaussichten In Industrie und Gewerbe: in allen Personalabteilungen, in Hotel- und Versorgungsbetrieben, bei der Handelsmarine, in der Lebensmittelherstellung, bei Küchen- und Hauswirtschaftsgeräteherstellern.

In Wirtschaft und Handel: als Chefsekretärin, als Finanz- oder Budgetüberwacher, als Archivleiter einer großen Gesellschaft, in einer Beschwerdestelle.

Im öffentlichen Dienst: fast alle Sozialberufe, die Pflegepersonal benötigen, ferner Kinderpflege, Mütterberatung, Beamte in Adoptionsstellen, Eheberater und ähnliches.

Auf dem Gebiet der Kunst: als Romanschriftsteller oder Marinemaler.

Außerdem als Historiker und Meeresbiologe.

11 Kleine Hitze

Quellen Die elfte der chinesischen 24 Doppelwochen umspannt die Tage vom 7. Juli bis zum 22. Juli. Chinesische Bezeichnung: *hsiao shu*. Bedeutung: die noch nicht so starke Sommerhitze. Entspricht der zweiten Hälfte unseres Tierkreiszeichens Krebs.

Ihr Platz in der Welt   Sie hängen an Traditionen und sind stolz darauf. Nichts geht Ihnen über die guten alten Tugenden und Werte, Ruhe und Ordnung im Staatssystem, im Rechtsempfinden und in der allgemeinen Lebenshaltung. Diese starre Einstellung wird jedoch auch durch eine von Herzen kommende Sanftheit, Güte, Höflichkeit und etwas altmodische Ritterlichkeit gemildert. Sie können ehrgeizig sein, aber Sie sind nicht am gesellschaftlichen Aufstieg interessiert. Sie können für sich und Ihre Familie eine gute Versorgung anstreben, aber Sie sind nicht geldgierig. Sie kennen Ihren Platz im Leben, und Sie wünschen sehnlichst, daß es die anderen auch täten. Es überzeugt Sie, wenn Politiker vorsichtig handeln, wenn Sie schlichte Menschen ohne allzu viel Schnörkel sind, dafür aber selbstsicher im Urteil.

Ihre Einstellung zur Arbeit   Wenn etwas erledigt werden muß, so packen Sie an und bringen die Sache hinter sich. Wenn es nichts zu tun gibt, dann macht es Ihnen keine Mühe, sich mit einer großen Zahl von Freizeitbeschäftigungen die Stunden zu vertreiben. Wie schon erwähnt, treibt Sie der Hang nach Sicherheit, aber Sie kombinieren ihn mit einem Schaffensdrang, der den Beifall Ihrer Umgebung herausfordert und gleichzeitig Sie selbst mit Befriedigung erfüllt.

Ihre Begabungen und Schwächen   Ihr größter Vorteil ist es, daß Sie Ihre Mitmenschen so gut verstehen und Ihnen in jeder Notsituation zu helfen bereit sind. Es erfüllt Sie mit Freude, wenn Sie anderen einen Gefallen tun können, dafür finden Sie sich mit technischen Dingen nicht so gut zurecht.

Es ist Ihr Hauptfehler, daß Sie sich jede Kritik zu sehr zu Herzen nehmen und daß Sie deshalb unter jeder Einmischung von oben leiden, statt daß Sie sich einmal ein Herz fassen und Ihrem Chef sagen, er solle seine Nase nicht in alles stecken. Sie brauchen eine Stellung mit gutem Betriebsklima, Sie haben es gern, wenn sich alle Angestellten wie eine große Familie fühlen können. Sie gäben selbst einen ganz guten Arbeitgeber ab, aber Sie brauchen dazu einen charakterfesten, gescheiten zweiten Mann, der Ihnen immer gleich sagt, wenn Sie zu butterweich gewesen sind.

Manchmal leidet Ihre Arbeit unter Ihrer Stimmung, und dann müssen Ihre Kollegen und Vorgesetzten nachsichtig sein, wenn Sie wieder einmal einen schlechten Tag hatten.

Berufsaussichten In Industrie und Gewerbe: im Reinigungsdienst, in der Reparaturabteilung, im Wartungsdienst. Als Lagerhalter oder -verwalter, Herausgeber der Hauszeitschrift, Maschineneinrichter, Plakat- oder Schildermaler, in allen Berufen, die mit der Seefahrt zusammenhängen.

Im öffentlichen Dienst: als Schwester, besonders in Erholungsstätten und Ferienorten, als Haushilfe, Hebamme, Kindergärtnerin, Vorschullehrer und -lehrerin.

In Wirtschaft und Handel: als Finanz- und Anlageberater, Verkäufer von Einrichtungsgegenständen.

Auf dem Gebiet der Kunst: Kunstgewerbe, Teppichweberei, Wandmalerei.

Weitere Berufe: Blumenverkäufer und Arrangeur von Blumenschmuck, Pflanzenzüchter oder Baum- oder Handelsgärtner, Bibliothekar, Arzt, besonders praktischer Arzt.

12 Große Hitze

Quellen Die zwölfte der 24 chinesischen Doppelwochen umspannt die Zeit vom 23. Juli bis zum 7. August. Chinesische Bezeichnung: *ta shu*. Bedeutung: starke sommerliche Hitze. Entspricht der ersten Hälfte unseres Tierkreiszeichens Löwe.

Ihr Platz in der Welt   In Ihren Wunschträumen sehen Sie sich im Glanz einer wichtigen gesellschaftlichen Position. Sie genießen das Gefühl, daß Ihnen die Leute ihre Aufmerksamkeit zuwenden, was Sie teilweise Ihrer Klugheit verdanken, hauptsächlich aber Ihrem persönlichen Charme und dem gewissen Pfiff, mit dem Sie alle Situationen meistern, in denen es auf eine starke Hand ankommt. Die selbstbewußte Vision Ihrer eigenen Person gilt sowohl auf beruflichem wie auf politischem Gebiet.

Ihre politischen und sozialen Ansichten neigen dazu, etwas romantisch zu sein. Ihnen gefällt das Bild eines starken Führers, dessen Persönlichkeit die Nation zusammenschweißt: ein de Gaulle oder Churchill oder selbst ein Kennedy. Die Demokratie überzeugt Sie nicht so ganz, Sie würden eine Monarchie – selbst den Absolutismus, wie er sich im Frankreich des Sonnenkönigs dargestellt hat – dem Chaos einer Volksregierung vorziehen.

Ihre Einstellung zur Arbeit   Sie sind von Natur aus ein Genießer, Sie liegen viel lieber in der Sonne, als daß Sie an der Werkbank oder auf dem Bürostuhl schwitzen. Wenn und da Sie jedoch arbeiten müssen, ziehen Sie eine Arbeit vor, die Ihnen so weit entspricht, daß Sie Ihre Persönlichkeit darin glänzen lassen können. Ihr Hauptmotiv ist in bezug auf die Arbeit schiere Eitelkeit. Sie arbeiten, um von anderen Lob und Anerkennung einzuheimsen und um Ihr Bedürfnis nach Ruhm und Erfolg zu befriedigen.

Ihre Begabungen und Schwächen   Sie sind überhaupt nicht der Typ des kalten Planers, der im Verborgenen denkt und handelt. Um richtig wirken zu können, müssen Sie Ihre Persönlichkeit auf eine eindrucksvolle und überzeugende Art und Weise darstellen können. Sie müssen Befehle geben, Begeisterung verbreiten, die ganze Sache in Schwung halten. Dies ist gleichzeitig Ihre größte Begabung und Ihre empfindlichste Schwäche, denn die Überzeu-

125

gungskraft schlägt leicht in eine hochtrabende Eingebildet-
heit um, der Stolz in Selbstzufriedenheit. Es wird deshalb
immer einige Leute geben, die Sie unerträglich finden.

Sie lieben es, weitschweifende Pläne für die Zukunft zu
entwerfen, in großen Zusammenhängen zu denken, wichtige Verhandlungen vorzubereiten; Sie lieben es auch,
wenn Ihre Leute Sie für großzügig halten, während Ihre
Vorgesetzten in Ihnen den kommenden Mann sehen.

Es fällt Ihnen schwer, in einer beruflichen Auseinander-
setzung nachzugeben, denn es fehlt Ihnen an Geschmeidig-
keit. Am schwersten fällt es Ihnen jedoch, wenn Sie sich
eine Niederlage eingestehen müssen.

Berufsaussichten In Industrie und Gewerbe: als Vorar-
beiter, Manager, Direktor und am liebsten als Aufsichts-
ratsvorsitzender.

In Wirtschaft und Handel: als Vorsitzender irgendeiner
Organisation, als selbständig arbeitender Geschäftsmann,
als Schaufensterdekorateur, Verkaufsassistent, im Empfang (Nachtclub, Kabarett und ähnliches), als Croupier
und in jeder Beschäftigung bei einem Reise-Unternehmen.

Im öffentlichen Dienst: als Beschäftigungstherapeut,
Organisator in gemeinnützigen Vereinen, besonders auf
dem Unterhaltungssektor.

Auf dem Gebiet der Kunst: als Schauspieler oder Schauspielerin, jeder Beruf in der Unterhaltungsindustrie.

Übrige Berufe: Politiker und Diplomat.

13 Herbst

Quellen Die dreizehnte der 24 chinesischen Doppelwochen umspannt die Tage zwischen dem 8. und dem
23. August. Chinesische Bezeichnung: *li chio*. Bedeutung:
der Beginn des Herbstes. Entspricht der zweiten Hälfte unseres Tierkreiszeichens Löwe.

Ihr Platz in der Welt Sie verfügen bestimmt über reichlich Selbstvertrauen und persönlichen Stolz, aber Sie verbinden diese Eigenschaften mit einer sehr genauen Kenntnis der Regeln, nach denen sich die Welt eben dreht. Sie sind ganz zweifellos auf den großen Erfolg aus, entweder in Ihrem Beruf oder in Ihrer gesellschaftlichen Stellung. Sie verfügen über alle Fähigkeiten, um sich den Weg nach oben zu bahnen. Außerdem haben Sie Glück, das ist Ihnen schon in die Wiege gelegt worden.

Sie glauben an eine freundliche, wohlgeordnete Gesellschaft, die ein Maximum an Freiheit bei einem Minimum an Einsatz garantiert. Sie finden, daß man die Leute nicht allzusehr verwöhnen soll, denn Sie treten selber mit genug Sicherheit und Kraft auf. Der Politiker, der Ihren Idealvorstellungen entspricht, besitzt ein großes Charisma. Er verfügt über die Macht, weil sie seiner Persönlichkeit entspricht.

Ihre Einstellung zur Arbeit Ihr Ehrgeiz ist gekoppelt mit Ihrer Fähigkeit und Bereitschaft, sich ohne Rücksicht auf Ihre eigene Zeit in eine Arbeit zu stürzen. Für einen unkooperativen Arbeitgeber werden Sie nichts tun, für einen Vorgesetzten, der aus dem gleichen Holz wie Sie geschnitzt ist, werden Sie sich jedoch die Beine ausreißen. Im Grunde genommen wollen Sie natürlich selber der Boß sein.

Ihre Begabungen und Ihre Schwächen Das Beste an Ihnen ist Ihr persönlicher Charme, den Sie möglichst auch bei der Arbeit spielen lassen sollten, und Ihre Fähigkeit, im großen Rahmen zu denken und trotzdem die Details nicht zu übersehen. Ihr Hauptfehler: Sie sind nicht imstande, den Wert einer neuen Idee zu erkennen, weil die alte Idee von Ihnen gestammt hat – und alles, was Sie tun, ist fabelhaft und richtig.

Sie begrüßen jede Gelegenheit, mit anderen zusammenzuarbeiten, und Sie geben auch einen guten Angestellten ab, solange Ihnen die Umgebung gefällt und Ihnen zudem genug Gelegenheiten gegeben werden, Ihre Initiative zu beweisen und vielleicht ein paar Sklaven hin und her zu scheuchen.

Sie besitzen den Mut, der zu Ihren Überzeugungen gehört, außerdem verfügen Sie in Auseinandersetzungen über großes Stehvermögen, entwickeln für ein frischgebackenes Unternehmen ungeheure Begeisterung, aber wenn Sie mit echten Schwierigkeiten konfrontiert werden, können Sie rasch Ihre gute Laune verlieren. Sie schmollen manchmal wie ein verwöhntes Kind.

Berufsaussichten In Industrie und Gewerbe: als finanzieller Direktor, Organisator für bestimmte Teilgebiete, Angestellter in einem Kraftwerk, Atomenergie-Experte, Nukleartechniker.

In Wirtschaft und Handel: jegliche Art von Verwalter, besonders in Ferienlagern, bei Besichtigungstouren und Übersee-Ferienreisen. Besitzer eines Gemüseladens oder Kurzwarengeschäfts. Buchmacher.

Im öffentlichen Dienst: Veranstaltungsleiter in der Stadt- oder Gemeindeverwaltung, Chef einer Stadtküche, Verantwortlicher für Höhensonnenbestrahlungen.

Auf dem Gebiet der Kunst: als Goldschmied und in allen Kunsthandwerkarten, wo es auf Präzisionsarbeit ankommt.

Außerdem: Architekt, Rundfunksprecher.

14 Ende der Hitze

Quellen Die vierzehnte der 24 chinesischen Doppelwochen umspannt die Zeit zwischen dem 24. August und dem 7. September. Chinesische Bezeichnung: *chu shu*. Bedeutung: Ende der sommerlichen Hitze. Entspricht der ersten Hälfte unseres Tierkreiszeichens Jungfrau.

Ihr Platz in der Welt Sie sind ein Ordnungsfanatiker, und deshalb kennen Sie Ihren eigenen Platz in der Welt nur zu genau. Sie wünschten, daß sich die anderen Leute auch etwas selbstverständlicher und ohne so viel Theater in ihr Schicksal fügen würden.

Ihr Ideal wäre eine friedliche Welt, in der sich jeder um seine eigenen Angelegenheiten kümmert, und eine tüchtige Regierungsmannschaft, die nicht lange mit sich fackeln läßt. Sie sind weder ausgesprochen radikal noch besonders reaktionär, sondern von einem gesunden Pragmatismus erfüllt.

Sie versuchen jede Situation sachlich und kühl zu analysieren und erkennen sofort, was getan werden muß, um das Durcheinander wieder zu beseitigen. Politiker sollten sich Ihrer Ansicht nach eher wie Geschäftsleute als wie Fernsehstars benehmen.

Ihre Einstellung zur Arbeit Sie gehören zu den emsigsten Menschen der Welt, denn alles, was Sie anfassen, wird von Ihnen als wichtige Arbeit betrachtet, ob es sich nun um den Abwasch handelt oder um einen langen Geschäftsbericht, und außerdem macht Ihnen jede dieser Arbeiten Spaß. Das ist auch Ihr Motiv: es erfüllt Sie mit einer reinen Freude, wenn Sie eine Arbeit vor sich haben, denn Sie wissen genau, daß Sie sie gut erledigen werden. Geld, Ruhm, der Beifall Ihrer Freunde – das ist alles nicht so wichtig, denn Sie setzen sich Ihre eigenen Maßstäbe und wissen selber ganz genau, ob Sie eine Sache gut gemacht haben oder nicht.

Ihre Begabungen und Schwächen Ihre größte Stärke liegt in Ihrem messerscharfen Verstand, mit dem Sie besonders bei einer komplizierten und detaillierten Aufgabe glänzen können. Wie man verfilzte Wolle wieder zu einem ordentlichen Knäuel aufwickelt, so sind Sie imstande, eine unübersichtliche Ansammlung von Fakten und Zahlen in den richtigen Zusammenhang zu bringen, so daß sie wieder einen Sinn ergeben.

Die gleiche Geschicklichkeit entwickeln Sie bei allen manuellen Tätigkeiten; Sie besitzen eine große Handfertigkeit und schaffen es, auch die schwierigsten Maschinen zu konstruieren.

Ihre relative Schwäche liegt in der sachlichen Distanz, mit der Sie andere Leute behandeln. Sie sind nicht eigentlich kalt, aber Sie wirken gelegentlich nicht wie ein Mensch, sondern wie eine Rechenmaschine. Dann behandeln Sie auch Ihre Mitarbeiter als Automaten, von denen Sie nichts anderes erwarten, als daß sie am angemessenen Platz reibungslos funktionieren.

Der übliche und mit jedem Beruf verbundene Schreibkram macht Ihnen keine Mühe, Sie sind auch gut in allgemeiner Verwaltung, hervorragend mit Zahlen, eignen sich dagegen nicht so gut für schwere, eintönige Handarbeit, sondern passen eher in ein Büro. Sie brauchen Abwechslung, aber Sie besitzen genug Stehvermögen, um bei der Arbeit, für die Sie sich entschlossen haben, auch durchzuhalten.

Insgesamt sind Sie ein klassischer Angestellter. Es ist fraglich, ob Sie genug Zähigkeit, Unternehmungsgeist und Führungseigenschaften besitzen, um eine Firma oder eine Gesellschaft zu leiten.

Berufsaussichten In der Leichtindustrie: alle Arten von ungelernter und gelernter Arbeit, Qualitätskontrolle, REFA-Studien; Fabrikinspektor, Laborant.

In Handel und Gewerbe: als Sekretärin, in der Ablage, als Buchhalter, jede Arbeit, die mit Datenverarbeitung zusammenhängt.

Im öffentlichen Dienst: als Lehrer, Psychologe, Schwester oder Pfleger, Turn- oder Freizeitlehrer.

Auf dem Gebiet der Kunst: als Kritiker.

Außerdem Rechtsanwalt und Wissenschaftler.

15   Weißer Tau

Quellen   Die fünfzehnte der 24 Doppelwochen umfaßt die Zeit zwischen dem 8. und 22. September. Chinesische Bezeichnung: *pai lu*. Bedeutung: der erste Herbsttau. Entspricht der zweiten Hälfte unseres Tierkreiszeichens Jungfrau.

Ihr Platz in der Welt   Durch ihre politische und gesellschaftliche Einstellung erweisen Sie sich als ein freundlicher, manchmal sogar schüchterner und zurückhaltender Mensch, der keiner Fliege etwas zuleide tun würde, was Sie allerdings nicht hindert, Fliegen für ekelhafte Insekten zu halten, die Krankheiten übertragen.

Sie sind ein Anhänger von Vater Staat, in dem die Beamten wie die Kindermädchen hinter einer Schar von unordentlichen Rangen immer wieder aufräumen, sie zu ihrem eigenen Besten zur Ordnung rufen und ihnen einbleuen, sich anderen gegenüber höflich zu benehmen und auf sich selbst zu achten.

Sie haben auch nichts dagegen, selber so ein Musterbürger zu sein, aber würde sich ein Groll gegen die Gesellschaft in Ihnen festsetzen, so könnte ein recht erfolgreicher Verbrecher aus Ihnen werden. Dabei würden Sie sich vermutlich die stillen, hinterlistigen Methoden aussuchen und betrügen, Geld unterschlagen oder Ihren Ehepartner vergiften.

Ihre Einstellung zur Arbeit   Die Arbeit wird von Ihnen offensichtlich geschätzt, besonders wenn Sie dabei etwas zu meckern haben, oder noch besser: wenn Sie sich insgeheim ständig den Kopf zerbrechen können. Das hält Sie in Spannung.

Furcht, Unsicherheit und Aufregungen erhalten Sie lebendig. Haben Sie auch alles ordentlich getan? Keine einzige Kleinigkeit übersehen? Kann der Chef auch zufrieden

131

sein? Ob nicht doch etwas − vielleicht alles − schiefgehen wird? Sorgen, Sorgen, das ist Ihre Lebensmelodie.

Ihre Begabungen und Schwächen Ihre ausgesprochene Stärke liegt darin, daß Sie bei jeder Aufgabe jeden neuen Sachverhalt sofort und klar erkennen und allen anderen kurz und verständlich auseinandersetzen können. Sie besitzen ein scharfes und untrügliches Auge für Kleinigkeiten, vielleicht ein bißchen zu scharf, denn manchmal sehen Sie den Wald vor lauter Bäumen nicht.

Sie können Ihre Mitarbeiter recht sympathisch finden, aber es ist Ihnen versagt, sich so leicht mit Ihnen anzufreunden, wie Sie es vielleicht gern täten. Sie sollten allen Tätigkeiten aus dem Wege gehen, bei denen es vor allem auf Gefälligkeit ankommt. Sie verfügen zwar über einen ganz persönlichen Charme, aber Sie hassen alles, bei dem es sehr auf persönliche Ausstrahlung ankommt.

Sie besitzen eine ganze Reihe von bewunderungswürdigen beruflichen Qualitäten, die Sie zu einem guten Angestellten machen. Gerechterweise müßte man noch erwähnen, daß Ihnen öfters jegliche Vorstellungskraft − nicht zu verwechseln mit Einfallskraft − und jede Verbindlichkeit oder menschliche Wärme fehlt. Je älter Sie werden, desto mehr nimmt jedoch auch Ihre Freundlichkeit und Milde zu.

Berufsaussichten In der Industrie: jegliche Präzisionsarbeit (Uhren, elektronische Geräte), Chemiker.

Auf dem Gebiet von Handel und Gewerbe: als Statistiker, Buchhalter, Sekretär, Organisator, Lohnbuchhalter.

Im öffentlichen Dienst: jede Arbeit mit Behinderten.

Auf dem Gebiet der Kunst: Kupferstecher, Lithograph, Goldschmied.

Im übrigen Arzt, besonders Spezialist, medizinisch-technischer Assistent, Gerichtsmediziner, Leichenbeschauer und Untersuchungsrichter.

16 Herbstwende

Quellen Die sechzehnte der 24 chinesischen Doppelwochen umspannt die Zeit vom 23. September bis zum 8. Oktober. Chinesische Bezeichnung: *chiu fen*. Bedeutung: Herbstsonnenwende. Entspricht der ersten Hälfte unseres Tierkreiszeichens Waage.

Ihr Platz in der Welt Es gibt nur einen einzigen Platz, den Sie einnehmen wollen: den ›goldenen Mittelweg‹, immer schön durchschnittlich und vorsichtig und nie zu weit links oder zu weit rechts. Das macht Sie zu einem vernünftigen Bürger, der nicht gleich über alles zu jammern beginnt, sondern fröhlich vorwärts trabt.

Sie glauben offensichtlich an eine gerechte und glückliche Gesellschaft. Diese Gerechtigkeit muß jedoch durch Gnade gemildert sein. Unerfreuliche soziale Zustände muß man so weit bemänteln, daß sie wenigstens nicht mehr das Auge beleidigen. Das ist Ihr Problem: Sie trachten etwas zu sehr nach Beschwichtigung, und um den Preis von Ruhe und Ordnung lassen Sie auch politische Rüpel an die Regierung.

Ihre Einstellung zur Arbeit Ihr Charakter ist mit einem gewissen Hang zum Müßiggang durchsetzt, und Sie haben gar nichts dagegen, wenn andere Leute schuften, während Sie selbst den dekorativen Zuschauer spielen. Wenn Sie sich schon in eine Arbeit stürzen, dann ist es Ihnen lieber, wenn es sich um eine elegante und nette Aufgabe handelt, bei der Sie sich nicht überanstrengen müssen. Was bringt Sie also dazu, sich überhaupt aus den Federn zu rollen und zu einer Tätigkeit zu entschließen? Der Beifall der anderen bedeutet Ihnen viel, Sie lieben Ihre Arbeit, weil sie Ihr soziales Prestige verstärkt. Außerdem haben Sie jede Arbeit gern, die Sie mit vielen anderen Menschen in Kontakt bringt. Auf einen Nenner gebracht: Sie betrachten Ihre berufliche Tätigkeit als angenehme Art, sich die Zeit zu vertreiben.

Ihre Begabungen und Schwächen Sie entwickeln in vielen Situationen großen Charme, auch im Beruf. Sie fügen sich gut in Gruppen ein, genießen die Gesellschaft von anderen Menschen und sind von dem Wunsch erfüllt, sich auch bei anderen beliebt zu machen.

Sie besitzen außerdem einen sicheren Geschmack, der es Ihnen erstrebenswert erscheinen läßt, in einer harmonischen Umgebung zu arbeiten, in der Sie Ihr künstlerisches Geschick einsetzen können. Eine finstere und schmutzige Umgebung können Sie überhaupt nicht ertragen, finstere und schmutzige Kollegen übrigens auch nicht.

Ihnen fehlen Mut, Entschlossenheit und die Kraft, sich rasch zu entscheiden. Augenblicksentschlüsse liegen Ihnen nicht, Ihnen ist die milde Übereinstimmung lieber.

Ihre Stärke liegt dafür in Ihrem Gerechtigkeitsgefühl, Ihrer Liebenswürdigkeit, Ihrem sicheren Instinkt für Farbe, Material und Form und der überzeugenden Beredsamkeit, mit der Sie fast alles erreichen.

Berufsaussichten In Industrie und Gewerbe: in Personalabteilungen, Maß- und Gewichtskontrolle, Fertigungsabteilungen, in der Bekleidungsindustrie, in Betrieben, die Geschenkartikel, Dekorationsgegenstände und ähnliches herstellen.

Im Handel und in Büroberufen: im Empfang, in der Public-Relations-Abteilung, als Bürovorsteher; Blumenhändler und Blumenarrangeur, Schaufensterdekorateur, Assistent in Modegeschäften.

Im öffentlichen Dienst: als Fürsorger.

Auf dem Gebiet der Kunst: als Entwerfer, Fotograf, Modezeichner, Kulissen- und Kostümentwurf im Theater.

Außerdem: in Schlichtungsstellen oder im diplomatischen Dienst.

17   Kalter Tau

Quellen   Die siebzehnte der 24 chinesischen Doppelwochen umspannt die Zeit zwischen dem 9. und 23. Oktober. Chinesische Bezeichnung: *han lu*. Bedeutung: der erste Rauhreif. Entspricht der zweiten Hälfte unseres Tierkreiszeichens Waage.

Ihr Platz in der Welt   In der Jugend entwickeln Sie der Welt gegenüber eine friedliche, gelassene und menschenfreundliche Haltung. Sie mögen es gerne, wenn Sie zu der großen Gruppe von tüchtigen Leuten gerechnet werden, die sich alle miteinander ihr Leben vernünftig und nett eingerichtet haben.

Wenn Sie jedoch älter werden, bekommen Ihre sozialen und politischen Ansichten eine wesentlich größere Bestimmtheit, manchmal neigen Sie sogar zum Fanatismus. Die Politiker, die Sie gut finden, sollen dann starke Männer sein, die sich auch gegen Angriffe, Gewalt und Grobheit behaupten und in keiner Krise nachgeben – das sieht ganz anders als die Ideale Ihrer Jugend aus, als Sie für den Frieden um jeden Preis waren.

Ihre Einstellung zur Arbeit   Die gleiche Entwicklung wiederholt sich in bezug auf Ihre Karriere. Sie beginnen sie fast ohne Ziele und versuchen sich in allen möglichen Beschäftigungen und Berufen. Es geht Ihnen erst in den mittleren Lebensjahren auf, daß man sich auf einem bestimmten Gebiet spezialisieren oder festlegen sollte. Ihr Hauptziel im Leben besteht darin, auch bei der Arbeit glücklich zu sein. Die Mittel, mit denen Sie sich dieses Glück zu erringen versuchen, ändern sich im Lauf der Jahre entsprechend Ihrer Entwicklung.

Ihre Begabungen und Schwächen   Sie verfügen über drei hervorragende Eigenschaften, die man fast in jedem Beruf gebrauchen kann: persönlicher Charme, künstlerische Talente und die Fähigkeit, Kompromisse zu schließen. Daraus ergibt sich ganz klar, daß Sie einen Beruf brauchen, in dem Ihnen diese drei Eigenschaften auch nützen können. Sie brauchen den Umgang mit anderen Menschen, denen Sie das Gefühl geben können, erfüllt und befriedigt zu sein. Sie brauchen eine Arbeit als Grafiker oder Entwerfer, oder Sie müssen zwischen zwei streitenden Parteien vermitteln können.

Ihre Fehler liegen ziemlich auf der Hand: von Zeit zu Zeit fehlt Ihnen jeglicher Schwung, Sie neigen dazu, wichtige Entscheidungen zu verzögern oder zu verschlampen, und Sie brauchen immer jemanden, der Ihnen hilft oder der Ihnen den Anstoß gibt, sich endlich zu entscheiden.

Ganz offensichtlich fühlen Sie sich in einer zivilisierten Umgebung wesentlich wohler als im Lärm und Durcheinander zum Beispiel eines Baugeländes. Ebenso klar ist es, daß Sie für und mit anderen Menschen arbeiten müssen. Sie sind keine Einsiedlernatur und arbeiten nur als Künstler gern allein.

Berufsaussichten In der Industrie: in allen Betrieben, die Möbel, Stoffe, Kleider, Modeartikel und besonders Kosmetika herstellen. Außerdem in den Personalfürsorgeeinrichtungen.

In Handel und Gewerbe: als Hosteß, in der Öffentlichkeitswerbung, in Schönheitssalons, Friseurgeschäften und Kosmetik-Instituten, als Verkäufer, Einkäufer für Modegeschäfte, Agent.

Im öffentlichen Dienst: als Eheberater, Adoptionsberater, in der Familienfürsorge.

Auf dem Gebiet der Kunst: in fast jedem Beruf vom Modell bis zum Zeichner, Schauspieler oder Schriftsteller. Der Nachdruck liegt bei den darstellenden Künsten.

Außerdem als Scheidungsanwalt, Völkerrechtler, Landschaftsgärtner.

18 Erster Frosthauch

Quellen Die achtzehnte der 24 chinesischen Doppelwochen umspannt die Zeit vom 24. Oktober bis zum 7. November. Chinesische Bezeichnung: *shuang chiang*. Bedeutung: der Einbruch der ersten strengen Kälte. Entspricht der ersten Hälfte unseres Tierkreiszeichens Skorpion.

Ihr Platz in der Welt Ihrer Meinung nach muß jeder Mensch für sich selber sorgen. Der Wohlfahrtsstaat ist eine Beleidigung für dieses Gefühl der Eigenverantwortung; trotzdem sind Sie kein Anarchist. Sie sehen die Notwendigkeit von starken und unerschütterlichen Regierungen ein und genießen die dramatische Spannung jeder großen internationalen Krise.

Ein Politiker, der Ihre Achtung gewinnen will, muß ein Mann von Grundsätzen sein, der darauf gefaßt ist, alles allein durchzustehen.

Ihre eigene Rolle als Staatsbürger sehen und entwerfen Sie in ähnlicher Weise. Man kann Sie zwar eine Zeitlang herumstoßen, aber wenn einmal eine bestimmte Grenze erreicht ist, dann reagieren Sie widerspenstig bis hin zur Dickköpfigkeit.

Ihre Einstellung zur Arbeit In Ihrem Idealberuf müssen Sie all Ihre hochgespannten Energien und Antriebskräfte sinnvoll einsetzen können. Sie sind Kreuzfahrer, ein Mensch mit einem Anliegen, mit einer inneren Mission, die er erfüllen muß.

Bis Sie diese Aufgabe erst einmal gefunden haben oder wenn Sie sie in Ihrem Leben nie finden, können Sie sich innerlich unglücklich fühlen, niedergedrückt von einer unsichtbaren Last.

Geld, Ruhm, die Achtung Ihrer Umwelt – all das verliert seine Bedeutung vor dem einzigen überwältigenden Wunsch, sich selbst gegenüber treu zu sein.

Ihre Begabungen und Schwächen Sie haben am meisten Erfolg in einem Beruf, mit dem Sie sich auch identifizieren können, und der Ihnen einen großen Spielraum für Ihre Verantwortung und persönlichen Entscheidungen gibt. Sie sind ein guter Organisator und geben einen vorzüglichen Führer ab, besonders wenn es sich um eine eng verbundene Gruppe von Menschen handelt, die sich in einer kritischen Situation befindet.

Auf alle Herausforderungen reagieren Sie hervorragend, und deshalb sollten Sie ruhige Beschäftigungen meiden, bei denen alles wie am Schnürchen läuft, bei denen es keinen Wettbewerb und für Sie keine Gelegenheit gibt, sich in Ihrer wahren Größe und Tüchtigkeit zu beweisen.

Fehler können Sie in rauhen Mengen haben: die ruppige Haltung einem Chef gegenüber, den Sie nicht ausstehen können; eine Starrheit der Ansichten, wenn Sie sich einmal für etwas Bestimmtes entschlossen haben; die Unmöglichkeit, sich Menschen auf einfache Weise verständlich zu machen, die nicht so gescheit sind wie Sie (und die Weigerung, Trottel oder Dummköpfe zu ertragen); außerdem ein wahrer Überschwang an Selbstmitleid, wenn Sie der Kritik von anderen Menschen ausgesetzt sind.

Berufsaussichten In der Industrie: je anstrengender, desto besser, alles in der Petrochemie oder Eisen- und Stahlverarbeitung von der Pike auf bis zum Manager.

In Handel und Gewerbe: auch als Manager, besonders in der Anlageberatung. Außerdem Schlachter, Leichenbestatter, Leiter einer Reinigung oder Wäscherei.

Im öffentlichen Dienst: männlicher oder weiblicher Polizeibeamter, Gerichtsvollzieher, Detektiv, alles in Verbindung mit Aufgaben des Umweltschutzes.

Auf den Gebieten der Kunst: als Schauspieler oder Schauspielerin oder Filmregisseur.

Im übrigen Ingenieur, Strafverteidiger, Wissenschaftler, besonders Chemiker mit Forschungsaufgaben.

19 Winterbeginn

Quellen Die neunzehnte der 24 chinesischen Doppelwochen umfaßt die Zeit vom 8. bis 22. November. Chinesische Bezeichnung: *li tung*. Bedeutung: Beginn des Winters. Entspricht der zweiten Hälfte unseres Tierkreiszeichens Skorpion.

Ihr Platz in der Welt Sie betrachten sich als jemanden, der seinen eigenen Weg im Leben gehen muß. Sie halten sich nicht für etwas Besseres, und Sie sind ganz gewiß kein Snob. Trotzdem fällt es Ihnen schwer, Hilfe von anderen anzunehmen, und es ist Ihnen unerträglich, jemandem für erwiesene Wohltaten dankbar sein zu müssen.

In Ihrer politischen Überzeugung können Sie rechts so gut wie links stehen, aber Sie bleiben auf jeden Fall Ihren Überzeugungen treu, manchmal bis zur Verranntheit. Sie sind ein Prinzipienreiter, handeln nach Ihren eigenen Grundsätzen und rechnen nicht mit der Kooperationsbereitschaft von anderen.

Ihre Einstellung zur Arbeit Im Beruf können Sie redlich und zielstrebig sein, stürzen sich mit ganzer Seele in eine Aufgabe und schuften mit ganzer Kraft. Wenn Ihnen diese Arbeit jedoch nicht entspricht oder paßt, so können Sie genauso widerborstig und hinderlich sein. In bezug auf Ihre Karriere besteht Ihr stärkstes Antriebsmotiv darin, das Empfinden entwickeln zu können, daß sich die Arbeit an sich lohnt und Ihnen die Gelegenheit gibt, zu zeigen, was in Ihnen steckt.

Ihre Begabungen und Schwächen Sie besitzen eine ausgezeichnete Konzentrationsgabe, eiserne Nerven, genug Mut für alle schwierigen Situationen und eine unermüdliche Energie – solange Ihnen die Arbeit paßt. Sie können gut organisieren, und obgleich Sie nicht auf unreife Art und

Weise Aufmerksamkeit heischen, gehören Sie auch nicht zu den scheuen und verschüchterten Typen.

Sie leiden jedoch unter bestimmten persönlichen Schwierigkeiten, die Ihre Arbeitshaltung beeinflussen können. Ihr instinktiver Hang zur Heimlichtuerei macht es Ihnen schwer, völlig frei und offen mit Ihren Kollegen zusammenzuarbeiten. Ihre Neigung, längst Vergessenes immer wieder übelzunehmen, kann bei Ihnen emotionelle Sperren auslösen, besonders auf die falsche Art von Vorgesetzten.

Berufsaussichten In der Industrie: bei allen Konstruktionsaufgaben, zumal Tunnelbau; in allen einsamen, schweren Beschäftigungen, bei denen Sie die Verantwortung übernehmen können.

Im Handel: in den verschiedenen Formen des Managements, Bankbeamter, Ladenaufseher, Abteilungsleiter.

Im öffentlichen Dienst: als Sicherheitsbeamter, als Schwester oder Pfleger in der Psychiatrie.

Auf dem Gebiet der Kunst: als Satiriker (Zeichner oder Schriftsteller), auch als Werbetexter.

Im übrigen als Arzt, Psychoanalytiker, Marineoffizier oder Rechtsanwalt.

20 Kleiner Schnee

Quellen Die zwanzigste der 24 chinesischen Doppelwochen umspannt die Zeit vom 23. November bis zum 7. Dezember. Chinesische Bezeichnung: *hsiao hsueh*. Bedeutung: erster Schnee. Entspricht der ersten Hälfte unseres Tierkreiszeichens Schütze.

Ihr Platz in der Welt Sie sind in dem Sinne ein unabhängiger Demokrat, daß Sie an die demokratischen Tugenden glauben – das Recht zur freien Rede, das Recht bei Verwaltung und Regierung mitzubestimmen, die Notwendigkeit der Fairneß im öffentlichen Leben –, aber Sie gehen trotzdem gern Ihre eigenen Wege, und Sie schließen sich niemals der Mehrheit nur deshalb an, weil es sich um die Mehrheit handelt.

Sie sehen Ihre Politiker gern als ehrenwerte, aber vielleicht etwas indiskrete Männer, die gefährlich leben und darauf gefaßt sind, ihre Politik auch unter gewissen Risiken zu verfechten und durchzusetzen.

Ihre Einstellung zur Arbeit Niemand kann Sie eine Arbeitsbiene nennen, die von der Überzeugung erfüllt ist, daß Arbeit eine Wohltat für die Seele ist. Andererseits sind Sie auch kein Faulpelz. Geldverdienen ist einfach eine Art des Zeitvertreibs, und je angenehmer und erfreulicher das erledigt werden kann, desto zufriedener und glücklicher sind Sie.

Geld ist nicht so wichtig wie Ruhm, aber die Menschen, die Sie bewundern, dürfen gern etwas berühmt sein. Ruhm ist jedoch nicht so wichtig wie Freiheit, unter der Sie die Möglichkeit verstehen, Ihren eigenen Lebensstil zu wählen und die Karriere zu ergreifen, die Ihrer Persönlichkeit am besten entspricht.

Ihre Begabungen und Schwächen Ihre größten Stärken sind Ihr Verstand und Ihr Mutterwitz. Sie verdanken es halb Ihrer Fixigkeit und halb dem schieren Glück, daß Sie in Ihrem Leben immer imstande sind, zur rechten Zeit die Stelle des richtigen Mannes am richtigen Platz einzunehmen.

Sie sind redegewandt und voller Ideen. Sie können überaus überzeugend wirken, obgleich immer die Gefahr besteht, daß Sie den Bereich der Fakten weit hinter sich lassen und nur noch mit Worten klingeln.

Ihre ausgesprochene Schwäche ist Ihr Mangel an Durchhaltevermögen. Sie finden es vom Temperament her überflüssig, eine Aufgabe bis zu Ende durchzuführen. Diese

Flatterhaftigkeit kann sicher Vorteile haben, aber auf dem Weg zum Erfolg auch ein schwerer Hemmschuh sein. Sie brauchen eine Arbeit, die Sie in Bewegung hält und jeden Tag neue Probleme bietet. Monotonie läßt Sie erlahmen, und Sie sollten sich vor allen Berufen hüten, bei denen es eine Menge Routinearbeit gibt.

Berufsaussichten In der Industrie: in der Elektrotechnik und beim Stahlbau.

Im Handel: in Exportabteilungen, als Verkaufsvertreter, als Lehrgangsleiter, in PR-Abteilungen.

Im öffentlichen Dienst: Beratungsbüros aller Art.

Auf den Gebieten der Kunst: Schriftsteller und Journalist.

Außerdem als Biologe, Hundezüchter, Mannschaftstrainer, in juristischen oder theologischen Berufen.

21 Großer Schnee

Quellen Die einundzwanzigste der 24 chinesischen Doppelwochen umspannt die Zeit zwischen dem 8. und 21. Dezember. Chinesische Bezeichnung: *ta hsueh*. Bedeutung: Beginn der großen Schneefälle. Entspricht der zweiten Hälfte unseres Tierkreiszeichens Schütze.

Ihr Platz in der Welt Sie betrachten sich als einen Menschen mit unabhängigen Ansichten, der eine entscheidende, verantwortungsvolle Rolle als Staatsbürger übernehmen will. Sie sind weder zurückhaltend und introvertiert, noch spielen Sie sich sonderlich auf, sondern Sie verbinden Selbstsicherheit mit einer echten Bescheidenheit.

Ihrer Ansicht nach braucht man im öffentlichen Leben vor allem zwei überragende Eigenschaften: Vorstellungsvermögen und gesunden Menschenverstand. Sie können keine kleinkarierten und beschränkten Politiker ausstehen,

Ihnen behagt auch kein Staatsmann ohne Gemeinsinn. Es müssen Ihrer Ansicht nach Männer sein, die fest in der Erde verwurzelt sind, aber trotzdem ein edles Ziel vor Augen haben.

Ihre Einstellung zur Arbeit   Es macht Ihnen Spaß, sich anzustrengen, und deshalb ist der Einsatz Ihrer eigenen Leistung vielleicht die stärkste treibende Kraft in Ihrer Seele. Deshalb versuchen Sie sich in Ihrem Leben in den verschiedensten Berufen. Erfolg auf einem neuen, unbekannten Gebiet ist Ihnen wertvoller als die reine Wiederholung einer alten Routine.

Es gibt Ihnen auch immer wieder Auftrieb, wenn Sie andere in Begeisterung versetzen können. Genau betrachtet handhaben Sie Ihre Arbeit als ein Mittel, sich aufzuladen und in Spannung zu bringen – und die Übertragung dieser Hochspannung macht aus dem Ganzen ein fast noch aufregenderes Experiment.

Ihre Begabungen und Schwächen   Ihr Geschick wurzelt in Ihrem forschenden Verstand, der es genießt, neue Entdeckungen zu machen und so viel Wissen anhäufen zu können, daß Sie für andere wertvoll sind. Ihre Stärke liegt auch in Ihren Führereigenschaften, mit denen Sie sich andere Menschen verpflichten, weil diese einfach mit Ihnen als Person zusammenarbeiten wollen.

Ihre Fehler sind eine zu große Verbindlichkeit, so daß Sie manchmal nicht bestimmt und zuverlässig genug erscheinen, und eine gelegentliche Neigung zur flüchtigen Arbeit, wodurch Sie durch reine Nachlässigkeit und nicht durch Dummheit zu manchmal ärgerlichen und albernen Fehlleistungen kommen. Sie sollten alle Routine- und Präzisionsarbeiten meiden und nach solchen Beschäftigungen Ausschau halten, die Ihnen vielleicht eine Andeutung von Abenteuer vermitteln können und Sie nicht zu schnell langweilen.

Sie sind sehr geschickt mit den Händen, und zu Ihrem Idealberuf gehört auch eine gewisse Bewegung und Bewegungsfreiheit.

Berufsaussichten In der Industrie: als Fahrer, Kranführer, als Ingenieur, Technologe (Materialproben, Petrochemie, Gußverfahren).

In Handel und Gewerbe: als Übersetzer und Dolmetscher, Reiseführer, Wertpapiermakler, Fernschreiber.

Im öffentlichen Dienst: Feuerwehrmann, Fahrer eines Krankenautos, Rechtsberater.

Im Bereich der Kunst: als Dramatiker, Zirkusartist.

Außerdem als Hochschullehrer (Sprachen, Völkerrecht, Naturwissenschaft, Philosophie), Pilot, Journalist.

22 Winterwende

Quellen Die zweiundzwanzigste der 24 chinesischen Doppelwochen umspannt die Zeit vom 22. Dezember bis zum 5. Januar. Chinesische Bezeichnung: *tung chih*. Bedeutung: Wintersonnenwende. Entspricht der ersten Hälfte unseres Tierkreiszeichens Steinbock.

Ihr Platz in der Welt Ihr Ziel im Leben ist es, die Wirklichkeit fest in den Griff zu bekommen. Sie sind ein praktischer, arbeitseifriger und ernsthafter Mensch, der ein Musterbürger sein möchte: gehorsam, sparsam, nett zu allen Nachbarn und den guten alten Lebenswerten tief verpflichtet.

Damit entscheiden Sie sich unweigerlich auf politischem Gebiet für die Rechte, denn Sie bewundern das Establishment und schätzen einen traditionellen Lebensstil. Sie sind zufrieden, wenn die Politiker Ihrer Wahl tüchtige, achtbare Männer sind, die über einen großen Schatz an Erfahrungen verfügen. Jugend beeindruckt Sie nicht sehr.

Ihre Einstellung zur Arbeit Diese anspruchsvolle Einstellung zum Leben spiegelt sich in Ihrer Einstellung zur Arbeit wider. Sie nehmen Sie überaus ernst, und es ginge Ihnen sehr gegen den Strich, wenn Sie mir nichts, dir nichts von einem Beruf in einen anderen umsteigen müßten. Sie entwickeln langfristige Pläne in bezug auf das Ziel und den Weg, auf dem Sie es erreichen wollen. Sie sprechen auf alle vernünftigen Ziele an: Geld, Sicherheit, geachteter Ruhm und Stolz auf die eigene Leistung. Sie sind sogar bereit, anderen Menschen zu helfen – zu ihrem eigenen Besten.

Ihre Begabungen und Schwächen Sie setzen all Ihre Ansichten und Eigenschaften, die auf die Bewahrung der Ordnung ausgerichtet sind, auch bei Ihrer Arbeit ein: Tüchtigkeit, Pünktlichkeit, Organisations- und Verwaltungstalent, kühlen logischen Verstand, der sich nur relativ schwer von Gefühlen ablenken läßt, und nicht zuletzt die Fähigkeit, andere Angestellte dazu zu bringen, ihren Mann zu stehen. Wenn Ihnen das nicht durch Ihre Überzeugungskraft gelingt, so dadurch, daß Sie sie in der Furcht des Herren halten.

Ihre Fehler wurzeln in diesen Tugenden. Zu gewissen Zeiten behandeln Sie andere als reine Stufen in Ihrer Erfolgsleiter, als Automaten, die das tun sollen, was man ihnen sagt. Sie haben viel Geduld mit menschlichen Mängeln, besonders mit Ihren eigenen.

Ihre Ansichten können etwas starr sein, obgleich Sie sich durch ein geschliffenes Argument eher beugen lassen als durch einen formlosen Appell an Ihr Herz. Sie sind ein vorzüglicher Präzisionsarbeiter, aber nicht sehr einfallsreich. Wenn Sie sich für ein Prinzip oder eine Methode entschlossen haben, so bleiben Sie dabei, gleichgültig wie die betreffenden Umstände sind oder wie sie sich gewandelt haben.

Berufsaussichten In der Industrie: fast überall, obgleich Ihnen sicher viel an einem Aufstieg bis in die höchste Spitze liegt. Sie passen am besten in Herstellungsbetriebe, die ein vernünftiges und brauchbares Endprodukt auf den Markt bringen.

Im Handel: als Kontenführer, Finanzberater, Verwalter, alles zwischen einer tüchtigen Sekretärin und dem Präsidenten einer Gesellschaft.

Im öffentlichen Dienst: als Organisator hinter den Kulissen der Gemeindeverwaltung oder im Staatsdienst bei allen Aufgaben, die mit Verantwortung verbunden sind und bei denen alle Kleinigkeiten einkalkuliert werden müssen; Mathematik- oder Geschichtslehrer.

Im Bereich der Kunst: Architekt.

Außerdem: als Geistlicher.

23   Kleine Kälte

Quellen   Die dreiundzwanzigste der 24 chinesischen Doppelwochen umspannt die Zeit vom 6. bis zum 20. Januar. Chinesische Bezeichnung: *hsiao han*. Bedeutung: die geringere Kälte. Entspricht der zweiten Hälfte unseres Tierkreiszeichens Steinbock.

Ihr Platz in der Welt   Sie sind ein Mensch, der sich leidenschaftlich für die Gesellschaft interessiert, sich an öffentlichen Angelegenheiten beteiligt, alle Ereignisse und Entwicklungen auf dem Gebiet der großen Politik ebenso wie auf dem der Nachbarschaft und Gemeinde genau verfolgt. Sie sehen sich als jemanden, der dafür sorgt, daß alles klappt – nicht so sehr des Ruhmes wegen, sondern weil es Ihnen einfach Spaß macht, die Zügel der Macht in der Hand zu halten, selbst wenn das alles nur kleine Gruppen und Entscheidungen betrifft.

Sie schätzen Erfahrungen höher als alles andere ein, Erfahrungen, die Sie selbst gemacht oder aus zweiter Hand und aus Büchern gewonnen haben. Sie mögen eine wohlge-

146

ordnete Gesellschaft, in der sich möglichst niemand daneben benimmt oder zu sehr aus der Reihe tanzt. Sie ehren und achten alte Menschen, und Sie wollen, daß Ihre Politiker ehrenwerte und taktvolle Männer sind, die mehr hinter der Szene als im Rampenlicht der Öffentlichkeit arbeiten.

Ihre Einstellung zur Arbeit Arbeit brauchen Sie wie das tägliche Brot, jeden Tag eine genau bemessene Menge, das hält Sie am Leben. Sie betrachten die Arbeit als Pflicht, als ein Mittel, für die Gebresten des Alters Vorsorge zu treffen, als die einzig mögliche Beschäftigung zwischen 9.00 und 17.00 Uhr. In Wirklichkeit sind Sie regelrecht an die Arbeit geschmiedet, Sie hängen wie ein Süchtiger von ihr ab. Sie vergöttern die Arbeit, selbst ihre langweiligen Partien. Sie wachen jeden Morgen froh und dankbar auf, weil Sie ins Büro oder in die Fabrik traben dürfen.

Ihre Begabungen und Schwächen Es macht Ihnen gar nichts aus, in einer großen Gesellschaft oder einem internationalen Unternehmen zu arbeiten, denn es behagt Ihnen, eine einzige fleißige Ameise unter Tausenden zu sein, die ihre genau vorgeschriebene Arbeit so gut wie möglich zu erledigen hat.

Sie sind auf bewunderungswürdige Art und Weise kompromißbereit, eignen sich gut für die Arbeit in Komitees, und Sie spornen Ihre Mitarbeiter noch dazu an, ihre Rolle in diesem Riesen-Schauspiel ebenso gut wie möglich zu spielen. Dafür werden Sie wiederum wegen Ihrer Treue und Hingabe bewundert, wegen Ihrer prachtvollen Unerschütterlichkeit im Angesicht von größten Schwierigkeiten, wegen der Art, wie Sie keine Kleinigkeit übersehen, und auch wegen der Vorsicht, die Sie unter Umständen entwickeln.

Nicht bewundert wird dagegen die Kälte, mit der Sie manchmal andere Leute behandeln und abkanzeln können, die Depressionen und Ängste, die Ihnen frühzeitig ein

Magengeschwür verschaffen können, auch nicht der mangelnde Weitblick, der Ihr berufliches Schicksal in den späteren Jahren charakterisieren wird.

Berufsaussichten In der Industrie: als Aufseher, Produktionsleiter, Arbeiter im Wartungsdienst, Programmierer, Maschinist, Konstrukteur.

Im Handel: als Geschäftsverwalter, Bankier.

Im öffentlichen Dienst: als Altenpfleger oder -pflegerin, als Schwester in Alten-Abteilungen, als Verwaltungsbeamter, eventuell auch als Soldat.

Auf dem Gebiet der Kunst: als Musiker oder Komponist, als Wiederentdecker früherer Moden.

Im übrigen als Schulleiter, Wissenschaftler und Forscher, Datenverarbeiter.

24 Große Kälte

Quellen Die letzte der 24 chinesischen Doppelwochen umfaßt die Tage zwischen dem 21. Januar und dem 4. Februar. Chinesische Bezeichnung: *ta han*. Bedeutung: Einbruch der strengen Kälte. Entspricht der ersten Hälfte unseres Tierkreiszeichens Wassermann.

Ihr Platz in der Welt Sie fühlen sich selbst als Weltbürger, Sie gehören nicht einem einzigen kleinen Land mit beschränkten nationalen Vorstellungen an, sondern der ganzen Menschheit. Engstirnigkeit und Kleinlichkeit verachten Sie in jeglicher Form. Sie lieben es, in großen Zusammenhängen zu denken, mit einem dicken Pinsel zu malen, die Dinge im großen Zusammenhang zu sehen. Und Sie erwarten, daß Ihre Ideal-Politiker das gleiche tun: daß sie niedrige Argumentationen vermeiden, Hindernisse elegant umgehen, von der Vision einer neuen Gesellschaft erfüllt und auch imstande sind, sie zu erschaffen.

Auch in Ihrem Alltagsleben sind Sie darauf eingestellt, Ihre Rolle zu spielen, denn das können Sie so gut wie Ihr Nachbar oder Ihre Nachbarin. Sie engagieren sich für Angelegenheiten, die der Mühe wert sind und können in Ihrer Umgebung eine Atmosphäre des Wandels und der Veränderungsbereitschaft schaffen.

Ihre Einstellung zur Arbeit   Sie müssen bei jeder Beschäftigung das Gefühl haben, daß sie einen Wert besitzt, der Geld und Lebensunterhalt übersteigt. Ihre Arbeit muß einen sozialen Wert und Sinn besitzen, wie unbedeutend sie auch sein mag. Wirkliche Freude machen Ihnen Kreuzzüge, besonders gegen die alten Feinde Armut, Unwissenheit und Bürokratismus.

Ihre Begabungen und Schwächen   Sie bringen für jede Arbeit ein paar ausgezeichnete Eigenschaften mit: große Fairneß gegen andere und einen tiefen Glauben an die Bedeutung der Menschlichkeit, die vor der reinen geschäftsmäßigen Tüchtigkeit immer den Vorrang hat. Sie besitzen außerdem einen klugen Kopf und soviel Einfallskraft und Genie, daß Sie imstande sind, die neuen Lösungen für alte Probleme zu erkennen. Außerdem verfügen Sie über eine scharfe Beobachtungsgabe, die Sie befähigt, aus der Unzahl von Fakten, die Ihnen zur Verfügung stehen, trotzdem die richtigen Schlüsse zu ziehen.

Ihre Schwäche besteht in einem gewissen Mangel an Schwung und Entschlossenheit, besonders wenn es um Entscheidungen geht, und der strikten Weigerung, Ihre Persönlichkeit als Mittel zum Zweck einzusetzen.

Im Rahmen einer großen Gesellschaft oder Institution kommen Sie gut voran, solange Sie sich nicht von der Routine gefangen und vom Mangel an Privat-Initiative gelähmt fühlen. Sie werden auch in freien Berufen erfolgreich sein, obgleich Sie einen Partner brauchen, der Ihnen hilft, sich zu raschen, harten Entscheidungen durchzuringen.

Berufsaussichten In der Industrie: als Industrie-Fotograf, Elektriker, Diamantenschleifer, Technologe im weitesten Sinne, Glaswarenhersteller.

Im Handel: als Verkäufer in Elektro- und Modegeschäften und in Reformhäusern.

Im öffentlichen Dienst: als Krankenpfleger oder Praxishelfer (Bluttransfusionen, Durchleuchtung, Heilbehandlung mit elektrischen Geräten), Lehrer (Naturwissenschaften).

Auf dem Gebiet der Kunst: als Angesteller bei Film- oder Fernsehgesellschaften, Autor von Science-Fiction-Literatur.

Außerdem Steward oder Bodenpersonal bei einer Fluggesellschaft, Telefonist oder Fernschreiber, Journalist, Drucker, Verleger, Psychologe.

DER
VIERTE PFAD:

DER
GEBURTSTAG

Einführung in die Bedeutung der 28 Mondhäuser *(hsui)*

Die nächste Stufe auf dem Weg zu Ihrer Charaktererkenntnis basiert auf dem genauen Tag, Monat und Jahr Ihrer Geburt. Es ist das differenzierteste und daher persönlichste Teilstück des Gesamtbildes.

Dieser Vierte Pfad hängt mit den 28 chinesischen *hsui* oder Mondhäusern zusammen, wie sie manchmal trotz der Tatsache genannt werden, daß der Mond sich unter Umständen durch keines dieser Häuser bewegt. Die alte chinesische Astronomie baute sich auf bestimmte himmelsbeherrschende Sterne auf, die zu jener Zeit in China immer über dem Horizont zu sehen waren. Indem man durch alle diese schicksalsbestimmenden Sterne und durch den äquatorialen Pol, der unserem heutigen Polarstern entspricht, eine gedachte Linie zog, entstand ein gitterartiges Liniengeflecht, das den Astrologen gestattete, die genaue Stellung der anderen Sterne samt Sonne und Mond zu bestimmen, selbst wenn diese gerade tief unter dem Horizont standen.

Wenn man sich die Scheiben einer Apfelsine vorstellt, die alle von einem Mittelpunkt, dem Pol, ausstrahlen, dann sind diese Segmente, die sich in der Mitte der Apfelsine, am himmlischen Äquator treffen, die 28 *hsui*.

Versucht man, dieses alte Gittermuster des Himmels mit unseren modernen Vorstellungen von Astrologie und Charakterbestimmung in Einklang zu bringen, so erheben sich eine Reihe von Problemen. Seitdem diese *hsui* oder Sternbilder definiert worden sind, wahrscheinlich im 14. Jahrhundert vor Christi, hat sich die Stellung der Gestirne erheblich verändert. Einige Sterne sind heller geworden, andere sind erloschen. Einige sind von einer Konstellation in die andere gewandert, und was das wichtigste ist: die Verschiebung der Tagundnachtgleichen hat die Relationen zwischen dem Sonnenstand und dem Himmelsäquator verändert, auf denen diese Berechnungen beruhen.

Um zu einer Lösung zu kommen, habe ich für den Kreis der 28 Mondhäuser das gleiche getan, was die modernen Astrologen mit den Zeichen des Tierkreises machten. Vor langer Zeit, etwa um Christi Geburt, hat es nur einen einzigen Tierkreis gegeben, der auf den tatsächlichen Sternbildern am Himmel basierte. Heutzutage wird dieser sogenannte siderische Tierkreis immer noch benutzt, hauptsächlich im Osten. Westliche Astrologen folgen dagegen dem tropischen Tierkreis, der von Menschen entworfen und in bestimmte Abschnitte eingeteilt worden ist, die Jahr für Jahr wiederkehren und sich unter Umständen einige Grade vom alten siderischen Sternenkreis entfernt haben. Alle Zeichen des neuen Tierkreises besitzen die gleiche Länge, während das alte System dadurch Verwirrung stiftet, daß alle Konstellationen verschiedene Formen und Größen besitzen und niemand genau weiß, wo die eine endet und eine andere beginnt.

Mit den chinesischen *hsui* ist es genauso. Sie schwanken in der Größe, und wir können nicht sagen, ob ihre heutige Form auch nur in etwa jener vor mehr als tausend Jahren entspricht.

Deshalb habe ich sie ausgerichtet, lasse den Kreis jedes Jahr ungefähr zur gleichen Zeit beginnen und hoffe das beste.

Ein zweites Problem liegt in der Bedeutung der einzelnen *hsui*. Wenn man in die Zeit um 100 vor Christi zurückgeht, so stößt man auf folgende Voraussagen:

»Wenn sich der Feuerplanet Mars seinen Weg in das *hsui* Chio erzwingt, dann wird es zu Kämpfen kommen.

Wenn er im *hsui* Fang oder Hsin steht, wird man die Könige hassen.«

Solche Sätze können uns heute kaum weiterhelfen, denn irgendwo auf der Welt wird immer gekämpft, und Könige, Präsidenten und Premierminister müssen meistens auch mit dem Haß ihrer Wähler fertig werden.

Die Persönlichkeitsbilder, die Sie im folgenden finden, sind eine Mischung aus chinesischen Quellen, einem Blick auf die ähnlichen indischen und babylonischen Mondhäuser und einigen direkten Erfahrungen, die ich durch die Beobachtungen von Menschen mit dem Mond in einem bestimmten *hsui* gemacht habe.

Wie Sie sich zurechtfinden

Aus den drei folgenden Tabellen können Sie auf Grund Ihres Geburtsdatums Ihr spezielles *hsui* bestimmen.

Addieren Sie die Ihrem Geburtsjahr entsprechende Jahreszahl aus Tabelle 1 mit der für Sie zutreffenden Monatszahl aus Tabelle 2. Dann rechnen Sie noch Ihren Geburtstag dazu.

Wenn die Summe mehr als 28 beträgt, so ziehen Sie bitte 28 ab. (Wenn es dann immer noch mehr als 28 sind, müssen Sie nochmals 28 abziehen.)

Das Ergebnis ist Ihre Gestirn-Zahl, und aus Tabelle 3 können Sie ersehen, wo Sie die Einzelheiten über Ihr spezielles *hsui* lesen können.

Denken Sie aber daran, daß die betreffende Beschreibung nur einen bestimmten Teil Ihrer ganzen Persönlichkeit betrifft: Ihre emotionale Disposition, die Art, wie Sie innerlich auf das Leben und andere Menschen – besonders in bezug auf Ihr Liebesleben – reagieren.

Wenn Sie das Gefühl haben, daß das errechnete *hsui* gar nicht auf Sie paßt, dann kann es sein, daß Sie zum vorausgehenden oder nachfolgenden Gestirn gehören. Mogeln Sie aber bitte nicht, und wechseln Sie auch nicht das Gestirn, um einer unangenehmen Wahrheit aus dem Wege zu gehen!

Auf die meisten von Ihnen werden die Berechnungen genau zutreffen.

Beispiel: Salvador Dali, geboren am 11. Mai 1904.

Sein Tier-Gestirn 18   (aus Tabelle 1 für das Jahr 1904)
                   17   (aus Tabelle 2 für den Monat Mai)
                   11   (für den 11. Tag)
                   ──
                   46
abziehen   − 28
                   ──
                   18 = das Zeichen für Hahn laut
                        Tabelle 3

Tabellen zur Bestimmung
der Ihrem Geburtsjahr und -tag
entsprechenden Schlüsselzahl

Tabelle 1   Die Jahreszahlen von 1880 bis 1996

1880	24	1900	6	1920	16
1881	6	1901	15	1921	26
1882	16	1902	26	1922	8
1883	27	1903	9	1923	17
1884	10	1904	18	1924	1
1885	20	1905	0	1925	11
1886	2	1906	11	1926	22
1887	12	1907	23	1927	4
1888	23	1908	4	1928	15
1889	5	1909	15	1929	25
1890	15	1910	25	1930	7
1891	25	1911	7	1931	17
1892	7	1912	17	1932	27
1893	17	1913	27	1933	9
1894	27	1914	9	1934	21
1895	9	1915	21	1935	3
1896	21	1916	3	1936	13
1897	3	1917	13	1937	24
1898	13	1918	24	1938	6
1899	24	1919	6	1939	15

1940	26	1959	26	1978	26
1941	9	1960	9	1979	8
1942	18	1961	18	1980	17
1943	0	1962	0	1981	0
1944	11	1963	11	1982	11
1945	23	1964	23	1983	23
1946	4	1965	4	1984	4
1947	14	1966	14	1985	14
1948	24	1967	24	1986	24
1949	7	1968	7	1987	7
1950	17	1969	17	1988	17
1951	27	1970	27	1989	27
1952	9	1971	9	1990	9
1953	21	1972	21	1991	21
1954	3	1973	3	1992	3
1955	13	1974	13	1993	13
1956	24	1975	24	1994	24
1957	6	1976	6	1995	6
1958	15	1977	15	1996	15

Tabelle 2 Die Monatszahlen

Monat	Monatszahl
Januar	0
Februar	24
März	22
April	20
Mai	17
Juni	13
Juli	9
August	6
September	3
Oktober	0
November	24
Dezember	22

Tabelle 3   Die Tiergestirne

Die 28 *hsui*
und ihre individuelle Bedeutung

1   Ungehörnter Drache

Quellen Das erste der 28 chinesischen Sternbilder steht
im Östlichen Palast. Chinesische Bezeichnung: *chio*.
Eigentliche Bedeutung: das Horn.

Das Gefühlsbild Eine lebhafte, freundliche Disposition,
viel Zeit für andere Menschen und waches Interesse an
ihren Angelegenheiten. Sie finden es ziemlich leicht, optimistisch zu bleiben, was zum Teil daran liegt, daß Sie dem
Leben mit Fröhlichkeit begegnen, und zum anderen Teil
daran, daß Sie neugierig auf die Zukunft sind.

Es ist typisch für Sie, ganz spontan ›ja‹ zu sagen, obgleich Ihr Verstand Ihnen lieber ein ›Vielleicht‹ oder
›Nein‹ zuflüstern möchte. Ein Anflug von Tollkühnheit regiert Ihre Gefühle; sie schäumen aus Ihrem Unbewußten
auf und überspülen ungehemmt Ihr ganzes Alltagsleben.
Es erleichtert Sie, Ihren Gefühlen freien Lauf zu lassen,
und wenn Sie sie los sind, belasten sie Ihre Erinnerung
nicht mehr. Das erklärt, warum Ihnen manche Leute ein
Wort oder eine Tat, die Sie schon längst vergessen haben,
noch lange nachtragen. Das erklärt auch, warum Sie
manchmal indiskret oder taktlos wirken und Gefahr laufen, die Gefühle anderer zu verletzen. Sie sind zu sehr auf
sich selbst bezogen.

Nun ist Egozentrik noch lange nicht gleichbedeutend mit Selbstsucht oder Habgier, wenn sie auch im schlimmsten Fall dazu führen kann. Egozentrik bedeutet einstweilen nur, daß Sie alles, was Sie erleben, durch Ihre eigenen Ansichten, Vorurteile und Voreingenommenheiten filtern. Alles, was Sie tun, muß Ihre eigenen Wünsche ausdrücken, selbst wenn so ein Wunsch uneigennützige Hingabe an andere ist. Die zynische Redensart, wonach ›Nächstenliebe nur ein aufgeklärter Egoismus ist‹, scheint mehr auf Sie als auf andere Leute zuzutreffen.

In bezug auf Ihr Gefühlsleben bestehen Ihre besten Eigenschaften in Ihrer Zivilcourage, immer das zu sagen, was Sie für richtig halten, in Ihrer zuverlässigen Bereitschaft, sich zur Verfügung zu stellen, in Ihrem Selbstvertrauen und in Ihrem Geschick, mit Menschen umzugehen. Im besten Fall sind Sie außerdem imstande, die Menschen um sich herum zu begeistern. Sie können ihnen etwas von Ihrem eigenen geistigen Schwung abgeben, so daß sie vor Spannung und Lebenslust nur so beben.

Ihre schwächsten Punkte sind Ihr ungestümes Temperament und die gelegentliche Gleichgültigkeit, die Sie den wahren Gefühlen Ihrer Mitmenschen entgegenbringen. Sie sind manchmal viel zuviel damit beschäftigt, Ihren eigenen Gefühlen Ausdruck zu verleihen, und achten nicht darauf, wie diese auf andere wirken. Den Empfindsamen auf dieser Welt kommen Sie manchmal etwas herzlos vor.

Der ungehörnte Drache: der Mann Da Sie ein Mann sind, werden sich alle aufrechten, männlichen Charakteristika dieses Tiergestirns am leichtesten in Ihrer Sexualität ausdrücken. Sie sind vielleicht etwas zu aufgeblasen und brauchen ein Gran Anmut und Charme aus einer anderen Ecke Ihres chinesischen Horoskops, um ein Gegengewicht zu dieser ziemlich aufdringlichen, aber sonst überaus fröhlichen Seite Ihrer Person zu haben. In Männerklubs kommen Sie gut zur Wirkung, auch auf Jagdpartien und bei ähnlichen Unternehmungen, während Sie sich bei einem Nachmittagstee mit Damen nicht so wohl fühlen werden.

Der ungehörnte Drache: die Frau Die Frauen dieser Gruppe strahlen eine gewisse Art robuster Gesundheit aus. Sie sind selbstzufrieden, haben als junges Mädchen etwas Jungenhaftes an sich, und als Erwachsene können Sie zu den Männerfresserinnen gehören. Sie brauchen einen starken Mann als Partner (einen Schwächling oder eine zarte Seele haben Sie in null Komma nichts verschlungen), aber es wird sich nicht vermeiden lassen, daß es zu heftigen Auseinandersetzungen und Willenskämpfen kommt. Glücklicherweise löst Ihr Humor manche Schwierigkeiten, aber ebenso oft kann es passieren, daß Ihr Machtwille Sie zu keinem Kompromiß kommen läßt.

Liebe und Sexualität Die meisten ungehörnten Drachen verfügen über eine Hochspannungssexualität, die sich unter Umständen von den tieferen Gefühlen wie Liebe, Treue und Achtung vollkommen lösen kann. Wenn Sie sich Zeit nehmen, um auch die Wünsche Ihres Partners zu berücksichtigen, so können Sie ein wundervoller Liebhaber oder eine glänzende Liebhaberin sein. Wenn Sie beteiligt sind, so kann man immer mit romantischen Überraschungen rechnen. Sie können vollkommen ohne Grund plötzlich mit einem Riesenstrauß Blumen auftauchen oder – wenn Sie eine Frau sind – Ihren müde von der Arbeit nach Hause kommenden Gatten mit einem traumhaften Abendessen bei Kerzenlicht erwarten.

2 Drache

Quellen Das zweite der 28 chinesischen Sternbilder steht im Östlichen Palast. Chinesische Bezeichnung: *kang*. Eigentliche Bedeutung: Hals.

163

Das Gefühlsbild In vielen Punkten gleichen Sie dem ungehörnten Drachen: voll Lebenskraft, herzlich, immer bereit, die Führung zu übernehmen, selbst wenn Sie nicht das Durchhaltevermögen zu einem Langstreckenlauf besitzen. Vom Wesen her sind Sie ein Kurzstreckenläufer, Sie stürzen sich ins Gefecht, müssen Atem schöpfen und brausen dann weiter – in ein neues Abenteuer.

Ihre typische gefühlsmäßige Antwort auf das Leben ist tapfer, offenherzig und vielleicht ein wenig kindisch. Der zynische Stadt-Typ sind Sie nicht, dem Temperament nach gehören Sie eher ins Freie und an die frische Luft. Sie müssen immer in Bewegung sein, von einem Beruf zum anderen, von einer Wohnung in die nächste, selbst von einem Freund zum anderen.

Sie unterscheiden sich jedoch durch Ihre Einstellung zur Führerschaft vom ungehörnten Drachen. Der Ungehörnte liebt es, jede Führung an sich zu reißen, ohne dabei allerdings über Ihren inneren Flair zu verfügen, der die anderen dazu bringt, Sie als Führer anzuerkennen. Er schnaubt und knurrt, um die Aufmerksamkeit auf sich zu ziehen. Sie dagegen scheinen sich im besten Fall überhaupt keine Mühe geben zu müssen, um die Menschen für sich zu überzeugen.

Wahrscheinlich sind Sie ein Sportstyp und lieben alle möglichen Spiele, besonders diejenigen, die mit einer echten Herausforderung verbunden sind. Alles, was Sie tun und sagen, ist von einer gewissen Hast und Jagerei erfüllt, selbst Ihre Handschrift besitzt viel Schwung, worunter aber die Deutlichkeit leicht leidet. Das ist überhaupt Ihr Problem: zuviel Enthusiasmus, nicht genug Sorgfalt und Überlegung. Andere Leute, besonders aus den Sternbildern Ochse, Rabe und Tapir, werden Sie irritierend unordentlich finden, flüchtig und unpünktlich. Nicht daß Sie zerstreut wären – Sie packen nur so viel in einen einzigen Tag, daß Sie es sich gar nicht leisten können, gründlich zu sein und sich um Kleinigkeiten zu kümmern.

Ihre besten Eigenschaften sind Ihre warmherzige Freundlichkeit und Treue, obgleich Ihnen immer etwas Egoismus dazwischenkommt, der es Ihnen erschwert, die Tiefe und Zartheit der Gefühle anderer Menschen zu ermessen.

Ihre schlimmsten Fehler sind Ihre gelegentlichen Wutausbrüche, insgesamt Ihre Neigung, leicht ungeduldig zu werden und Ihren Ärger an unschuldigen Anwesenden auszulassen, und manchmal auch Ihre Arroganz.

Der Drache: der Mann Wenn Sie ein Mann sind, wird die Stärke und Vitalität dieses Tiergestirns sich eindeutig zeigen. Sie werden mit fast allen Menschen gut zurechtkommen, aber Sie sind von Natur aus ein männlicher Mann, der laute und fröhliche prahlerische Männergesellschaften liebt. Mit Frauen werden Sie schnell etwas zu vertraut, oder – das ist genauso schlimm – sie bleiben so lange Luft für Sie, wie sie Ihnen nicht ebenbürtig sind.

Der Drache: die Frau Es liegt ein Hauch Widerspenstigkeit in Ihrem Charaker. Sie haben gern die Hosen an und bilden sich ein, Sie könnten es mit jedem Mann aufnehmen. Im positiven Fall sind Sie eine Vorkämpferin für Frauenrechte oder eine überaus tüchtige Leiterin und Organisatorin von Frauenklubs. Es liegt Ihnen ausgesprochen, eine große Familie oder ein blühendes Geschäft mit ebenso viel Leichtigkeit wie Erfolg zu leiten.

Liebe und Sexualität Ihre starke Libido bedeutet, daß in fast all Ihren Beziehungen Sexualität mitschwingt. Sie sorgt für Reiz und Würze. Sie werden in der Liebe Erfolg haben, wenn Sie es schaffen, diese Wirkung etwas zu dämpfen. Sie scheinen das Gefühl zu haben, Ihren Sex-Appeal aus allen Knopflöchern strahlen lassen zu müssen, während es in Wirklichkeit aller Welt klar ist, was Sie für ein sinnliches Wesen sind. Entspannen Sie sich also.

3 Dachs

Quellen Das dritte der 28 chinesischen Sternbilder steht im Östlichen Palast. Chinesische Bezeichnung: *ti*. Eigentliche Bedeutung: die Wurzel.

Das Gefühlsbild Sie sind im wesentlichen ein getreuer, emsiger und gründlicher Typ mit viel angeborener Toleranz und trockenem Humor. Sie sind jedermanns Freund (sofern er nicht ein Schurke ist), aber Sie weigern sich, irgend jemand zum Busenfreund zu ernennen.

Denken Sie an den Dachs, wie er die vertrauten Pfade im Wald langsam entlangtrabt, nie zu weit vom Bau entfernt, etwas scheu, und ganz gewiß nicht darauf aus, im hellen Tageslicht zu glänzen. Das entspricht recht gut Ihrer eigenen gefühlsmäßigen Reaktion auf das Leben. Sie wissen die vertraute Routine des Alltagslebens zu schätzen und – besonders wenn Sie älter werden – Sie haben es gar nicht gern, wenn man Sie aus dem warmen, gemütlichen Nest eingeübter Gewohnheiten herausreißt. Sie lassen sich nicht gern zur Schau stellen, aber Sie leiden genausowenig unter einem Minderwertigkeitskomplex: Sie stehen mit beiden Beinen fest auf der Erde, wissen genau, was Sie wert sind, müssen das aber nicht erst den anderen beweisen.

Dieses dritte Tiergestirn heißt ursprünglich ›Die Wurzel‹, was man als Symbol für Ihren Grundinstinkt betrachten kann. Wenn Sie Freundschaft schließen, so soll diese tief und dauerhaft verwurzelt sein. Sie sind nicht der oberflächliche Hallodri, der sich in eine Freundschaft nach der anderen stürzt, ohne irgendwelche Verantwortung zu spüren. Sie suchen Freunde fürs Leben. Ihnen werden Sie auch in der schlimmsten Krise unerschütterlich zur Seite stehen, und genau das erwarten Sie von ihnen auch.

Ein seßhafter, häuslicher Lebensstil behagt Ihnen am meisten. Sie sammeln wahrscheinlich gerne, horten alte persönliche Besitztümer und, was genauso wichtig ist,

Erinnerungen an alte Lieben... Unglücklicherweise aber auch an alte Feinde. Das ist die unangenehme Seite der Dachs-Typen: Ihre Neigung, die Rache im tiefsten Winkel der Seele leise am Kochen zu halten, obgleich der eigentliche Anlaß längst vergangen und vergessen ist.

Der Dachs: der Mann Sie passen in jede Gesellschaft, außer der sehr eleganten und unwirklichen Jet-Set-Gruppe. Sie kommen auch nicht gut mit ironischen Leuten aus, denn Sie nehmen ihre scharfen und schnellen Witze zu ernst. Bei den Frauen bewundern Sie die echten Erdgöttinnen-Qualitäten am meisten: Aufrichtigkeit, stattliches Aussehen, die Wärme der Mütterlichkeit und den Sinn für Kameradschaft, der für eine lange, gute eheliche Gemeinschaft ideal ist.

Der Dachs: die Frau Zwischen offensichtlich intelligenten Menschen fühlen Sie sich nicht allzu wohl, weil Sie sich meist auf Ihre Instinkte verlassen und mehr mit dem Herzen als mit dem Verstand denken. Sie halten nach einem starken, zuverlässigen Mann Ausschau. Treue steht bei Ihnen ganz oben auf der Liste der wünschenswerten Eigenschaften eines künftigen Ehemanns. Trotz Ihrer eigenen Entschlossenheit erwarten Sie, wenn Sie sich erst einmal für einen Mann entschieden haben, daß er die wichtigen Entschlüsse im Leben trifft; Sie möchten, daß er die Führung übernimmt und Begeisterung besitzt.

Liebe und Sexualität Dachse sind mit einer sehr empfänglichen und starken Sexualität ausgerüstet, aber es dauert lange, bis Sie die nötige Vertrautheit entwickelt haben, ohne die es Ihnen unmöglich ist, Ihrer Leidenschaft freien Lauf zu lassen. Gehen Sie falschen, flatterhaften Partnern aus dem Wege. Halten Sie sich als Grundregel an Ihresgleichen: eine Kombination mit völlig anders gearteten Menschen ist meist kein voller Erfolg.

4 Hase

Quellen Das vierte der 28 chinesischen Sternbilder steht im Östlichen Palast. Chinesische Bezeichnung: *fang*. Ursprüngliche Bedeutung: der Raum.

Das Gefühlsbild Amüsant, mit Mutterwitz ausgestattet, jederzeit bereit, sich in neue Erfahrungen zu stürzen, unerschöpflich neugierig und leider schrecklich unzuverlässig – das ist die Zusammenfassung Ihrer emotionellen Reaktion aufs Leben.

Die Leute finden Sie enorm lustig – wenigstens für eine Weile. Dann können Sie zu sehr von sich selbst überzeugt wirken, zu eitel, zu begierig, sich immer selbst ins beste Licht zu rücken.

Sie entwickeln oft das Verhalten eines geschwätzigen Verkäufers, der die Leute nur überreden will, und dem es gleichgültig ist, ob er das Recht und die Wahrheit auf seiner Seite hat oder nicht. Auch Sie werden immer wieder von der Unberechenbarkeit einer Debatte gereizt. Sie gehören zu den Menschen, die sich durch gescheite, abstrakte Spiele wie Schach, Kreuzworträtsel oder Wort-Quiz angezogen fühlen.

Hasen können Philosophen sein oder schlagfertige Schauspieler. Ihnen allen ist vornehmlich der Spaß an den Listen und Tücken der menschlichen Natur gemein und der Wunsch, andere mit der Brillanz und Wendigkeit Ihres Verstandes zu verblüffen.

Im Privatleben sind Sie überaus gesellig und verkehren gern mit Menschen der verschiedensten Arten und Schichten. Es fällt Ihnen verhältnismäßig schwer, mit einer einzigen Person eine tiefe intime Beziehung aufzubauen. Sie brauchen einen Partner, der auf die verschiedenen Facetten Ihrer Gefühlslagen eingeht und die nötige wohlwollende Toleranz besitzt, ohne die er Ihre irrlichternden Launen kaum ertragen könnte.

Da, wo es um moralische Ausflüchte geht, sind Sie nicht gerade ein Mensch von hohen Grundsätzen. Wenn Sie in die Klemme geraten sind und sich aus einer Situation nicht mehr herausmogeln oder davonlaufen können, ist es typisch für Sie, einen Wutanfall wie ein kleines, launisches Kind zu bekommen oder – wenn Ihnen der Schreck tatsächlich in die Knochen gefahren ist – rührselig um Vergebung zu flehen.

Wenn man Sie positiv sieht, so sind Sie wendig, erfinderisch, und stecken voll brauchbarer Ideen. Wenn man Sie negativ sieht, so sind Sie schlampig, nachlässig und ganz in die Bewunderung Ihres eigenen Bauchnabels versunken.

Der Hase: der Mann Sie lieben es, Hahn im Korb zu sein, und selbst wenn Sie glücklich verheiratet sind, können Sie es nicht lassen, einen oder zwei Flirts am Leben zu erhalten, bloß um nicht aus der Übung zu kommen. Sie geraten immer wieder in die Versuchung, die Liebe zu interpretieren, wie man das von den Franzosen behauptet: als notwendige und gleichzeitig reizvolle Form der körperlichen und geistigen Hygiene. Für die große Liebe verfügen Sie jedoch nicht über die gehörige Fülle von Gefühlen.

Der Hase: die Frau Wenn Sie erst ein Heim und eine Familie zu versorgen haben, ändert sich Ihr Wesen von Grund auf. Ein gesetztes häusliches Leben paßt nicht unbedingt zu Ihnen, und wenn Sie nicht die Gelegenheit haben, in Klubs und Vereinen und bei Kaffee-Einladungen mit anderen Menschen zusammenzukommen, können Sie ein Opfer der Umstände werden und sich zutiefst frustriert fühlen.

Sie brauchen einen Mann, der Ihnen Sicherheit vermittelt, ohne zu erwarten, daß Sie auch dafür arbeiten: mit anderen Worten, er muß Ihnen ermöglichen, die amüsanten Seiten des Lebens weiter zu genießen.

Liebe und Sexualität   Die Frauen und die Männer der Hasengruppe können leidenschaftliche Naturen sein, mit den Regeln der körperlichen Zärtlichkeit so vertraut, daß Sie sie wie ein geistreiches Gespräch benutzen können. Und die besten Gespräche sollten am liebsten niemals enden, oder? Ihre Fehler sind vielleicht die Ungeduld mit einem anstellerischen, sehr verwöhnten und anspruchsvollen Partner, und im Grunde die Unfähigkeit, sich aus tiefstem Herzen und vollkommen für einen anderen Menschen zu entschließen.

5   Fuchs

Quellen   Das fünfte der 28 chinesischen Sternbilder steht im Östlichen Palast. Chinesische Bezeichnung: *hsin*. Ursprüngliche Bedeutung: das Herz.

Das Gefühlsbild   Im allgemeinen sind Sie ein warmherziger, großzügiger Mensch mit einer Vorliebe für ein Leben, das Sie durch Ihre Neigungen zu Tätigkeiten in frischer Luft genießen, durch Ihre Liebe zur Natur und durch die Entschlossenheit, die Ihnen dafür zur Verfügung stehende Zeit so gründlich wie möglich zu nutzen.

Aber so wie der Fuchs zu den Tieren gehört, die am meisten mißverstanden werden, so können auch Ihre Gefühle von anderen Menschen vollkommen falsch verstanden werden. Ihre Warmherzigkeit kann als Aufdringlichkeit oder als eine Art von Gier verstanden werden, Ihre Großzügigkeit als der heimliche Versuch, sich bei anderen lieb Kind zu machen. Daraus ergibt sich, daß Sie schon in Ihrer Kindheit ein instinktives Mißtrauen anderen gegenüber aufgebaut haben und dazu neigen, immer doppelt und dreifach deutlich zu machen, wie offen und ehrlich Sie es meinen und daß Sie ganz bestimmt keinen Hintergedanken haben.

Manchmal können Sie sich zu sehr anstrengen, Ihre Gefühle vollkommen unmißverständlich darzulegen, besonders den Angehörigen des anderen Geschlechts gegenüber, so daß sie wiederum zu argwöhnen beginnen, Sie müßten trotz oder gerade wegen all Ihrer Beteuerungen in Wirklichkeit ein ganz gerissener Kunde sein. Allmählich sollten Sie sich jedoch daran gewöhnen, daß die Menschen nicht imstande sind, Ihre tiefen inneren Werte richtig einzuschätzen. Dann ziehen Sie sich gewiß auf die typisch füchsische Haltung zurück, zucken bedauernd die Achseln und lächeln.

Obwohl Sie zu allen Leuten liebenswürdig und nett sind, enthüllen Sie jedoch Ihr wahres Ich nur in langandauernden und engen Beziehungen: im Kreis der Familie, vielleicht auch an Ihrem Arbeitsplatz, in einer Gruppe von guten alten Freunden. Aber selbst in diesem Rahmen neigen Sie dazu, Ihre Persönlichkeit immer wieder den äußeren Umständen entsprechend zu ändern. Es macht Ihnen wahrhaftig keinen Spaß, andere zu verletzen, aber innerlich haben Sie immer Angst, daß die anderen das von Ihnen annehmen – und um das zu kompensieren, geben Sie Ihr eigentliches Ich auf, um sich den anderen gefällig zu machen und sich ihren Plänen, Meinungen und Vorurteilen anzupassen.

Obgleich Sie nicht zu den Grüblern und den launischen Menschen gehören, haben Sie immer wieder Momente, in denen Sie sich zurückziehen, um über sich selbst und Ihre Wirkung auf andere nachzudenken. Es gibt zum Beispiel eine ganze Reihe von Schriftstellern und Psychologen, die Fuchs-Menschen sind; Lehrer ist auch ein typischer Fuchs-Beruf.

Die Kombination von Einfachheit und Vielschichtigkeit stellt Ihre beste Seite dar. Sie hilft Ihnen, groß angelegte Schlachtpläne zu entwerfen, aber zugleich auch alle Einzelheiten zu berücksichtigen. Sie haben der Welt durch Ihr Wohlwollen und Ihr Feingefühl viel zu bieten.

Im schlimmsten Fall können Sie jedoch einen Minderwertigkeitskomplex entwickeln, den Sie durch allzu joviales und prahlerisches Auftreten zu überspielen suchen.

Der Fuchs: der Mann Sie besitzen eine starke Männlichkeit, die ideal mit einer Feinfühligkeit Frauen gegenüber kombiniert ist. Ihre Chancen, ein ausgeglichener, reifer Gatte und Liebhaber zu werden, sind deshalb vorzüglich. Es kann jedoch genausogut sein, daß die beiden Seiten Ihrer emotionalen Natur miteinander in Konflikt geraten. Dann werden Sie unsicher und zweifeln, ob Sie Ihrer Rolle überhaupt gewachsen sind. Überhaupt machen Sie sich besonders viele Gedanken darüber, was die Frauen von Ihnen denken. Im besten Fall sind Sie ein echter Herzensbrecher, im schlimmsten Fall ein Mensch, der seiner selbst nicht sicher ist.

Der Fuchs: die Frau Als Füchsin sind Sie beides: Jägerin und Hüterin der Sippe, Erfolgsfrau und Hausmutter. In Ihrer Beziehung zu Männern möchten Sie gern den Ton und das Tempo angeben, aber zugleich möchten Sie auch das Gefühl haben, daß Ihr Partner ›hinter Ihnen her‹ ist. Im übrigen geht es Ihnen genauso wie den männlichen Füchsen: Sie können entweder eine heitere, ausgeglichene Natur besitzen oder – wenn andere Faktoren Ihres Horoskops Konfliktpunkte ergeben – ein ziemlich unglücklicher Mensch sein, der mit sich selbst im Streit liegt.

Liebe und Sexualität Es ist schon genug darüber gesagt worden, daß die Fuchstypen über ein reiches Gefühlsleben verfügen, das sie besonders gut für die Ehe geeignet sein läßt. Für freie und schweifende sexuelle Beziehungen außerhalb der Ehe sind Sie zu feinfühlig; aber wenn eine Ehe in ernsthafte Krisen gerät und zerbricht, können Sie eine zweite sehr dauerhafte Beziehung eingehen, die eine Ehe auf gewisse Weise ersetzt.

6 Tiger

Quellen Das sechste der 28 chinesischen Sternbilder steht im Östlichen Palast. Chinesische Bezeichnung: *wei*. Ursprüngliche Bedeutung: der Schwanz.

Das Gefühlsbild Andere Menschen werden instinktiv spüren, daß Sie – soweit es die Gefühle betrifft – ein mit starken Gefühlskräften ausgestatteter Mensch sind. Das Leben trifft Sie immer mitten ins Herz. Sie entwickeln heftige, einseitige Empfindungen, von denen Sie fest gepackt werden, die aber nicht so dauerhaft sind, um zu regelrechter Besessenheit auszuarten.

Sie besitzen, kurz gesagt, einen vorzüglichen animalischen Spürsinn, der Sie zu eindeutigen Vorlieben und Abneigungen bringt, die Menschen, Orte und alle möglichen Ideen und Vorstellungen betreffen können. Dazu kommt Ihr Charme, der so herzlich und optimistisch ausgeprägt ist, daß Sie manchen Leuten auf den ersten Blick sympathisch sind, während Sie anderen genauso heftig auf die Nerven gehen. Wenn Sie diesen Charme ganz natürlich wirken lassen, stellt er eine angenehme Seite Ihres Wesens dar. Wenn Sie ihn jedoch zu dick auftragen, werden manche Leute Sie für unerträglich halten.

Weil Sie in allen Reaktionen auf das Leben einen starken Charakter beweisen, kann es sein, daß Sie die Stärke der anderen nicht immer richtig einschätzen. Wer wagt es dann schon, einem Tiger mit unverhüllter Feindseligkeit gegenüberzutreten! So können Sie also heiter dahintändeln und gar nicht merken, daß ein Freund oder ein Verwandter heimlich einen Groll gegen Sie nährt, der eines Tages jäh und schrecklich zum Ausbruch kommen und Ihre ganze blinde Selbstgefälligkeit zerstören kann.

Da Sie immer mit dem Herzen und nicht mit dem Verstand reagieren, kann man sich schwer mit Ihnen streiten. In der schlimmsten Form sind Sie in mancher Beziehung

ein eingebildeter Besserwisser. In der besten Form ein Vor-
läufer, da Sie instinktiv die unausgesprochenen unbewußten Strömungen in der menschlichen Entwicklung erahnen
und zu Erkenntnissen gelangen, an denen Sie unerschütterlich festhalten, bis der Rest der Menschheit auch so weit
ist.

Überhaupt beruht vieles in Ihrem Leben auf Instinkt.
Jeder Sportler weiß, wann diese Art von Zauber wirkt:
Körper und Geist geraten dann so in Einklang, daß man
gar nicht mehr darüber nachdenken muß, welche Bewegung als nächstes kommen soll – sie geschieht ganz einfach und vollkommen ohne Mühe. Sie sind mehr als alle
anderen Menschen dazu begabt, diesen Zauber auch im
Alltag wirken zu lassen. Wenn er funktioniert, läuft alles
großartig, aber an den schlimmen Tagen, an denen Sie von
ihm verlassen sind, wird Ihnen das Leben zu einer besonders mühseligen Last.

Die anderen Menschen schätzen Ihren Mut, Ihre ständige gute Laune und Ihren praktischen Sinn. Ihre gelegentlichen prahlerischen Ausbrüche und Ihre Interesselosigkeit
für alles, was Sie nicht persönlich angeht, sind dagegen
nicht so populär.

Der Tiger: der Mann Es kommt Ihnen ganz natürlich
vor, in allen Fällen die Führung zu übernehmen, die in vielen Beziehungen zwischen Männern und Frauen notwendig sein mag. Sie neigen jedoch dazu, die betreffende kleine
Dame immer wieder an ihren Platz zu verweisen, was im
Zeitalter der Emanzipation und der Frauenrechtsbewe-
gung nicht nur altmodisch, sondern ganz und gar als Un-
terdrückung wirkt. Dabei sind es gerade die Frauen mit
sehr viel und kräftig ausgeprägtem eigenen Charakter, die
die besten Eigenschaften in Ihnen wecken. Von den ver-
spielten Schmetterlingstypen haben Sie gar nichts, sie sind
für Sie nichts weiter als lediglich ein neues Stück in Ihrer
Sammlung.

Der Tiger: die Frau Tigerinnen können bestrickende Wesen sein, strahlend und knisternd vor Sex-Appeal und ziemlich sorglos in bezug auf Ziel und Wirkung. Verletzte Tigerinnen können jedoch zu haßerfüllten Wesen werden, während eine Tigerin, um die sich keiner kümmert, wie eine beleidigte Katze hinterm Ofen hocken kann.

Frau Tiger kann auch fauchen und niedergeschlagen sein, wenn ihr Partner sie verlassen hat und sich nicht um sie kümmert. Sie muß immer spüren können, daß sie geliebt wird, von ihrer Familie, von ihrem Mann, ja, auch die Nettigkeit vom Milchmann spielt dabei eine große Rolle.

Liebe und Sexualität Liebe ist Ihr Lebenselixier. Man kann es vielleicht als Fehler bezeichnen, daß Sie mehr verlangen, als Sie zu geben bereit oder imstande sind. Sie nehmen es auf jeden Fall übel, wenn man diese Tatsache erwähnt. Am schönsten wäre es, wenn kein anderer negativer und hinderlicher Faktor Ihres chinesischen Horoskops diese beneidenswerte sinnliche Harmonie stören würde.

7 Leopard

Quellen Das siebte der 28 chinesischen Sternbilder steht im Östlichen Palast. Chinesische Bezeichnung: *chi*. Ursprüngliche Bedeutung: der Weidenkorb, mit dem man die Getreidekörner durchsiebt und dabei von den Hülsen trennt.

Das Gefühlsbild Stellen Sie sich die folgenden einzelnen Typen vor: ein geckenhafter Schauspieler, ein anspruchsvoller und verwöhnter Gelehrter, eine tüchtige, aber nicht allseits beliebte Vorsitzende oder Präsidentin eines Vereins, ein hochmütiger, distanzierter Oberkellner in einem Drei-Sterne-Restaurant. Machen Sie aus allen einen Menschen, dann wissen Sie in etwa, wie Sie mit Ihren Manierismen den anderen manchmal vorkommen. Das ist gewiß keine sehr wissenschaftliche Methode, Ihre emotionelle Grundsituation zu beschreiben, aber sie ist so zutreffend, wie es oft nur Karikaturen sein können.

Sie sind sich durchaus darüber im klaren, daß die Eitelkeit Ihre Schwäche ist. Netter ausgedrückt: Sie besitzen Selbstachtung, Sie kennen Ihre eigenen Tugenden und Fähigkeiten ganz genau und hüllen sich nicht in falsche Bescheidenheit. Eitelkeit muß jedoch nicht mit Prahlsucht einhergehen. Sie neigen dazu, Ihre Eigenliebe zurückzuhalten, Sie bewundern sich eher im geheimen, während Sie nach außen hin eine zurückhaltende, kultivierte Fassade zeigen.

Das Leben hat Sie erfreulicherweise gelehrt, diesen Eigendünkel so weit zu mäßigen, daß er nur als positive Selbstsicherheit erscheint. Es ist jedoch wahrscheinlich, daß Sie immer in der Gefahr schweben, zum Zyniker zu werden, nur um das eigene Ich wieder zu bestätigen und aufzuladen.

So viel zu Ihren Schwächen. Das beste an Ihrer typischen Einstellung zum Leben ist Ihre Fähigkeit, klar zu erkennen, worauf es jeweils ankommt. Ihr Verstand arbeitet rasch, aber sehr genau. Sie sind nicht hundertprozentig optimistisch eingestellt, verfallen jedoch auch nicht in mißliche Depressionen. Ihr Humor ist ironisch gefärbt und trocken, und er richtet sich kaum jemals gegen Sie selbst. Ihr Mut ist eher eine Fassade, hinter der Sie vielleicht vor Angst und Unsicherheit zittern.

Daraus ergibt sich klar, daß es Ihnen schwerfällt, sich anderen gegenüber so offen oder auch naiv zu verhalten, wie Sie es manchmal vielleicht gern tun möchten. Diese Verklemmungen und Hemmungen überwältigen Sie oft bei sentimentalen Anlässen. Zeitweise hassen Sie sich, weil Sie so anspruchsvoll und umständlich sind, aber in Wahrheit können Sie an Ihrem Hochmut nichts ändern.

176

Der Leopard: der Mann Sie brauchen das ganze Drum und Dran eines Gentleman – Reichtum, wohltuende Manieren, vielleicht im Hintergrund auch noch ein paar gute Familienverbindungen –, sonst trauen Sie sich nicht zu, mit Frauen so umzugehen, wie Sie es gerne möchten. Ohne die nötige Kulisse erscheint Ihnen alles etwas zu ärmlich. Der erwachsene und reife Leopard verfügt über viel Höflichkeit und Verständnis für die anderen; der weniger reife und ausgeglichene Typ versucht immer, mit seiner eleganten Lebensart anzugeben und zu protzen. Sie müssen lernen, mutig zu Ihren wahren Gefühlen zu stehen.

Der Leopard: die Frau In Ihrer besten Form verfügen Sie über eine geschmeidige Anmut, die viele Männer – zumindest auf den ersten Blick – bezaubert. Ob sie Sie auch noch anbeten, wenn sie Ihnen näherrücken, hängt davon ab, ob Sie sich zutrauen, auch als ganz gewöhnliche Alltagsfrau zu bestehen. Wenn Sie Ihre Allüren aufgeben, wenn Sie die anderen auch unter ganz alltäglichen Bedingungen bezaubern können, dann können Sie eine Wärme und gelassene Sanftheit entwickeln, mit denen jede Ehe nur gewinnen kann. Die ältere und vor allem die frustriertere Leoparden-Frau hat immer das Gefühl, sie müsse ihre Würde und ihre Rechte verteidigen.

Liebe und Sexualität Weil bei Ihnen die Gefühle feiner und vielfältiger sind als bei anderen, grobschlächtigeren Menschen, betrachten Sie die Liebe eher als ein geistreiches Spiel, denn als tödliche Leidenschaft. Sie brauchen einen Partner, der auf Ihren raschen Witz eingehen und ihm standhalten kann. Sie brauchen Menschen mit einem reichen Vorrat angeborener Toleranz, wie zum Beispiel den Dachs, den Ochsen oder das Stachelschwein. Mit anderen Typen, die Ihrer eigenen Natur ähneln, wie es die Fledermaus, der Rabe oder der Tapir tun, können Sie sich aber auch vertragen.

8 Greif

Quellen Das achte der 28 chinesischen Sternbilder steht im Nördlichen Palast. Chinesische Bezeichnung: *nan tuo*. Ursprüngliche Bedeutung: der südliche Himmelswagen.

Das Gefühlsbild Sie nehmen dem Leben gegenüber eine kritische, unabhängige Haltung ein, und nichts und niemand scheint Ihnen gesichert. Umgekehrt erlauben Sie auch keinem, Ihrer selbst von vornherein sicher zu sein. Sie genießen es aus vollem Herzen, ein Individualist zu sein, und wenn das Leben anfängt, langweilig zu werden, so sorgen Sie mit einer herausfordernden Bemerkung oder einer unerwarteten Handlung dafür, daß ein kleiner Sturm im Wasserglas entsteht.

Es macht Ihnen Spaß, bis zum Äußersten zu gehen. Sie eignen sich gern unorthodoxe Ideen an und verfechten sie gegen mehr konventionelle Ansichten. In der schlimmsten Form kann das zur Blödelei ausarten, mit der Sie geistig weniger bewegliche Menschen unsicher zu machen suchen.

Im positiven Fall können Sie jedoch auf den ersten Blick den Kernpunkt eines Problems erkennen und es mit einem genialen Einfall lösen, der mehr von der Intuition als von der Logik beeinflußt war.

Sie sind ein Gesellschaftsmensch – aber mit einem Vorbehalt. Sie haben gerne viele Menschen um sich, aber Sie müssen sich von der Gruppe unterscheiden. Das bedeutet gar nicht, daß Sie ein Angeber sind, sondern es hängt mit Ihrem inneren Wunsch zusammen, sich als Individualist betrachten zu können. Dadurch wirken Sie manchmal allzu zurückhaltend, bleiben ein Zuschauer, statt sich selbst zu beteiligen, aber Sie sind bestimmt kein Snob, Sie gehen sogar aus sich heraus, wenn es gilt, sich Menschen zu widmen, die nicht von alleine so leicht Anschluß finden, besonders wenn sie einer anderen Rasse oder Religion oder politischen Partei angehören.

Die meisten Greifen sind humorvoll und überlegen genug, um es zu genießen, daß sie ein ›Charakter‹ sind. Wenn Greifen älter werden, kann sich das noch verstärken – dann sitzen sie in der Sonne auf der Parkbank und verkünden sonderbare Weisheiten, oder sie sind in der Seniorengruppe ihrer Gemeinde als schnurrige Käuze bekannt.

In den Entwicklungsjahren, in denen es so wichtig ist, sich den Regeln der Altersgenossen anzupassen, empfinden es manche Greife sehr stark, daß sie anders als ihre Kameraden reagieren. Auf diese Weise kann ein Greif zum Eigenbrötler werden, er kann sich mit Haut und Haar einem Hobby widmen und ein gebildeter Kenner für Volkskundliches, Versteinerungen, Pflanzenheilkunde oder ähnliches werden. Wenn er dann das mittlere Alter erreicht hat, verfügt er über einen wahren Schatz faszinierender, aber vollkommen nutzloser Informationen. Er gehört winzigen wissenschaftlichen Gesellschaften an oder ist ständig auf der Jagd nach seltenen Sammelstücken.

Weil Sie ein Greif sind, gehört ein Hauch von Grausamkeit zu Ihrer Natur. Insgesamt sind Sie jedoch ein freundlicher, besonnener und höchstens etwas eigenartiger Mensch. Die meisten lachen zuerst über Ihre Schnurrigkeiten, doch wenn sie Sie besser kennenlernen, dann lernen sie, mit Ihnen zusammen zu lachen.

Der Greif: der Mann Manche Frauen finden Sie zu zahm, andere zu sehr in Ihre eigenen Interessen vertieft. Es ist schon richtig, daß Sie den Frauen nicht so ohne weiteres schmeicheln, Sie sind dafür aber auch kein ausgesprochen männlicher Mann, der sich diese Männlichkeit unaufhörlich beweisen muß. Es stimmt auch, daß Sie sich nicht gerade mit Wonne in intime Bindungen stürzen. Sie müssen nach Ihrem Geschmack langsam wachsen, damit sie sich automatisch mit gemütlicher Vertrautheit füllen. Sie geben einen vorzüglichen Ehemann ab, wenn Ihnen Ihre Frau genug Freiheit läßt. Sie brauchen ein Arbeitszimmer, einen großen Garten und möglichst viele Nebenräume, wo Sie Ihre vielfältigen Hobbies in Ruhe pflegen können.

Der Greif: die Frau   Sie kommen mit Männern besser als mit Ihren eigenen Geschlechtsgenossinnen zurecht, obgleich Ihnen Frauen sehr geneigt sein können, wenn sie sich erst einmal an Ihre kleinen Verrücktheiten gewöhnt und Ihren goldenen Kern erkannt haben. Sie betrachten Männer gern als unartige Jungen, die gewaschen und gefüttert werden müssen und dann tüchtig Bewegung brauchen. Manche Greifen-Frauen halten sich auf dieser Basis sehr erfolgreich Haustiere. Sie weigern sich, ein Lustobjekt zu sein, aber es liegt Ihnen trotzdem viel daran, die Aufmerksamkeit eines Mannes zu erringen. Sie sind überaus dazu begabt, das Leben eines schwachen und unselbständigen Mannes zu leiten und zu lenken. Auf jeden Fall sollten Sie die zähen, derben Typen meiden.

Liebe und Sexualität   Für alle Greifen ist die Sexualität mehr ein Teil der ewigen Lebenskraft als ein Mittel zur Elternschaft oder zu kurzfristigen Vergnügen. Im schönsten Fall sind Sie fähig, wunderbare und langanhaltende Liebesbeziehungen aufzubauen, die mehr auf dem Gefühl für Gemeinsamkeit als auf dem Geschlechtstrieb basieren. Im schlechtesten Fall haben Sie etwas von einem exzentrischen Hagestolz oder einer alten Jungfer an sich, und selbst in einer guten und glücklichen Ehe müssen Sie sich manchmal von Ihrem Partner erholen.

9   Ochse

Quellen   Das neunte der 28 chinesischen Sternbilder steht im Nördlichen Palast. Chinesische Bezeichnung: *niu* oder *chien niu*. Eigentliche Bedeutung: ein Junge, der die Ochsen oder die Kühe weidet.

Das Gefühlsbild Der Ochse ist ein unbeirrbares, starkes, geduldiges und verläßliches Tier, das sechs Tage in der Woche schuftet und, wie es ihm befohlen wird, am siebten auf der Weide ruht und dabei nichts tut als wiederkäuen. In mancher Hinsicht ähneln Sie ihm. Sie besitzen den gleichen konstruktiven Fleiß, die gleichen konservativen Ansichten, die entsprechende wohlwollende Duldsamkeit und Beharrlichkeit. Und wenn Sie sich bis zur Erschöpfung abgearbeitet haben, so brauchen Sie einen ruhigen Tag im Liegestuhl und lassen sich dann zur Abwechslung von jemand anders mit Essen und Trinken versorgen.

Sie nehmen eine realistische, praktische und vernünftige Haltung im Leben ein, und auch Ihre Gefühle verraten diese materialistische Einstellung. Sie haben es gern, wenn Auseinandersetzungen mit klaren Entscheidungen enden. Sie neigen dazu, hochfliegende und windige Gefühle zu entlarven. Ihr Humor äußert sich in lautem kräftigen Lachen, und ob Sie es zugeben oder nicht: ein paar richtig derbe Witze machen Ihnen Spaß.

Ihre Fehler liegen für jedermann, auch für Sie selbst, offen auf der Hand. Sie haben nicht genug Unternehmungsgeist, und deshalb bleiben Sie in Ihren eigenen Gewohnheiten stecken, so wie es der Bauch, den Sie sich im Lauf der Jahre zulegen, am liebsten in einem weichen Lehnsessel gemütlich hat. In Ihren Ideen verfechten Sie die Tradition um der Tradition willen. Da auch Ihre Gefühle stets in gewohnten Geleisen fahren, ist es unmöglich, Sie von Ihren Vorurteilen zu lösen. Sie sind alles in allem nicht sehr beweglich, und wenn Sie das auch als Prinzipientreue bezeichnen, so sagen andere Leute einfach: »Das ist ein dickköpfiger alter Ochse.«

Sie nennen Sie auch der ›alte Sowieso‹, selbst wenn Sie noch jung sind, denn Sie strahlen von Anfang an eine Atmosphäre von Zuverlässigkeit aus. Die Leute suchen Ihren Rat, weil sie Ihnen vertrauen und wissen, daß Verlaß auf Sie ist und Sie jeder Verpflichtung nachkommen werden.

Dieses Ansehen ist Ihre wertvollste Eigenschaft und zugleich Ihr dauerhaftestes Charakteristikum.

Der Ochse: der Mann   Sie sind der ideale Familiengründer, für die Ehe mit einer guten Frau und für die Rolle des Vaters einer ganzen vergnügten Kinderschar wie geschaffen. Promiskuität beleidigt Ihre Lebensgrundsätze, und außerdem wären Sie auch nicht dafür geeignet, weil Ihnen nie so schnell und leicht eine Lüge einfällt und weil Sie kein geborener Flirter sind. Ihre Ansichten von den Beziehungen zwischen den Geschlechtern sind altmodisch, Sie betrachten den Mann als Versorger und die Frau als Krankenschwester, Köchin, Reinemachefrau und Kindermädchen. Darüber geraten Sie sich mit allen Emanzipierten in die Haare, aber es gibt noch genug Frauen, die Ihre Ansicht teilen.

Der Ochse: die Frau   Sie sind genau wie der männliche Ochse für ein seßhaftes, häusliches Leben, besonders auf dem Lande, wie geschaffen, denn sie lieben die Natur. Ochsen-Frauen nehmen den Männern gegenüber nur selten eine verklemmte oder widerspenstige Haltung ein. Ihre eigene Sexualität ist stark und spannkräftig – und wenn Sie auch viele Unterschiede zwischen den Geschlechtern erkennen, so ergänzen sie sich Ihrer Ansicht nach mehr, als daß sie im Wettstreit liegen.

Liebe und Sexualität   Mann und Frau verfügen über einen reichen Schatz seelisch verankerter sexueller Gefühle. Sie empfinden alles besonders stark und heftig – Zuneigung, Eifersucht, auch Haß – wenn es dazu ausreichende Gründe gibt. Wenn Sie Ihr Herz vergeben haben, so ist es Ihnen fast unmöglich, Ihre Gefühle wieder auf ein anderes Ziel zu lenken. Es fällt Ihnen nicht leicht, über sexuelle Probleme zu sprechen oder sich veränderten Gefühlen eines Partners anzupassen.

10   Fledermaus

Quellen   Das zehnte der 28 chinesischen Sternbilder steht im Nördlichen Palast. Chinesische Bezeichnung: *nü* oder *hsü nü*. Eigentliche Bedeutung: ein Mädchen oder eine Magd.

Das Gefühlsbild   Fledermaus-Menschen sind schwer zu beschreiben. Sie besitzen keine eindeutigen Eigenschaften, die jedem gleich ins Auge fallen, und sie scheinen außerdem ihren Charakter nicht nur im Lauf des Lebens, sondern fast von Tag zu Tag zu ändern.

Sicher ist also nur, daß Sie eine recht halsbrecherische Natur besitzen, heute oben, morgen unten sind, oft Ihre Meinung ändern – grundlos oder aus den besten Gründen der Welt –, aber auch gleichzeitig zwei diametral entgegengesetzte Meinungen vertreten können. Das Paradoxe macht Ihnen Spaß, und Sie können jedes Argument mit Leichtigkeit und großem Trara vollkommen auf den Kopf stellen.

Das alles schadet nichts, so lange es auf einer humorvollen und nicht sehr wichtigen Ebene bleibt. Wenn es aber persönliche Bindungen betrifft, kann es Ärger verursachen. Bekannte halten Sie für einen umgänglichen Menschen, wer aber in engerem Kontakt mit Ihnen leben muß, der findet Ihre quirligen Redereien, Ihre unverbindliche Haltung bei Krisen und Konflikten etwas anstrengend und kompliziert. Sie sollten sich mehr auf andere Menschen einstellen, und natürlich nicht immer, aber manchmal sollten Sie sich darauf einrichten, auch auf deren Wünsche und nicht nur auf die eigenen Rücksicht zu nehmen.

Als junger Mensch sind Sie immer auf dem Sprung, stürzen sich auf der ständigen Suche nach dem Abenteuer von einer Erfahrung in die nächste. Ihr Blick für Kleinigkeiten ist fabelhaft. Sie können einen Fehler oder eine schwache Stelle im Bruchteil einer Sekunde herausfinden, und Sie stürzen sich gnadenlos darauf. Sie sind von Natur aus eigentlich nicht grausam, und fanatisch sind Sie auch nicht. Es reizt Sie einfach, auf einen inneren Reflex blitzschnell zu reagieren.

Deshalb lieben Sie auch bestimmte Sportarten, Leichtathletik zum Beispiel, Golf, Klettern im Hochgebirge, und deshalb sind Sie in allen Handwerksarbeiten so schnell und geschickt mit den Händen.

Wenn Sie jedoch älter werden, nutzen Sie sich allmählich ab. Ihr Lebensziel wird unbestimmter, Ihre einst so blitzgescheiten Meinungen verflachen zu Allerweltsansichten, bei denen man sich nicht entscheiden muß. Sie werden ruhiger, bleiben aber noch rastlos, wie ein Invalide, der sich nach einem raschen, kräftigen Marsch sehnt. Sie können sich zu einem freundlicheren und umgänglicheren Menschen entwickeln, als Sie früher gewesen sind, aber Ihre ehemals prahlerische Unberechenbarkeit wird in mittleren Jahren eher in Unsicherheit umschlagen. In diesem Stadium des Lebens können Sie unter Umständen Ihre Religion wechseln oder sich für irgendeine Sache engagieren, nicht weil Sie von tiefem Glauben erfüllt, sondern weil Sie der Ansicht sind, daß Ihnen das bei dem Versuch, alle Kräfte zu konzentrieren, auf wirksame Weise helfen könnte.

Die Fledermaus: der Mann Die männliche Fledermaus genießt die Gesellschaft der Damen, solange diese intelligent und witzig sind und den Fledermaus-Herren bewundern. Wenn er sich verheiratet, steht er vor seinem größten Problem: Langeweile. Findet sich die männliche Fledermaus in einem Reihenhaus am Stadtrand eingeschlossen, so äugt er nervös zur Tür. In den mittleren Lebensjahren versucht er ununterbrochen, seine jugendlichen Eskapaden zu wiederholen, aber meistens fehlt ihm der Schwung dazu. Er braucht eine gewitzte, einfallsreiche Frau, die ihn unmerklich am Bändel führt.

Die Fledermaus: die Frau Die Fledermaus-Frau lebt zwar wie die ganze Gruppe mit der Vertauschung von oben und unten, unterscheidet sich jedoch in zwei wichtigen Punkten von den Männern. Als Mutter kann Ihnen die wachsende Familie viel Freude machen, wobei Ihnen Jungen lieber als Mädchen sind, und Sie haben in der Mitte des Lebens keine besondere Lust auf weitere Abwechslungen. Dafür arbeiten Sie gerne in Klubs und Komitees, spielen in Ihrer Gemeinde eine gewichtige Rolle oder übernehmen ehrenamtliche Aufgaben in der Kranken- oder Gefangenenfürsorge oder in der Erziehungshilfe. Der Hauptanziehungspunkt einer jungen Frau liegt natürlich in ihrer sprühenden und reizvollen Persönlichkeit.

Liebe und Sexualität Mit dem richtigen Partner finden Sie in der Liebe Erfüllung, was in einer neuen Bindung durch einen Mangel an Selbstvertrauen verhindert werden kann. Fledermaus-Frauen sind sich ihrer Weiblichkeit sicherer, als das bei Fledermaus-Männern mit der Männlichkeit der Fall ist, obgleich manche Fledermaus-Frauen etwas Jungenhaftes an sich haben, während die Männer mit einer herben Anmut ausgestattet sein können.

11 Ratte

Quellen Das elfte der 28 chinesischen Sternbilder steht im Nördlichen Palast. Chinesische Bezeichnung: *hsü*. Ursprüngliche Bedeutung: Leere.

Das Gefühlsbild Sie sind ein überaus wißbegieriger Mensch mit blendenden, klugen Reaktionen. Sie kommen gut mit anderen Menschen aus, obgleich Sie dazu neigen, andere eher für sich auszunutzen, als mit ihnen Freundschaften zu schließen. Sie nehmen leicht eine zynische und überlegene Haltung ein.

Ihnen ist die Stadt lieber als das Land, Sie lesen lieber eine Zeitung als ein Gedicht, tauschen lieber Klatsch und Tratsch als handfeste Ansichten und Meinungen aus. Geschäfte und Handel liegen Ihnen, auch die Massenmedien, das Anzeigengewerbe und die Öffentlichkeitsarbeit. Im schlechtesten Fall sind Sie ein unzuverlässiger Bursche, der seine eigene Großmutter für ein Butterbrot und ein Ei verkaufen würde. In der besten Form werden Sie ein erfreulich witziger Genosse sein, der einen verblüffend schnellen Verstand mit Rücksichtnahme für andere verbindet.

Sie nehmen gern ein Risiko auf sich, solange Sie es einigermaßen überschauen können. Oft ist Ihnen das tägliche taktische Vorgehen in einer Situation wichtiger als die alles umgreifende Strategie. Sie hassen es, wenn man Sie zu betrügen versucht, aber Sie können mit Menschen, die beschränkter sind als Sie, verblüffend freundlich sein. Wenn Sie sich Mühe geben, sind Sie sogar ein ausgezeichneter Lehrer.

Sie müßten sich Mühe geben, Ihre Alltagspflichten mit etwas mehr Herz und Engagement zu erledigen. Ihnen fehlt die Sympathie, das große, alle verbindende Verständnis, das Sorgen besiegen und vielen Situationen im Leben eine Spur von Menschlichkeit oder Gnade verleihen kann.

Musik ist eine Kunstform, die Ihre Seele dort zu berühren vermag, wo das Gefühl versagt. Sie können selbst ein talentierter Sänger oder Musiker sein, können zumindest eine Vorliebe für Harmonie und Rhythmus besitzen. Im übrigen sollten Sie jeden Tag irgendeine kleine Arbeit verrichten, die nichts mit Geldverdienen zu tun hat. Durch die Pflege von Aktivitäten und Interessen, die einen mehr oder weniger selbstlosen Einsatz verlangen, können Sie die etwas egoistische Disposition ausgleichen, mit der Sie geboren sind.

Die Ratte: der Mann Ratten kommen meistens in ganzen Scharen vor, aber das trifft nicht auf die Art zu, die in der chinesischen Astrologie auftaucht. Sie kommen am besten als selbstbewußter Einzelgänger zurecht, Sie haben keine Schwierigkeiten, Bindungen mit Frauen einzugehen, aber Sie haben die weibliche Gesellschaft nicht so sehr wie manche andere Männer nötig. Sie verfügen über einen drahtigen Charme, sind selbstbewußt und durch und durch voll Energie; das gefällt vielen Frauen, obgleich sich andere nicht einen Augenblick lang durch Ihre Liebesbeteuerungen an der Nase herumführen lassen. Sie sind zu offensichtlich ein Teil Ihrer großen Verführungs-Kampagne. Eine Heirat mit dem Ziel, sich in einem friedlichen Vorort niederzulassen, paßt nicht recht zu Ihnen, obgleich Sie sich erfolgreich dazu überreden können.

Die Ratte: die Frau Einer Ratten-Frau kann die Hausarbeit rasch über dem Kopf zusammenschlagen, und weil sie dies voraussieht, wird sie das sinkende Heiratsschiff meist sehr rechtzeitig verlassen. Sie braucht viele Interessen und Aufgaben außerhalb des Hauses, vor allem in einer freundlichen, aber beschäftigten Nachbarschaft, in der man rasch zu neuen Bekannten und Freunden kommt.

Das Ratten-Mädchen kann als Teenager überaus reizvoll sein, vor allem weil es seinen Berufsehrgeiz mit einem knisternden Sex-Appeal verbindet. Es wird bald auf dem Kriegspfad sein, um sich den richtigen Gatten zu schnappen, je reicher und vielversprechender, desto besser.

Liebe und Sexualität Die Männer und die Frauen aus der Rattenfamilie betrachten den sexuellen Trieb nur als eine der Waffen, die einem in dem ständigen Lebenskampf um den Weg nach oben zur Verfügung stehen. Es fällt Ihnen relativ leicht, diesen Trieb auf vielen anderen Gebieten zu sublimieren, im Beruf, in der Politik usw. Wenn Sie Lust dazu haben, können Sie als Liebhaber sehr ausdauernd sein, aber Sie gehören nicht zu den treuesten Menschen der Welt.

12   Schwalbe

Quellen   Das zwölfte der 28 chinesischen Sternbilder steht im Nördlichen Palast. Chinesische Bezeichnung: *wei*. Ursprüngliche Bedeutung: Hausdach oder stark geneigte Schräge.

Das Gefühlsbild   Sie sind sehr feinfühlig veranlagt, feinfühlig in bezug auf Ihre eigenen Gefühle, auf die der anderen Menschen, auf die Natur, auf Schönheit und alle anderen zarten und erhabenen Werte des Lebens. Offenbar haben Ihre Erziehung und Ihre Umwelt dazu beigetragen, Sie zu dem zerbrechlichen und etwas nervösen Wesen zu machen, das Sie geworden sind – oder auch nicht. Die Anlage dazu ist jedenfalls noch immer vorhanden, auch wenn Sie vielleicht unter ziemlich rauhen Bedingungen arbeiten.

Sie scheinen für andere Menschen viel Zeit zu haben, was nicht bedeutet, daß Sie frei und ungezwungen mit ihnen umgehen können. Die anspruchsvolle und kritische Seite Ihrer Natur stachelt Sie dazu an, sehr wählerisch zu sein, wen Sie mögen, wen Sie nicht ausstehen können und wen Sie gerade noch ertragen.

Mit anderen Worten: Sie möchten gern freundlich sein, aber mit Ihrer großen Empfindlichkeit müssen Sie einsehen, daß die meisten Leute einfach nicht Ihr Typ sind. Bei Ihrer Gefühlslage wäre es überaus wichtig, Ihre Ansprüche in vernünftigen Grenzen zu halten, sonst enden Sie als alter Hagestolz oder alte Jungfer, die zwar sehr leutselig sind, aber nie auf den Gedanken kommen, jemanden zu sich nach Hause einzuladen.

Im schönsten Fall können Sie einen unverfälschten Charme spielen lassen. Die Menschen reißen sich in Ihrer Gegenwart zusammen und präsentieren Ihnen ihre beste und kultivierteste Seite. Wenn Sie jedoch versuchen, ein Leben in reiner Schönheit, Anmut und Erlesenheit zu führen, so begehen Sie einen schwerwiegenden Fehler. Dann wirken Sie nämlich affektiert und affig, bilden sich etwas auf Ihre eigenen glänzenden Manieren ein und blicken logischerweise auf die der anderen hochmütig herab.

Die zweite gefährliche Schwäche, die sich aus Ihren Anlagen ergibt: Sie besitzen kein Stehvermögen. Ihre typische gefühlsmäßige Reaktion ist der Versuch, sofort zu einem Kompromiß zu kommen. Wenn Sie also mit einem wirklich zähen und zielbewußten Kollegen oder Vorgesetzten zusammenarbeiten, geben Sie immer wieder nach, machen einen Schritt zurück, bücken sich und schließen einen Kompromiß nach dem anderen, bis Sie überhaupt nichts mehr zu bieten haben.

Die Schwalbe: der Mann Offensichtlich sind die Männer dieser Gruppe bei den Damen gern gesehen. Im Extremfall schwärmt und albert der Schwalben-Mann in der schlimmsten Manier, aber im Normalfall hat er eine angenehme Art mit Frauen. Sie wittern in ihm den freundlichen Geist, der für ihre Probleme Verständnis aufbringt und mit ihnen gut zurechtkommen möchte. Es gibt andere Männer, auch gewisse ziemlich derbe Frauen, die ihn wegen seiner liebenswürdigen Manieren gerne aufziehen, aber die Zeiten haben sich etwas gewandelt, und wir wissen heute, daß wir alle mit männlichen und mit weiblichen Hormonen leben und weder hundertprozentig männlich noch hundertprozentig weiblich sein können.

Die Schwalbe: die Frau Sie entfalten ein verfeinertes, artistisches und der Schönheit verpflichtetes Bündel von Empfindungen, und Ihnen liegt deshalb eine zarte Liebesaffäre im Salon mehr als Windelwaschen vor dem Mittagessen. Sie dürfen sich von Ihren preziösen Eigenschaften nicht zu puritanisch machen lassen, doch dürfen Sie als junges Mädchen auch nicht so wählerisch sein, daß Ihnen zum Schluß kein Mann gut genug ist.

Liebe und Sexualität Die saftige, pralle Art der Liebe als Fleischeslust ist Ihnen nicht angemessen. Manchmal träumen Sie von einer romantischen, vergeistigten Leidenschaft, die sich nie zu tief in die körperlichen Gefilde herabwagt. Sie sind dazu imstande, Ihren Trieb auf andere Art und Weise auszuleben: auf dem Gebiet der Kunst und Kunstbetrachtung, in der Liebe zu Blumen. Sie brauchen also einen Partner, der wohl Verständnis für diese verzärtelte Haltung zeigt, Sie aber auch daraus hervorzulocken vermag. Einem liebevollen Partner halten Sie die Treue; einen gleichgültigen können Sie lange Zeit hindurch ertragen, da Sie im Grunde genommen Angst vor einem Partnerwechsel haben.

13 Schwein

Quellen Das dreizehnte der 28 chinesischen Sternbilder steht im Nördlichen Palast. Chinesische Bezeichnung: *shih* oder *ying shih*. Eigentliche Bedeutung: das Haus oder das Lager.

Das Gefühlsbild In Ihrem Leben gibt es viele Widersprüche. Sie entwickeln starke Antriebskräfte, besonders wenn Ihre geistigen Interessen erregt werden. Wenn Sie sich in anderen Fällen jedoch langweilen oder nur an sich selbst denken, so geben Sie sich der Faulheit hin und werden selbst in Ihren Gewohnheiten und Ihrer emotionellen Haltung träge.

In Ihrer Einstellung zu anderen Menschen gibt es ähnliche Kontraste. Wenn sie irgend etwas besitzen, was Sie gern hätten, oder wenn sie auch nur eine einzige Eigenschaft haben, die Sie anziehend finden, so können Sie sich alle erdenkliche Mühe geben und entwickeln ein ungeheuerliches Interesse. Wenn Sie die Menschen aber gut kennen, seien es nun Verwandte oder Nachbarn oder Ihre Ehepartner, dann kann aus der Vertrautheit leicht eine milde Verachtung werden oder zumindest ein Verhalten, das knapp an Gleichgültigkeit grenzt. Ist in einer engen Bindung die anfängliche Erregung abgeklungen, so neigen Sie dazu, die anderen als sicheren Besitz zu betrachten, und geben sich keine Mühe mehr. Dann muß man Sie hin und wieder wachrütteln und Ihnen sagen, was für ein alter Langweiler Sie sind!

Die Chancen stehen immer eins zu eins, ob aus einer neuen Bekanntschaft eine neue Freundschaft erwächst. Manchmal können Sie vor Begeisterung geradezu überfließen, das nächstemal bleiben Sie dabei vollkommen unbeteiligt und unbewegt.

Wenn Sie nicht einen so überragenden Verstand besäßen, würden die Leute Sie als launisch bezeichnen. Sie stürzen sich wirklich gern auf neue Ideen und konzentrieren sich ganz und gar auf sie, doch dann gleiten Sie bald in eine entspanntere, gemütlichere und etwas schlaffe seelische Einstellung zurück.

Der gleiche Wechsel zwischen Eifer und Trägheit läßt sich auch an Ihrer Haltung zur Ehe ablesen. Sie scheinen Empfindsamkeit mit einer fast abgebrühten Seelenruhe kombinieren zu können. Eine Liebesaffäre, die Sie völlig von den Füßen reißt, das wäre die richtige, verwirrende Erfahrung für jemanden wie Sie, der normalerweise die anderen Menschen immer gern auseinandernimmt, während er über die eigenen Empfindungen und Gefühle überhaupt nicht nachdenkt.

Das Schwein: der Mann Es fiele Ihnen leicht, die empfindsame Seite Ihrer Natur zu einem Promiskuitäts-Tick auszubauen, wenn auch nur in der Vorstellung. Es wäre jedoch vollkommen verfehlt, Ihnen eine verführerische *femme fatale* als Frau zu geben. Sie brauchen eine vernünftige, attraktive Durchschnittsfrau, die Ihre Gefühlsschwankungen mit milder Geduld und Nachsicht verfolgt und die Ihnen trotzdem ein guter Kamerad bleibt. Sie ist die Frau, die das Beste aus Ihnen machen kann, sie macht Sie standhaft, regt Sie geistig an, bringt Sie dazu, anderen Menschen zu helfen, die ohne eigene Schuld in Schwierigkeiten geraten sind.

Das Schwein: die Frau Wenn Sie nicht ein waschechter Blaustrumpf sind, der auf einer intellektuell unerreichbaren Ebene über allem und allen schwebt, so bringen Sie für Ihr tägliches Leben wesentlich mehr Charme und Attraktivität mit, als Ihre männlichen Gegenspieler zur Verfügung haben. Erst in den mittleren Jahren, die allerdings früh genug einsetzen können, bricht eine etwas mürrische, mißbilligende Seite Ihrer Natur durch. Doch bis dahin haben Sie hoffentlich so viel ausgeglichene Gefühle entwickelt, daß Sie den sauren Geschmack wieder vertreiben können. Ihre besten Eigenschaften sind die Bereitwilligkeit, in der Rolle als Mutter und Hausfrau hart und pflichtbewußt zu arbeiten, obgleich Sie mehr als Herd und Abwasch brauchen, um Ihre geistigen Ansprüche zu befriedigen. Die zweite Eigenschaft: die Fähigkeit, immer bei Bedarf in der Gemeinde die Führung zu übernehmen und einen sicheren Instinkt dafür zu entwickeln, ob in der örtlichen Verwaltung etwas faul ist.

Liebe und Sexualität Die Männer und Frauen dieser Tierfamilie sind lebenslustige Zeitgenossen, und deshalb würde kein kühler Partner zu ihnen passen. Wenn, dann brauchen Sie jemanden, der Sie immer wieder in Schwung bringt und Ihr Interesse an der eigenen Person und an der gemeinsamen Partnerschaft aufrechterhält. Das ist vor allem nach ein paar Ehejahren wichtig, wenn sich der erste Glanz abgenutzt hat. Dann passiert bei Ihnen entweder gar nichts mehr oder Sie beginnen sich nach einer neuen Belustigung umzuschauen, während die einzige Lösung des Problems darin liegt, daß Sie neuen Mut schöpfen und Ihre Ehe wieder beleben müßten.

14 Stachelschwein

Quellen Das vierzehnte der 28 chinesischen Sternbilder steht im Nördlichen Palast. Chinesische Bezeichnung: *pi* oder *tung pi*. Eigentliche Bedeutung: eine Mauer oder eine östliche Mauer.

Das Gefühlsbild Manchmal benehmen Sie sich, wie das richtige Stachelschwein in der Natur, gereizter und widerborstiger als Sie wirklich sind. In Wahrheit besitzen Sie ein sehr weiches Herz. Manche Stachelschweine, besonders die Männer, halten es für notwendig, ihre Feinfühligkeit nach außen hin unter einem groben, rohen Gehabe zu verbergen, aber das ist natürlich eine unsinnige Idee, und Sie meinen es auch gar nicht so.

Stachelschweine sind im besten Falle von einer tiefen Liebe zur Heimat, zur Familie und zu ein paar guten Freunden erfüllt. Das läßt sich an ihrem Interesse an Genealogie, Stammbäumen, alten Grabsteinen und anderen Relikten aus der Vergangenheit ablesen. Sie werden Erinnerungsstücke lieben, Familienfotografien, das alte Sofa von Großmutter, und Sie werden selbstverständlich die zärtlichsten Erinnerungen an das Haus und den Garten bewahren, in denen Sie groß geworden sind, dazu an alle Nachbarn, an Ihre Kinderfreunde und an die Gerüche und Bilder Ihres frühesten Lebens.

Ihr weiches Herz fließt immer über vor Sympathie und Anteilnahme. Außer Ihrer Schüchternheit, die Sie manchmal störend überfallen kann, gibt es nichts, was Sie davon zurückhält, sich mit allen Menschen zu befreunden. Im Grunde genommen ist Ihnen jedoch ein kleiner, treuer Freundeskreis am liebsten. In ihm können Sie vollkommen offen sein, können wie bei der Beichte alle inneren Gefühle, Wünsche und Sorgen enthüllen. Nichts genießen Sie so sehr wie ein richtiges Gespräch, bei dem Sie Ihr Herz ausschütten können, denn Sie verfügen über eine reiche Einbildungskraft und ein dramatisches Temperament, weswegen Sie Ihre innersten Gefühle möglichst theatralisch wiedergeben und vielleicht auch ein wenig übertreiben müssen.

Lügen tun Sie eigentlich nicht – das heißt, nur gelegentlich –, aber Sie gestatten Ihrer Phantasie gern, die Wirklichkeit ein bißchen aufzuputzen.

Das Stachelschwein: der Mann Es ist für ein männliches Stachelschwein manchmal nicht leicht, unter Männern die richtigen Freunde zu finden, mit denen es diese enge, herzliche Gemeinschaft aufbauen kann; deshalb wendet es sich an Frauen, was durch die enge Bindung begünstigt wird, die der Stachelschwein-Mann wahrscheinlich in seiner frühen Jugend mit der Mutter erlebt hat. Sie hat entscheidenden Einfluß auf seine gefühlsmäßigen Vorlieben und Abneigungen und seine Alltagsreaktionen. Die Frauen, von denen er sich sexuell angezogen fühlen wird, werden immer irgendeine Ähnlichkeit mit seiner Mutter haben. Ihre Ansichten, Haltungen und Meinungen werden auch in irgendeiner Form in seinen eigenen Ansichten wiederkehren. Der Stachelschwein-Junge führt besonders in seinen Entwicklungsjahren einen heftigen Kampf gegen die mütterliche Beeinflussung, aber ganz läßt er den Schürzenzipfel niemals los.

Das Stachelschwein: die Frau Die emotionale Grundnatur des Stachelschweins paßt gut zur Frau. Sie ist ein mütterlicher Typ, liebt es, Kinder um sich zu haben, und anderen Menschen wird bei ihrer sanften, verständnisvollen Art warm ums Herz. Als junges Mädchen fällt es dem Stachelschwein schwer, seine eigenen Gefühle zu verstehen. Von einem geschickten Verführer kann es rasch zu Fall gebracht werden, und eine betrübliche, enttäuschende Erfahrung am Anfang ihres Liebeslebens kann es mißtrauischer machen, als es von Natur aus ist.

Liebe und Sexualität Stachelschweine reagieren rasch und leicht auf sexuelle Gefühle, aber für einen leichten Flirt sind sie vollkommen ungeeignet. Sie sind ideale Heiratspartner, und sie sollten sich rechtzeitig nach dem richtigen Gatten umschauen und ihm deutlich zu verstehen geben, daß sie eine Ehe auf Lebenszeit im Auge haben.

15 Wolf

Quellen Das fünfzehnte der 28 chinesischen Sternbilder steht im Westlichen Palast. Chinesische Bezeichnung: *kuei*. Ursprüngliche Bedeutung: Beine.

Das Gefühlsbild Sie scheinen Mut zu haben, Seelenstärke und eine positive Einstellung zum Leben, die Sie immer früh aus dem Bett treibt und den ganzen Tag in Gang hält. Sie begegnen den Anforderungen des Lebens rasch und zupackend, manchmal auch listenreich, im Grunde genommen jedoch ehrlich und ohne Umschweife.

Manche Leute meinen, Sie hätten etwas Manisch-Depressives an sich, denn Sie können innerhalb von Minuten von heller Begeisterung in tiefste Niedergeschlagenheit verfallen. Diese Trübsal hat jedoch nichts mit echter Schwermut zu tun, sie ist eigentlich nur Theater: rabenschwarze Gewitterwolken, die eher schön als schrecklich wirken sollten. – Man muß unwillkürlich an die Geschichte mit dem kleinen Jungen denken, der so oft »Wolf! Wolf!« gerufen hat, bis ihm schließlich keiner mehr geglaubt hat. – Auf ähnlich theatralische Weise geben Sie sich dem Genuß all Ihrer Krankheiten und Unglücksfälle hin, die die Leute allmählich auch nicht mehr ernst nehmen. – Der Wolf ist jedoch eines Tages tatsächlich aufgetaucht. – Wenn es Ihnen dann einmal wirklich schlecht gehen sollte, so kann es sein, daß alle Ihre Freunde denken, es handele sich nur um eine von Ihren Launen.

Wenn Sie aus irgendwelchen Gründen unsicher sind, so greifen Sie auf das zurück, was Ihnen Ihr Vater oder eine andere Autoritätsperson geraten hat. Denn im Grunde genommen sind Sie nicht so unbesiegbar und selbstgewiß, wie Sie vielleicht denken. Das bedeutet, daß Sie moralische Prinzipien brauchen, an denen Sie Ihre Urteile ausrichten können, eine Bindung, die Ihren Argumenten die absolute innere Überzeugung verleiht, daß dieses und jenes so und nicht anders ist.

Auch Ihre innere Stärke und Seelenkraft beruht zum größten Teil auf Selbstbetrug (aber das schadet ja nichts). In Wirklichkeit brauchen Sie einen Partner, der Ihnen das Leben ertragen hilft.

Der Wolf: der Mann In Ihren ungebundenen Junggesellen-Tagen können Sie die Mädchen mit dem Wolfspfiff erschrecken, aber das entspricht im Grunde genommen Ihrer emotionellen Natur nicht im geringsten. Sie lassen sich selbstverständlich von dem Charme und der Schönheit einer Frau beeindrucken, aber Sie gehören zu den Männern, die seßhaft werden wollen und sich auf die Dauer nicht damit zufriedengeben. Flüchtige Liebesbeziehungen langweilen Sie, weil sie meist oberflächlich bleiben. Die ausgiebigeren Affären, die mindestens ein oder zwei Jahre lang dauern, sind Ihnen lieber. Eine Ehe ist jedoch das allerbeste, vor allem, wenn sie physisch reizvoll und lebendig bleibt, ansonsten aber mit reichlich verständnisvoller, tiefer Vertrautheit erfüllt ist.

Der Wolf: die Frau Als junge Frau genießen Sie es, ein attraktives Wesen zu sein, nach dem sich die Männer die Köpfe verdrehen, von den gebrochenen Herzen ganz zu schweigen. Obgleich Sie sich in einer Ehe mit dem richtigen Mann äußerst wohl fühlen können, gehen Sie nicht in Ihrer Mutterrolle auf. Sie mögen es nicht, wenn Ihnen die ganze Zeit die Kinder an den Röcken hängen; Söhne und

Töchter beginnen Sie erst als Jugendliche zu schätzen, dabei wären Sie am liebsten noch auf dem Lande, wo man die Familie genießen kann, aber trotzdem noch genug Zeit für andere Interessen außer Kochen, Waschen und Kinderpflegen entwickeln kann.

Liebe und Sexualität Der Wolf reagiert selbstverständlich auf sexuelle Reize, aber er sucht darüber hinaus tiefere Bindungen. Sie sollten richtig langweilige, unbewegliche Partner meiden, Sie brauchen jemanden, der Sinn für Humor mit Verantwortungsgefühl kombiniert, der das Leben als eine erfreuliche Aktivität betrachtet, nicht zu trivial und nicht zu ernst, sondern genau dazwischen.

16 Hund

Quellen Das sechzehnte der 28 chinesischen Sternbilder steht im Westlichen Palast. Chinesische Bezeichnung: *lou*. Ursprüngliche Bedeutung: das Seil.

Das Gefühlsbild Sie haben für gewöhnlich eine intelligente und praktische Einstellung zum Leben, da wird nicht lange gefackelt. Probleme reizen Sie, und es macht Ihnen Spaß, sie zu lösen, trotzdem würde Sie niemand als außergewöhnlich einfallsreiche oder originelle Person bezeichnen. Sie suchen sich ruhige Freuden aus, und Ihre Wünsche sind weder besonders stark noch ungewöhnlich. Kurz gesagt: Sie sind ein Durchschnittsmensch.

Das bedeutet nicht, daß Sie langweilig wären. Sie haben sich nur insgesamt für Durchschnittsmeinungen entschieden und sind darauf eingerichtet, es anderen recht zu machen, vorausgesetzt, daß sich diese anderen Menschen ungefähr auf Ihrer Wellenlinie bewegen.

Sie machen keine Schlagzeilen, und Sie versuchen auch nicht, jede Unterhaltung an sich zu reißen, wenn Sie jedoch aufs äußerste gereizt werden, so verteidigen Sie den gesunden Menschenverstand mit einer unübersehbaren Dickköpfigkeit. Sie sind keineswegs ein Fanatiker, Ihr Seelenfrieden beruht jedoch auf bestimmten, gut abgesicherten Wahrheiten, und wenn diese in Frage gestellt oder ernsthaft genug herausgefordert werden, weicht Ihre normale Duldsamkeit, und Sie stoßen die verzweifelte Klage aus, die Welt sei verrückt geworden.

Sie haben Schwierigkeiten, die Wahrheit von Vorlieben oder Vorurteilen zu unterscheiden. Je älter Sie werden, desto mehr verstärkt sich bei Ihnen die Ansicht, alles das, woran Sie seit Ewigkeiten gewöhnt sind, müsse auch nach einer Art von Naturgesetz richtig sein. Sie geraten dadurch in die Gefahr, ein alter Besserwisser zu werden, ein leuchtendes Beispiel für das Sprichwort: Einem alten Hund kann man keine neuen Kunststücke mehr beibringen.

Die meisten Leute meinen, man könne Ihnen vertrauen, was dazu führt, daß Sie im Laufe Ihres Lebens zu einer Vaterfigur werden. Sie können Sie aber auch ganz links liegen lassen, was ein Jammer wäre, weil Sie aus Erfahrung gelernt haben, ein verständnisvoller und ausgeglichener Mensch zu sein.

Der Hund: der Mann Der junge männliche Hund tapst genauso wie die jungen Welpen mit Possierlichkeit und Energie hinter den weiblichen Vertretern seiner Art her. Das ist nicht nur ein ziemlich unkritisches und direktes Verhalten, es kann darüber hinaus ärgerlich und gefühllos wirken. Aber einem jungen Hund kann man nicht lange böse sein. Und es steckt auf jeden Fall weder Angriffslust noch Grausamkeit in ihm. Wenn Sie älter werden, entwickeln Sie sich zu einem verantwortungsbewußten Familienvater, der ein reges Liebesleben durchaus zu schätzen weiß, der aber keine Lust hat, seine Befriedigung außerhalb der eigenen vier Wände zu suchen. Es kann passieren, daß Sie sich eine Frau aussuchen, die genausowenig aufregend ist wie Sie. Dann können Sie ein langweiliges Ehepaar werden. Der flatterhafte und ruhelose Typ ist jedoch auch nichts für Sie.

Der Hund: die Frau Nein, das Adjektiv ›hündisch‹ paßt überhaupt nicht zu Ihnen. Sie verfügen über einen strahlenden Humor, und Ihre Verständnisbereitschaft hilft Ihnen, alle Klippen heil zu umschiffen, an denen eine Verbindung zerschellen könnte. Sie leben jedoch immer in der Gefahr, Ihren Ehemann etwas zu sehr als Ihren selbstverständlichen Besitz zu betrachten – und sich selbst zu sehr als seinen. Sie brauchen von Zeit zu Zeit einen Stups, damit Sie aus dem alten Trott herauskommen, der zwar bequem sein mag, aber auf die Dauer langweilig.

Liebe und Sexualität Ihr Ideal ist eine ruhige und dauerhafte Liebesbeziehung mit einem Menschen, den Sie ebenso achten wie lieben können. Ein Junggeselle – männlich oder weiblich – wäre vielleicht der einzige Vertreter im Sternbild des Hundes, der an einer ganzen Schar von Liebhabern Gefallen finden könnte – aber selbst er würde dabei etwas vermissen. Wenn Ihnen Ihr Partner mit jemand anderem durchbrennt, so fühlen Sie sich vermutlich eher verletzt als eifersüchtig.

17 Fasan

Quellen Das siebzehnte der 28 chinesischen Sternbilder steht im Westlichen Palast. Chinesische Bezeichnung: *wei*. Eigentliche Bedeutung: der Magen.

Das Gefühlsbild Dieses *hsui* hat ursprünglich Magen geheißen, was verblüffend gut zu Ihrer emotionellen Antwort auf das Leben paßt. Sie sind alles andere als ein impulsiver, wendiger, lebendiger und oberflächlicher Mensch, Sie verarbeiten lieber jede Erfahrung lange und gründlich, ehe Sie sich zu einem Urteil entschließen. Sie halten inne, Sie ›verdauen‹ alles, Sie wägen ab, ehe Sie sich einem Gefühl hingeben.

Das bedeutet im schlimmsten Fall, daß Ihre Gefühle und Ansichten überaus reizlos und fade sind. Je älter einige Fasane werden, desto langweiliger werden ihre Ansichten und sie haben die fürchterliche Angewohnheit, die gleichen Geschichten und Anekdoten den gleichen Leuten immer wieder zu erzählen. Im besten Fall machen jedoch all ihre Erfahrungen jede ihrer Äußerungen zu einer wertvollen Aussage.

Der Fasan ist eine würzige Speise und muß gut abgehangen sein. In Ihrer Einstellung zum Leben findet man eine ähnliche Reife und Fülle.

Den Magen kann man auch als Nervenzentrum des ganzen Körpers betrachten, und es gibt viele Menschen, die jede Aufregung und Freude zuerst im Magen spüren. Ein Fasan läßt sich nicht besonders leicht erschrecken, aber trotz Ihrer langsamen, beständigen Art sind Sie weitaus empfindsamer, als es ein Außenstehender wahrscheinlich für möglich hielte. Das zeigt sich auch in Ihrer Leidenschaft für Musik und in Ihrer Begabung zum Singen und Instrumentenspiel.

Freundschaften schließen Sie nicht so rasch (Sie erwidern insgesamt kein Gefühl spontan), Sie sind dafür aber auch zu keinem ausgesprochen unfreundlich, und niemand ist unfreundlich zu Ihnen. Ihre Schwächen in bezug auf Ihre allgemeine Gemütsart – sind ein Hang, ermüdend und langweilig zu werden und vielleicht eine Neigung, allen Angriffen und Auseinandersetzungen zu hastig aus dem Wege zu gehen.

Niemand bricht gerne Streit vom Zaun, und Sie weichen auch nicht eigentlich aus, Sie machen nur einen kleinen Schritt zur Seite – und das wird Ihnen von vielen als Feigheit angekreidet.

Der Fasan: der Mann Sie sind stolz auf Ihre Männlichkeit, und Sie scheuen sich nicht, sie mit allen Mitteln zu unterstreichen: mit auffallenden Kleidern, mit rassigen Autos und mit den übrigen Prestigezeichen, die einem Mann aus dem 20. Jahrhundert zur Verfügung stehen.

Sie sind nicht der Typ des häuslichen Familienvaters, der nach der Eheschließung jedem Flirt adieu sagt. Sie müssen ein aktives gesellschaftliches Leben führen, das Ihnen die Chance gibt, viel mit schönen Frauen zusammen zu sein, und Sie wollen auch, daß Ihre Frau alle anderen überstrahlt und nicht nur die Mutter Ihrer Kinder ist.

Der Fasan: die Frau Sie reagieren auf Männer und auf das ganze Leben voll Leidenschaft und sind gewiß eine sinnliche Frau. Wenn Sie verschmäht oder ausgenutzt werden, kann dieses Gefühl in Rache umschlagen. Aber in einer ausgeglichenen Liebesbeziehung sind Sie durchaus imstande, die Vertrautheit mit einem Partner zu genießen, solange Sie als Paar einen gewissen Stil und Schwung aufrechterhalten können.

Liebe und Sexualität Fasane schätzen alle leiblichen Genüsse, wobei die Freuden der körperlichen Liebe nicht an letzter Stelle rangieren. Der junge Fasan braucht ein paar stürmische Jahre, ehe er sich im Rahmen der Ehe zur Seßhaftigkeit entschließt. Es darf außerdem nicht übersehen werden, daß der Fasan in den mittleren Lebensjahren noch einmal einen heftigen Johannistrieb verspürt.

18 Hahn

Quellen Das achtzehnte der 28 chinesischen Sternbilder steht im Westlichen Palast. Chinesische Bezeichnung: *mao*. Ursprüngliche Bedeutung: eine Himmelskarte, die die Plejaden zeigt.

Das Gefühlsbild Ihre spontane Reaktion auf die verschiedensten Situationen und Erlebnisse besteht darin, daß Sie sofort die Führung übernehmen wollen. Wenn Ihre Meinung gewünscht wird, so äußern Sie sie kurz und bündig. Wenn ein Urteil gefordert wird, so geben Sie es auf der Stelle, gleichgültig, ob Sie nun über genug diesbezügliche Erfahrungen verfügen oder nicht. Und vor allem: wenn etwas getan, statt beredet werden muß, so sind Sie hell begeistert, denn Ihnen liegt es, Probleme so rasch und gründlich zu lösen, wie es geht.

Sie setzen sich selbst Richtlinien, aber Sie finden es noch besser, wenn Sie anderen Befehle geben können. Dabei muß man gerechterweise erwähnen, daß Sie im Idealfall zu den Menschen gehören, von denen man auch gern einen Befehl entgegennimmt. Sie verfügen über natürliche Autorität, sind der geborene Führer, was Ihre Umwelt rasch anerkennt. Im schlimmsten Fall sind Sie freilich ein unausstehlicher, aufgeblasener Patron, der sich selbst bierernst nimmt und es nicht verwindet, wenn er eine untergeordnete Rolle übernehmen muß.

Sie spielen überall gern die erste Geige, und dieser Drang nach Macht und Bedeutung hält Sie in Schwung. Wenn Sie längere Zeit sich selbst überlassen bleiben, so können Sie faul und frustriert werden und vor Selbstmitleid überfließen. Wenn Sie allein auf einer einsamen Insel leben und sich mit sich selbst begnügen müßten, würden Sie womöglich eingehen.

Daraus ergibt sich, daß Sie mit anderen Leuten gut zurecht kommen, wenn Sie die Bedingungen stellen können. Wichtige Kompromisse gehen Ihnen sehr gegen den Strich, und manchmal tut es Ihnen ganz gut, wenn Sie einen wohlverdienten Dämpfer einstecken müssen.

Der Hahn: der Mann Die männlichen Hormone haben bei Ihnen die Oberhand, und es liegt bei Ihnen, sie so weit zu dämpfen, wie es Ihre vorhandene emotionelle Disposition gestattet. Tun Sie das nicht, so werden Sie ein professioneller Herzensbrecher und stehen unter dem Zwang, Ihre Männlichkeit um jeden Preis und bei den lächerlichsten Anlässen beweisen zu müssen. Sie präsentieren Ihren sonnengebräunten Körper selbst noch im Alter stolz an allen Stränden und Schwimmbädern. Sie sollten sich irgendein künstlerisches Hobby zulegen.

Der Hahn: die Frau Ihr Gefühlsleben ist reich und ganz von Ihrer Persönlichkeit erfüllt, jedoch strikt weiblich ausgerichtet. Sie brauchen Bewunderung und Aufmerksamkeit, und wenn Ihnen die Männer nicht genug davon gönnen, so wenden Sie jegliche Tricks an, damit Sie der Mittelpunkt des männlichen Interesses werden. Sie sind keine typische Hausfrau, keine Nachbarin, mit der man gemütlich über den Zaun hinweg plauschen kann, aber viele Frauen bewundern Sie, insgeheim oder offen, und können sehr gut mit Ihnen befreundet sein.

Liebe und Sexualität Es muß klargestellt werden, daß die Hähne eine stark ausgeprägte Sexualität besitzen, die sich ihre entsprechenden Ziele sucht. Sie verfügen jedoch über so viel Energie, daß der Geschlechtstrieb, zumindest für eine Weile, von anderen Aktivitäten in den Hintergrund gedrängt werden kann: vom Sport, von einer bedeutenden Berufskarriere, vom ständigen Ärger über andere und von ähnlichen Dingen.

Ihr Problem besteht darin, daß Sie immer mehr damit beschäftigt sind, Ihre eigene Pracht und Vollkommenheit zu bewundern als die des Partners. Es fällt Ihnen jedoch leicht, sich einzureden, daß Sie sich auf Ihren Partner einstellen, während Sie in Wirklichkeit nur Ihre eigenen Wünsche befriedigen. Es ist Ihnen fast unmöglich, Liebe, wahre, tiefe, hingebungsvolle Liebe zu empfinden, aber wenn Sie ihr zufällig begegnen, dann sind Sie fest entschlossen, sie zu erobern und zu Ihrem Besitz zu machen.

19 Rabe

Quellen Das neunzehnte der 28 chinesischen Sternbilder steht im Westlichen Palast. Chinesische Bezeichnung: *pi*. Eigentliche Bedeutung: ein Netz oder ein Schreibbrett.

Das Gefühlsbild Sie sind die typische Sekretärin oder der klassische Sachbearbeiter: ordentlich, präzise und genau in Ihren Gewohnheiten, bemüht, auch jede Kleinigkeit perfekt zu erledigen, nicht anspruchsvoll, nie unzufrieden und immer bereit, im Hintergrund zu bleiben, während ein anderer den Ruhm kassiert. Sie verfügen trotzdem über eine gehörige Portion Stolz und können sich bei gegebenem Anlaß von Herzen über eine gute eigene Leistung freuen, aber Sie versuchen krampfhaft, dieses Gefühl für sich zu behalten. Das ist einerseits Ihre Stärke und andererseits Ihre Schwäche.

Jeder bewundert Ihre echte Bescheidenheit, von der Sie so erfüllt sind, die meisten halten jedoch die falsche Bescheidenheit, die Sie auch manchmal zeigen, für töricht und dumm; manche meinen sogar in Ihrer Art, wie Sie immer wieder lächelnd die Zähne zusammenbeißen, eine Spur von Feigheit zu entdecken, eine Furcht, sich zum eigenen Ich zu bekennen, ein Zurückschrecken vor der nackten Wahrheit des Lebens.

So wie eine Sekretärin im Büro nicht ohne die Autoritätsperson ist, die jede ihrer Handlungen sanktioniert, so scheinen Sie in manchen Situationen nein zu sagen, weil Ihnen die Selbstsicherheit zum Ja fehlt.

Im Idealfall sind Sie ein wahrer Engel an Güte und Hilfsbereitschaft. Keiner verläßt Sie ohne Trost und Rat. Wenn eine mühselige, langwierige und langweilige Aufgabe erledigt werden muß, laßt es einen Raben tun! Langeweile ist allerdings nicht im geringsten Ihr Element. Sie lieben die Abwechslung im Leben. Aber Ihre angeborene Neigung, Befehlen zu gehorchen, Ihre Pflicht zu erfüllen und anderen einen Dienst zu erweisen, befeuert Sie mit der Kraft, auch ein Opfer auf sich zu nehmen, wenn es nötig sein sollte, und es auf die beste Art und Weise auszuführen. Auf Ihre schüchterne Art und Weise sind Sie gern mit anderen Menschen zusammen, obgleich Sie Zeit brauchen, um sie richtig einzuschätzen und zu wissen, ob sie zu Ihnen passen oder nicht.

Der Rabe: der Mann Mädchen fühlen sich aus den verschiedensten Gründen von Ihnen angezogen: Ihr kluger Kopf, Ihr Ehrgeiz, Ihr sprühender Charme, Ihre männliche Entschiedenheit. Aber – ehrlich gesagt – nicht von Ihrem Sex-Appeal. Das soll nicht heißen, daß Sie keinen besitzen, man bemerkt ihn nur nicht auf den ersten Blick. Schließlich gehören Sie nicht zu den Burschen, die damit unaufhörlich prahlen, Sie stellen Ihr Licht eher unter den Scheffel.

Ihre großen Vorzüge sind Treue, Verantwortungsgefühl, feste Grundsätze, Aufrichtigkeit und Zärtlichkeit. Wenn Sie erst einmal erwachsen sind, lassen Sie sich kaum mehr von der Liebe fortreißen. Sie brauchen ein Mädchen, das einen Mann wie Sie braucht – und wenn das berechnend klingt, genau das sind Sie: ein gescheiter, verschmitzter, berechnender Mann.

Der Rabe: die Frau Sie können eine bezaubernde Erscheinung sein, aber es geht Ihnen wie dem männlichen Raben, Sie fallen nicht auf den ersten Blick auf. Sie haben zum Leben eine sehr nüchterne Einstellung, und Sie machen sich sicher auf die Suche nach einem ehrgeizigen Mann, der vorwärtskommen will.

Im schlimmsten Fall werden Sie eine verbitterte, säuerliche alte Nörglerin. Im besten Fall sind Sie gleichsam das ›Salz der Erde‹: rein und nützlich, wobei Sie allem, mit dem Sie einmal in Verbindung kommen, eine gewisse Würze verleihen.

Liebe und Sexualität Raben legen gern ein hochnäsiges
Getue an den Tag, aber wenn sie die Leidenschaft packt,
dann können sie ganz schön sexy werden. Sie können auf
die Liebestechniken sehr viel Wert legen und dadurch das
Ganze vornehmlich als eine angenehme, gesunde Turn-
übung betrachten.

20 Affe

Quellen Das zwanzigste der 28 chinesischen Sternbilder
steht im Westlichen Palast. Chinesische Bezeichnung: *tsui*
oder *tsui chui*. Ursprüngliche Bedeutung: Lippen oder
Schildkröte.

Das Gefühlsbild Das Leben kommt Ihnen so atemberau-
bend und anregend vor, daß Sie kaum Zeit haben, Luft zu
holen. Schnell, da hinüber! Da gibt es etwas Neues! Lassen
Sie alles stehen und liegen, rennen Sie rüber und schauen
Sie es sich an. Und schon wieder etwas anderes! Schnell,
schnell!! Wer hat noch Zeit und Lust, etwas von gestern zu
erledigen? Auf zum nächsten Job, zum nächsten Menschen, zur nächsten Idee, zum nächsten Spaß, umgeschal-
tet auf den anderen Fernsehkanal, hineingestürzt in eine
neue Freundschaft.

Vielleicht ist es bei Ihnen nicht ganz so schlimm, aber
wenn Karikaturen einen Sachverhalt treffen – und Karikaturen lieben Sie über alles – , so entspricht dieses ständige Hin und Her haargenau Ihrem Lebensstil.

Sie ähneln einer Telefonzentrale, nur wach und lebendig, wenn von allen Seiten die Anrufe kommen. Sie bersten
fast vor Energie und wittern jede leiseste Bewegung und
Veränderung um sich herum. Sie lieben die Abwechslung,
suchen ständig neue Anregungen, und Sie lassen keine Gelegenheit aus, um nachzuschauen, was hinter der nächsten
Ecke und auf der anderen Seite des Berges passiert. Über-

raschungen sind wahre Himmelsgeschenke für Sie, Eintönigkeit ist Ihr Tod, und Sie können keinen Menschen begreifen, der damit zufrieden ist, Tag für Tag, Woche für Woche das gleiche zu tun.

Affen leben in Rudeln. Sie sind nicht gern allein, Sie müssen sich immer in eine Beziehung zu Ihrer Umwelt setzen, und wenn Sie allein in einem Zimmer sind, so müssen Sie die Möbel berühren, um sich zu vergewissern, daß Sie dazu gehören. Deshalb treibt es Sie von einer Freundschaft in die andere, deshalb lassen Sie keine Bekanntschaft aus, je mehr, desto besser. Ein oberflächliches Leben ist Ihnen lieb. Ernsthafte und tiefe Bindungen irritieren Sie, da entstehen Verpflichtungen, da werden Forderungen an Sie herangetragen, und Sie ziehen es vor, frei und ungebunden zu bleiben.

Ihre Schattenseiten liegen auf der Hand: eine allgemeine Ängstlichkeit, die zur Feigheit ausarten kann; eine Flatterhaftigkeit, mit der Sie sich allem und jedem anzupassen versuchen; ein vollkommener Mangel an Stehvermögen. Ihre guten Eigenschaften sind jedoch genauso auffallend: die bewundernswerte Gabe, die Leute zum Lachen, zum Weinen und Applaudieren zu bringen, ein lebhafter Forschergeist, der einfallsreich und unerschöpflich ist. Insgesamt die Begabung, im Herzen jung zu bleiben, so daß Sie immer jünger erscheinen als Sie sind.

Der Affe: der Mann Es fällt Ihnen schwer, erwachsen zu werden. Sie versuchen, sich davor zu drücken, wodurch Sie oft jungenhaft und trotzig erscheinen, selbst wenn Sie schon erwachsen sind. Sie genießen es immer, die Rolle eines begabten und vielversprechenden jungen Mannes zu spielen, und Sie brauchen in Ihrem Leben ein oder zwei ältere Vaterfiguren, die Ihre Unausgegorenheiten amüsieren.

Mit Frauen ist es genauso. Sie passen am besten zu Mädchen, die ebenso gescheit, unverbindlich und aufsehenerregend wie Sie selber sind, aber Sie werden unwiderstehlich von einer starken Frau angezogen, die Ihnen die kleinen Pflichten des Lebens abnimmt, während Sie sich Ihren Vergnügungen widmen.

Der Affe: die Frau Die Frische und Spontaneität Ihrer Reaktionen bewahren Sie sich das ganze Leben hindurch, und das paßt auch ganz gut zum weiblichen Temperament. Die Verantwortungen, die Ehe und Mutterschaft mit sich bringen, können Sie zuerst belasten. Sie sind jedoch überaus anpassungsfähig, und wenn Sie Ihr häusliches Leben mit genug Abwechslung würzen können, bleiben Sie durch und durch glücklich – glücklicher, als wenn Sie in einem Beruf arbeiten müßten.

Bei einem tüchtigen und zuverlässigen Mann fühlen Sie sich sicher, und wenn er keine Vaterfigur darstellt, so hat er gewiß etwas von einem großen Bruder an sich. Mit so einem Mann fühlen Sie sich jedoch oft eingeschränkt, während Sie gerade bestrebt sind, selber etwas Verantwortung zu übernehmen und zu lernen, wie man für andere sorgt.

Liebe und Sexualität In der Liebe sind die Affen oberflächlich, vergnügt, flatterhaft und ganz und gar ohne Ernsthaftigkeit. Sie neigen mehr zur Schwärmerei als zur wahren Leidenschaft, zum unverbindlichen Flirt statt zum offenen Bekenntnis, zur Abwechslung statt zur soliden Ehe. Sie können sich an so etwas wie Treue gewöhnen, aber diese Einstellung entspricht nicht Ihrem natürlichen Temperament und Ihren eigentlichen Gefühlen.

21 Menschenaffe

Quellen Das einundzwanzigste der 28 chinesischen Sternbilder steht im Westlichen Palast. Chinesische Bezeichnung: *shen*. Ursprüngliche Bedeutung: eine Sternenkarte mit drei Sternen.

Das Gefühlsbild Sie sind wesentlich seriöser als die sprunghaften Affen, aber in einigen Grundeinstellungen ähneln Sie sich doch. Sie besitzen eine lebhafte, rastlose emotionelle Disposition, sind immer neugierig auf andere Menschen, wollen die Geheimnisse der Natur, auch der menschlichen Natur, erforschen und sind am öffentlichen Leben interessiert. Sie sind eher als ein Affe imstande, feste und bleibende Bindungen einzugehen.

Das alles macht Sie zu einem klugen und überlegten Menschen, der erst dann Befriedigung an einer Aufgabe oder Arbeit finden kann, wenn er seinen Verstand dazu gebrauchen muß. Das gilt auch für Ihre Hobbies, ob es sich nun dabei ums Briefmarkensammeln oder um Amateur-Geologie handelt.

Wenn Sie etwas gefragt werden, so kann man fast hören, wie die Räder in Ihrem Gehirn loszurattern beginnen. Sie sind ein Grübler und springen in Gedanken von einer Antwort zur nächsten, aber Sie geben sie niemals so impulsiv, wie es ein Affe tun würde. Menschenaffen sind große Schachspieler, sie können gut vorausplanen, berechnen die nächsten zehn Züge, ohne das Spiel dadurch zu verderben, daß sie zu nervös werden. Durch die Kombination von überlegenem Urteil und Wortgewandtheit würden Sie auch einen guten Politiker abgeben.

Sie lieben die Wahrheit und verachten die Lüge, aber Sie sehen auch ein, daß man sich manchmal mit Notlügen behelfen muß. Sie handeln stets wie ein Mensch, der sein Leben am liebsten nach unwandelbaren Moral-Prinzipien einrichten möchte und ständig auf der Suche nach denen ist, die am besten zu ihm passen. Aber Sie haben doch für alles andere Verständnis. Das ist eine bewundernswerte Einstellung, und die Menschen werden Sie wegen beidem schätzen: wegen Ihrer persönlichen Qualitäten und wegen Ihrer Geistesgaben. Sie scheinen verläßlich zu sein, und man kann Sie trotzdem gerne haben. Das trifft selten zusammen.

Der Menschenaffe: der Mann Die Grundeigenschaften des Menschenaffen passen gut zum männlichen Temperament. Sie helfen Ihnen, in allen juristischen Berufen zu glänzen, auch in der Verwaltung, wo die Redegewandtheit durch gesunden Menschenverstand und technisches Wissen ausbalanciert sein muß. Sie sind eine Sex-Bestie, lieben die Abwechslung, sind jedoch trotzdem auch zu dauerhaften Liebesbeziehungen fähig.

Es ist allerdings fast unmöglich, die Frau zu skizzieren, die am besten zu Ihnen paßt, denn Sie brauchen im Grunde genommen drei oder vier verschiedene weibliche Typen, wenn jede Ihrer seelischen und sexuellen Seiten eine Entsprechung finden soll.

Das bedeutet nicht, daß Sie mit allen ins Bett gehen wollen, Sie sind im Gegenteil ein Mann, der am ehesten eine platonische Beziehung aufrechterhalten kann. Sie schätzen eine entspannte Atmosphäre, wo sich Männer und Frauen in aller Freundschaft und ohne Vorbehalte zusammenfinden.

Der Menschenaffe: die Frau Sie verfügen über sehr viel Charme, der Ihnen teilweise angeboren ist oder den Sie sich im Laufe Ihres Lebens erworben haben im Umgang mit Menschen und im Beruf.

Interessante Männer sind Ihnen am liebsten: vielleicht ein gerade berühmter Forscher oder Wissenschaftler, zumindest aber Männer, die viel gereist sind und gut davon erzählen können. Männer also, die Sie intellektuell genauso wie physisch befriedigen können. Ihre Pflichten als Mutter bestehen für Sie vor allem darin, Ihre Kinder zu selbstsicheren, lebendigen und intelligenten Erwachsenen zu erziehen.

Besitzergreifende Liebe liegt Ihnen nicht, und Eifersucht kennen Sie kaum. Es trifft Sie schon, wenn man Ihr Vertrauen enttäuscht, aber es kommt dann nicht zu unkontrollierten Ausbrüchen.

Liebe und Sexualität Sie sind freundlich und zu einer großen Zahl von ausgeglichenen Bindungen fähig. Sie fühlen
sich wohl in der zweiten Hälfte des 20. Jahrhunderts, das
aufgrund der überholten Klassenschranken vielseitige
Kontakte und Freundschaften ermöglicht.

22 Tapir

Quellen Das zwanzigste der 28 chinesischen Sternbilder
steht im Südlichen Palast. Chinesische Bezeichnung: *ching*
oder *tung ching*. Eigentliche Bedeutung: der Brunnen.

Das Gefühlsbild Im Idealfall sind Sie von einer weisen,
abgeklärten Gelassenheit erfüllt, die auf die meisten anderen Menschen ungeheuer beruhigend wirkt, nicht auf alle
– es wird immer ein paar geben, die Sie nervtötend langsam in Ihren Reaktionen finden, aber das ist deren Fehler.
Ihre Persönlichkeit gewinnt, je älter Sie werden. Sie
brauchen Zeit, um das Gute vom Wertlosen zu trennen,
die Wahrheit vom Irrtum. Als junger Mensch können Sie
leicht etwas unreif wirken, aber im Alter scheinen Sie aus
allen Erfahrungen das Wesentliche herausfinden zu können. Darüber hinaus können Sie sich gut ausdrücken, in
einer bedächtigen und treffenden Sprache, so daß Ihnen
auch Kritik nicht übelgenommen wird. Sie können so auf
intelligente Weise andere Menschen leiten.
Kurz gesagt: Sie verbinden Weisheit mit Mütterlichkeit.
Im Lauf Ihres Lebens können Sie ein blendendes Ge-
dächtnis entwickeln. Sie werden sich sicher von der Geschichte angezogen fühlen, und Sie sind dadurch imstande,
die Gegenwart in einem größeren Zusammenhang zu
sehen und zu begreifen. Das kann die modernen jungen
Leute stören, die sich immer einbilden, sie hätten alles gerade selber entdeckt. Wer jedoch einen wirklich ausgereif-
ten Rat sucht, der wird Ihre Tugenden schätzen.

Es stimmt freilich, daß Ihre Haltung zu einer gewissen Selbstgefälligkeit führen kann. Sie sollten deshalb versuchen, von Zeit zu Zeit auch auf die Ansichten der jungen Generation einzugehen, aber Sie sollten sich nie dazu hinreißen lassen, Ihre Grundüberzeugungen aufzugeben.

Sie erwarten meistens, daß sich die anderen Ihren Maßstäben anpassen. Sie entwerfen die Richtlinien, und Sie können dabei sehr erfolgreich sein, doch während Sie der Welt gegenüber erstaunlich tolerant bleiben, neigen Sie im Alter dazu, sich auf sich selbst zurückzuziehen.

Der Tapir: der Mann Der extrovertierte Tapir blüht in wohlgeordneten Gesellschaftskreisen und Gruppen, besonders in Schulen und Universitäten auf, wo sich alles um die Wissenschaft dreht. Der Tapir ist ehrgeizig, jedoch nicht am pekuniären Erfolg oder Ansehen interessiert. Er ist auf innere Werte eingestellt, und das spiegelt sich auch in seiner Einstellung zu Frauen. Er ist niemals rücksichtslos, niemals auf die reine Eroberung bedacht. Er zieht eine feinsinnige, zärtliche Annäherung vor. Er fühlt sich allerdings auch nicht in reinen Gefühlswolken wohl, er will selbst in der Liebe Witz und Selbstbewußtsein erleben.

Der introvertierte Tapir ist ausgesprochen schüchtern. Er wird sich immer zu einer starken, dominierenden Frau flüchten, die sich nicht nur um die äußeren Angelegenheiten seines eigenen Lebens kümmert, sondern die auch imstande ist, selber vollkommen unabhängig zu bleiben.

Der Tapir: die Frau Sie sind der gefühlvolle, mütterliche Typ. Sie sind weder besonders auffallend, noch sind Sie zu tausend Flirts geneigt, obgleich Sie für jeden Spaß zu haben sind, besonders in einer kleinen Freundesgruppe oder im Kreise der Familie. Sie brauchen einen Mann, den Sie gleichzeitig bewundern und dem Sie helfen können: er darf nicht zu herrschsüchtig und nicht zu selbstbewußt sein, aber auch nicht zu hilflos oder lebensfremd.

Liebe und Sexualität Der typische Tapir ist eher sensibel als sinnlich, er ist feinfühlig und nicht grob, kann alle Wünsche sublimieren, wenn es nötig ist, ist aber genauso zu einer erfüllten und dauerhaften Liebesbeziehung fähig. Sie suchen einen gleichgesinnten Partner, denn Sie wollen selbst in der Liebe nicht die Selbstkontrolle verlieren. Werbung und Ehe können vielleicht etwas schwunglos verlaufen, weil Sie sehr viel als gegeben voraussetzen. Wenn man Sie jedoch darauf aufmerksam macht, so reagiert Ihr empfindsames Herz sofort auf die Wünsche des Partners.

23 Schaf

Quellen Das dreiundzwanzigste der 28 chinesischen Sternbilder steht im Südlichen Palast. Chinesische Bezeichnung: *kuei* oder *yü kuei*. Eigentliche Bedeutung: Geister, Gespenster oder Geisterwagen.

Das Gefühlsbild Ihr Gefühlsleben wird von zwei wichtigen Aspekten bestimmt. Einerseits wollen Sie dem Leben klar, tüchtig, praktisch und sachlich gegenüberstehen. Sie bewundern Menschen, die über Erfahrung und Urteilskraft verfügen, und insgeheim möchten Sie genauso werden.

Der andere Aspekt braucht nicht so stark ausgeprägt zu sein, vorhanden ist er auf jeden Fall: er ist durch eine größere Sensibilität, auch durch mehr Gefühl charakterisiert. Das ist Ihre Eigenschaft, flüchtige Eindrücke einzufangen, die Atmosphäre von Städten und Menschen aufzunehmen, instinktiv Unausgesprochenes wahrzunehmen und bei ganz realistischen Entscheidungen mit zu berücksichtigen. Diese Kombination von Stärke und Nachgiebigkeit, Materialismus und Geistigkeit, Erdverbundenheit und Intuition macht Sie zu einem Menschen, den selbst die besten Freunde nur schwer durchschauen können. Niemand − nicht einmal Sie selbst – kann im voraus wissen, wie Sie auf eine bestimmte Situation reagieren werden. Manchmal wird die vorsichtige Schafsnatur die Oberhand behalten, wodurch Sie wie ein ganz normaler geschäftiger Alltagsmensch wirken. Genausogut können Sie jedoch plötzlich und ohne Vorwarnung vollkommen anders handeln: im positiven Fall mit überraschendem Scharfblick, der genau den Kern einer Sache erkennt, oder im negativen Fall gereizt, beleidigt und beleidigend.

Man kann bei den Schafen genausowenig wissen, ob sie Gesellschaftsmenschen oder Einzelgänger werden. Manche Schafe sind ausgesprochen gesellig, auch selbstsicher genug, um eine ganze Herde in Gang zu halten. Sie genießen den Umgang mit anderen, besonders mit ›Selfmade‹-Leuten, mit schönen Frauen und Kindern aller Altersstufen aus ganzem Herzen. Die anderen Schafe, bei denen die empfindliche Seite mehr ausgeprägt ist, schrecken jedoch vor den Menschen zurück. Ihnen ist zutiefst bewußt, wie leicht und wie gefährlich sie von der großen Masse mitgerissen werden können, ob das nun bei einem Fußballspiel geschieht, bei politischen oder bei religiösen Aufmärschen.

Über besondere Tapferkeit verfügt keiner von Ihnen. Sie verspüren zwar den ausgesprochenen Wunsch, originell zu sein oder beim Verfechten einer unorthodoxen Idee bis an die äußerste Grenze zu gehen, sehr gewitzten Leuten mißtrauen Sie jedoch. Wenn Sie älter werden, neigen Sie dazu, auch auf der Gefühlsebene immer konservativer zu werden.

Das Schaf: der Mann   Sie suchen eine treue und kameradschaftliche Frau, mit der Sie Ihre Kinder liebevoll und ordentlich erziehen können. Sie sind zwar kein leichtherziger und flatterhafter Mann, aber gegen einen Spaß haben Sie auch nichts einzuwenden. Im Grunde genommen sind Sie freilich ein solider Mann von Welt, der an seine gesellschaftliche Stellung denkt, ehe er Dummheiten macht.

Die Frauen fliegen auf Sie, weil Sie so zuverlässig wirken, und natürlich auch wegen Ihrer vielen praktischen Eigenschaften, die Sie dazu befähigen, genug Geld für die häuslichen Bequemlichkeiten des Lebens zu verdienen. Sie können allerdings den Fehler machen, eine Vernunftehe einzugehen oder – noch schlimmer – eine Ehe, bei der Ihnen Prestige, Geld und Besitz wichtiger gewesen sind als die Liebe zu dem betreffenden Mädchen.

Das Schaf: die Frau Im Idealfall verbinden sich bei Ihnen Warmherzigkeit mit einem gesunden Menschenverstand. Ihnen liegt ganz offensichtlich viel an einem Mann mit guten Berufsaussichten, und es ist genauso offensichtlich, daß Sie in einer Ehe eine beständige Liebe suchen. Wenn Sie jedoch einen zu gesetzten und gefestigten Mann heiraten, so besteht die Gefahr, daß Ihr gemeinsames moralisches Gewicht die Ehe mit Langeweile und Gleichgültigkeit belasten wird. Es ist sicher besser, wenn Sie sich nach einem attraktiven Außenseiter umschauen, als daß Sie sich automatisch in eine Ehe mit Ihresgleichen stürzen. Das fordert Sie mehr heraus.

Liebe und Sexualität In der Jugend strahlend und voll Leben, in den mittleren Jahren gemütlich, aber mit einem Hauch von Langeweile, im Alter ganz vergangen und vergessen – so sieht das Grundschema der psycho-sexuellen Entwicklung der Schafe aus. Es liegt bei Ihnen, das ganze Leben lang strahlend und lebendig zu bleiben. Sie brauchen sich nur ein junges Herz zu bewahren.

24 Muntjak

Quellen Das vierundzwanzigste der 28 chinesischen Sternbilder steht im Südlichen Palast. Chinesische Bezeichnung: *liu*. Ursprüngliche Bedeutung: die Weide.

Das Gefühlsbild   Sie haben eine richtig erfreuliche Disposition: anmutig, gesellig und ein wenig hilflos. Ihr natürlicher Instinkt treibt Sie dazu, den anderen so attraktiv wie möglich zu erscheinen – was nicht im geringsten eine schlechte Einstellung ist; es macht Sie allerdings vom Urteil der anderen abhängig. Sie können durchaus willens sein, Ihre eigenen Entscheidungen zu treffen und Ihre eigenen Regeln aufzustellen, aber es dauert gar nicht lange, dann traben Sie wieder gehorsam hinter den anderen her.

Diese Darstellung Ihrer Person als Opfer der Gesellschaft zeigt die negativen Möglichkeiten Ihrer besten Eigenschaften: Sie sind ein freundlicher und schnell zufriedenzustellender Mensch, der ein instinktives Gespür für die Gefühle anderer besitzt. Sie scheinen erst im Kreise anderer Menschen richtig lebendig zu werden. Auf einer einsamen Insel würden Sie nicht nur umkommen, weil Sie überhaupt nicht praktisch und erfinderisch sind, Sie würden schon vorher vor Einsamkeit sterben. Man kann Sie als Salon-Menschen beschreiben. Sie haben gern nette Nachbarn und Freunde um sich, und Sie neigen manchmal ganz unbeabsichtigt dazu, die weniger angenehmen Seiten des Lebens einfach zu übersehen. Sie reden sich dabei selbst immer ein, daß Ihre Motive vollkommen redlich sind: indem Sie optimistisch denken, meinen Sie, auch Ihre Umwelt in der Richtung beeinflussen zu können. Das ist insgesamt Ihr Hauptproblem. Sie sind überaus geschickt darin, sich immer wieder gute Ausreden dafür auszudenken, daß Sie ein angenehmes und darüber hinaus verantwortungsloses Leben führen. Indem Sie sich den Regeln der Gesellschaft beugen, fühlen Sie sich von allen persönlichen Verpflichtungen befreit.

Abgesehen von diesen ethischen Problemen sind Sie durch Ihre guten Manieren und durch Ihre freundliche Haltung ein ganz bezaubernder Mensch. Sie können auch zwei streitende Partner mit einem einzigen richtigen Wort versöhnen.

Der Muntjak: der Mann Ihr Narzißmus kann durch eine erfreuliche Rücksicht auf die Gefühle anderer Menschen gemildert werden, aber Sie schweben immer in der Gefahr, sich selbst zu wichtig zu nehmen. In bezug auf Frauen bedeutet das: als anbetungswürdige Wesen sind sie Ihnen am liebsten, ein prachtvoller Schmuck, der Ihren vorzüglichen Geschmack bestätigt. Sie akzeptieren sie auch noch als angenehme Gesellschafterinnen, mit denen man intime Gespräche genießen kann. Dieses Bild der Frau ist ein Beweis für Ihre mangelnde Reife. In Wirklichkeit brauchen Sie eine tüchtige Frau, die für sich selbst und für Sie sorgen kann und die keinen starken Mann nötig hat.

Der Muntjak: die Frau Das gleiche trifft auch auf Sie zu. Sie leben immer am Rande von Eitelkeit und Selbstsucht, und Sie kommen zweifelsohne mit den nachgiebigeren Männern besser zurecht. Sie brauchen jedoch einen tüchtigen Mann, der Sie stützt und ermutigt, auch dazu, daß Sie fester im Leben stehen, als Sie gerne wollen.

Liebe und Sexualität Der Muntjak lebt durch seine Sinne. So ähneln Sie einem verfeinerten triebhaften Tier und sind froh, wenn Sie Ihre Liebe durch körperliche Zärtlichkeit ausdrücken können. Trotzdem sind Sie dazu imstande, den reinen Trieb zu sublimieren und wahre Seelenliebe zu empfinden.

Ihrer Ansicht nach kann man nicht ohne Zuneigung flirten, wenn man jemanden gern hat, so achtet man ihn auch. Selbstverständlich schätzen Sie auch alle tieferen Gefühle, Treue, Leidenschaft und alle Bindungen, die mit der Vertrautheit erwachsen. Es ist Ihnen jedoch unmöglich, mit jemandem zusammenzuleben, der nicht zumindest etwas kultiviert ist. Das kann zu einer Art sexuellem Snobismus führen, aber in ihrer reizendsten Form trägt diese Haltung dazu bei, daß die Welt zumindest für Augenblicke zu einem erfreulichen Aufenthaltsort wird.

25 Pferd

Quellen Das fünfundzwanzigste der 28 chinesischen Sternbilder steht im Südlichen Palast. Chinesische Bezeichnung: *hsing* oder *chi hsing*. Ursprüngliche Bedeutung: der Stern oder das Siebengestirn.

Das Gefühlsbild Sie besitzen alle Eigenschaften eines Managers. Ihre Instinkte, Ihre typischen Reaktionen auf das Leben, Ihre Stimmungen und Launen und die Art und Weise, wie Sie sie überwinden – das alles weist auf einen Menschen hin, der sein Leben fest in den Griff bekommen will, und dem es, ehrlich gesagt, auch Spaß macht, mit der Macht spielen zu können.

Sie haben es nicht nötig, zu übertreiben oder irgendein Theater aufzuführen, mit dem sich unsichere Menschen immer wieder bestätigen müssen, daß sie jemand sind. Sie haben sowieso seit dem Moment Ihrer Geburt das Gefühl gehabt, daß sich die Welt um Sie dreht und daß alle Entscheidungen bei Ihnen liegen. Ihre innere Veranlagung hat Sie stets dazu getrieben, eine Position einzunehmen, die zumindest mit einer Andeutung von Macht und Verantwortung verbunden ist.

Der Leiter einer Gesellschaft oder eines Betriebes muß Ideen entwickeln können, über Fachverstand verfügen und ein Auge für alle Kleinigkeiten besitzen, und er muß vor allem Entscheidungen fällen können. Wenn Sie vor einem Problem stehen, so gehen Sie es auf ähnliche Art und Weise an: Ihr Instinkt sagt Ihnen, daß Sie den Sachverhalt kennen und die einzelnen Fakten in die gehörige Ordnung bringen müssen, damit Sie dann eine schnelle Entscheidung treffen können. Als Pferde-Mensch vereinigen sich bei Ihnen Tüchtigkeit mit guter Laune und Fröhlichkeit. Sie genießen die Spannungen und Aufregungen um ein Risiko, das Sie unter Berücksichtigung aller Tatsachen auf sich genommen haben. Auf gesellschaftlicher Basis kommen Sie mit sehr viel verschiedenen Menschen gut aus, aber Sie versuchen immer, wenn auch indirekt und subtil, jeder Verbindung oder Freundschaft den Stempel Ihrer Ansichten oder Persönlichkeit aufzuprägen. Es braucht gar nicht sonderlich aufzufallen, aber es ist der Stil, der Ihnen am meisten liegt.

Ideen haben Sie, aber die kreative Vorstellungskraft, die weitaus gefühlsabhängiger ist, kann Ihnen abgehen. Sie behandeln andere Menschen manchmal wie Maschinen, die nach Ihren Befehlen glatt und gut zu funktionieren haben. Und manchmal geht Ihnen ein ganzes Geschäft, ein Gespräch, eine Liebesbeziehung in die Brüche, weil Sie einfach nicht die richtigen Antennen dafür haben.

Das Pferd: der Mann Sie wissen genau, was Sie wollen, verfügen über einen ausgeprägten persönlichen Geschmack, und Sie wollen alles auf Ihre Art und Weise erledigen – was mit möglichst wenig Aufwand und Aufsehen geschehen soll. Frauen betrachten Sie teils als Spiel- und Lust-Objekt, teils als notwendiges Statussymbol eines gutsituierten Mannes. Sie wollen eine gute Ehe führen, weil bei Ihnen alles mit einer gewissen Qualität versehen sein muß. Das tiefere Gefühl für die Frau, die Sie heiraten, das normale Gleichgewicht zwischen Geben und Nehmen können für Sie ein Buch mit sieben Siegeln sein. Sie sind bestimmt imstande, Liebe und Bewunderung vieler Frauen zu erringen, aber es ist fraglich, ob Sie einer einzigen gestatten, Sie bis in die tiefsten Tiefen Ihres Wesens aufzuwühlen.

Das Pferd: die Frau In Ihrer Jugend gehören Fröhlichkeit und Übermut zu Ihrer Natur. Wenn Sie erst einmal verheiratet sind, so erledigen Sie die Pflichten einer Hausfrau und Mutter mit flinker Tüchtigkeit, damit Sie noch genug Zeit haben für wichtigere Dinge wie Mode, gesellschaftliche Verpflichtungen und auch dafür, eine interessante Rolle in

Ihrer Nachbarschaft oder Gemeinde zu spielen. Sie können sich so für öffentliche und politische Aufgaben engagieren, daß sich die Leute fragen werden, ob Ihnen überhaupt noch Zeit und Ruhe für Ihr Privatleben übrigbleibt.

Liebe und Sexualität Pferde sind empfindsame Tiere, aber ihre sexuellen Bedürfnisse müssen nicht im geringsten mit einem entsprechenden tiefen menschlichen Gefühl verbunden sein. Obwohl Sie von Natur aus treu sind, können Sie in einer unglücklichen Ehe den Hang entwickeln, in fremden Betten Trost zu suchen.

26 Hirsch

Quellen Das sechsundzwanzigste der 28 chinesischen Sternbilder steht im Südlichen Palast. Chinesische Bezeichnung: *chang*. Eigentliche Bedeutung: ein ausgespanntes Netz oder ein Hirsch ohne Geweih.

Das Gefühlsbild Rundfunkansager, Verleger, Ausrufer, Klatschtante: das sind Ihre idealen Berufungen. Sie sind immer gern bereit, den Leuten jede Neuigkeit mitzuteilen. Gute Nachrichten, schlechte Nachrichten, Hauptsache, die Leute hängen an Ihren Lippen, und Sie sind derjenige, von dem die Geschichte kommt. Es muß sich dabei nicht unbedingt um eine korrekte Wiedergabe von Tatsachen handeln, doch wenn Sie auch nichts gegen Übertreibungen haben, so sind Ihnen echte Lügen zuwider.

Das wäre eine Schilderung des Durchschnittshirsches gewesen. Es gibt noch eine verfeinerte Version, die man zum Beispiel bei literarischen Vorträgen erlebt und die mit Charme verbunden ist. Die Liebe zum Wort steht immer noch im Mittelpunkt, aber sie ist nicht länger Selbstzweck. Es kommt ein tieferes Empfinden dazu, eine Aufgeschlossenheit für die verborgene Schönheit des Lebens.

Sie fühlen sich auf jeden Fall von der kultivierten Seite des Lebens angezogen und wenn Sie auch nur über wenig Geld verfügen, so schaffen Sie es immer, in jeder Beziehung attraktiv zu sein, als Persönlichkeit und in Ihrer äußeren Erscheinung. Ein Narziß sind Sie eigentlich nicht, aber Sie wollen sich auch nie im Hintergrund halten. Sie leben und wirken in einer Welt der inneren Werte. Sie kümmern sich nicht um alltägliche und allgemeine Maßstäbe, Sie entscheiden und urteilen nach Ihrem subjektiven Empfinden. Verbessert dieses oder jenes die Qualität meines Lebens? scheint Ihnen eine bessere Frage zu sein als: Wird mir das nützen? An praktischen und materialistischen Erwägungen sind Sie nicht sonderlich interessiert, der Stil und die Wirkung Ihrer Erfahrungen liegen Ihnen mehr am Herzen.

Die meisten Hirsche sind unglaublich begabte Gesellschafter, nur nicht in einer Gruppe, die ihnen so vollkommen fremd ist, daß sie sich unsicher fühlen müssen. Niemand könnte Sie im physischen Sinne tapfer nennen, Ihre eigenen Ansichten verteidigen Sie jedoch mit allem notwendigen Mut: Sie haben eine eiserne, geistige Unabhängigkeit, die sich auch nicht vor allgemein anerkannten Prinzipien beugt.

Der Hirsch: der Mann Da gibt es zwei verschiedene Gruppen. Die Männer, die zu der ersten gehören, sind verhältnismäßig extrovertiert, selbstsicher in jeder Gesellschaft, lassen sich von niemandem zum Narren halten, werden von den Frauen angezogen, halten sich jedoch frei von allen Gefühlsbindungen, bis sie den richtigen Partner gefunden haben. Viele Schauspieler gehören in diese Gruppe.

Die andere Gruppe ist von größerer Schüchternheit erfüllt, vielleicht durch eine zu starke Mutterbindung verursacht und ist mehr auf die Zuneigung und Liebe einer Frau angewiesen. Dieser Hirsch-Typ ist nicht energisch genug,

seine Empfindsamkeit kann in körperliche Schwäche umschlagen, und er muß lernen, sich so zu geben, wie er ist.
Dann wird er auch genau die Frau erobern können, die er
braucht. Sie muß stark und tüchtig sein und auf der Suche
nach einem Mann, an dem sie ihre mütterlichen Gefühle
ausleben kann.

Der Hirsch: die Frau Sie sind ein wesentlich unkompli-
zierterer Typ, meist eine normale und ausgeglichene Frau
voll weiblichem Charme und mit weiblichem Geschmack;
ein Pastellgemälde von einer Frau, mit feinsinnigen Zielen
und einer Vorliebe für den konventionellen männlichen
Mann, der immer ein Gentleman bleibt.

Liebe und Sexualität Die Hirsch-Menschen sind selten
aggressiv, mit einer gemäßigten Sinnlichkeit und einem
dauerhaften Geschlechtstrieb ausgerüstet. Die Ehe betrachten sie als eine Verbindung zwischen Freunden, eine
Liebesaffäre vor allem als die intimere Spielart einer guten
Freundschaft.

27 Schlange

Quellen Das siebenundzwanzigste der 28 chinesischen
Sternbilder steht im Südlichen Palast. Chinesische Bezeichnung: *i*. Ursprüngliche Bedeutung: eine Vogelschwinge.

Das Gefühlsbild Verschlossen, mit einem festen Willen
ausgerüstet, Fremden gegenüber mißtrauisch, dem richtigen Menschen jedoch in tiefer Liebe verbunden — wer zu
den Schlangen gehört, enthüllt das komplizierteste und
faszinierendste Gefühlsbild der ganzen chinesischen Me-
nagerie!
   Sie können es nicht ändern, Sie müssen alles immer besonders heftig und intensiv empfinden. Leidenschaften und

Gefühle bedeuten Ihnen sehr viel, sie sind wichtige, unwiderstehliche Lebenskräfte, die man durchstehen und bewältigen muß. In dieser Beziehung ist Ihnen alles bedeutsam, sei es Ihr Ehepartner, sei es eine flüchtige Bemerkung bei einer Party. Ob es Ihnen behagt oder nicht, Sie müssen sich mit allem immer gründlich auseinandersetzen. Im schlimmsten Fall sind Sie ein dickköpfiger Narr und im besten ein Mensch mit festen Grundsätzen, mit Mut, Kraft und Beständigkeit.

Ihre emotionelle Grundsituation gleicht einem See: je tiefer man hineintaucht, desto intensiver wird der Druck. Von Zeit zu Zeit müssen Sie sich in die Tiefen Ihrer Seele versenken, müssen die Untiefen ausloten und den Bestand überprüfen. In gewisser Beziehung sind Sie von leidenschaftlicher Selbstkritik erfüllt. Wenn es Ihnen auch nicht immer bewußt ist, so besteht das wahre Ziel dieser Haltung darin, sich immer wieder zu verbessern, ein neues Blatt aufzuschlagen, sich über das Ich von gestern zu erheben. Sie können ein unerträglicher Schulmeister für Ihre eigene Psyche sein.

Sie können auch ein Opfer Ihrer eigenen Launen sein, vor allem, wenn Sie wieder einmal dabei sind, Ihre Seele umzukrempeln, wenn Sie über Nacht Ihre Ansichten über einen Menschen, einen Plan oder eine Idee umstoßen, von denen Sie bis dahin hellauf begeistert gewesen sind.

Sie haben wenige gute Freunde, und selbst die besten dürfen nie einen Blick in den geheiligten Vorhof Ihrer Seele tun. Dafür halten Sie Ihren Freunden ein ganzes Leben lang die Treue. Sie hätten sie ohnehin gar nicht an sich herangelassen, wenn Sie nicht davon überzeugt gewesen wären, daß diese Menschen genauso unverbrüchlich zu Ihnen stünden.

Die Schlange: der Mann In Ihrer Einstellung zu Frauen entwickeln Sie höchst widersprüchliche Eigenschaften. Manchmal betrachten Sie sie als Ihren Besitz, manchmal als Feinde, gelegentlich als Ihresgleichen, meistens jedoch als verwirrende und rätselhafte Wesen, die Ihre Geduld auf die Probe stellen, Ihre Sinne entzücken und Ihre ganze Aufmerksamkeit erfordern.

Sie fühlen sich meistens von den flatterhaften Frauen angezogen, die jedoch am wenigsten zu Ihnen passen. Sie brauchen eine Partnerin, die Ihnen fest verbunden ist, Sie müssen sich eine Frau aussuchen, die es mit Ihnen aufnehmen kann, die Sie aus Ihrem Leben reißt, sich nicht von Ihren Verranntheiten aus der Fassung bringen läßt und die Ihnen beibringt, auch einmal über sich selber herzhaft zu lachen.

Die Schlange: die Frau Sie können eine femme fatale sein, ein Vamp, eine neurotische Person, die immer am Rande des Selbstmords lebt, und Sie können genausogut eine erfüllte und glückliche Ehefrau und Mutter sein. In den meisten Fällen verkörpern Sie alle vier Rollen auf einmal.

Es ist wichtig für Sie, einen seelenfesten Mann zu haben. Er muß einen so unerschütterlichen Charakter besitzen, daß er Ihr seelisches Auf und Ab ertragen kann, und er braucht dazu so viel Klugheit und Verständnis, daß er für Sie die Entscheidungen genauso trifft, wie Sie sie gefällt hätten, wenn Ihnen das nicht immer schon von Ihrem Mann abgenommen würde.

Liebe und Sexualität Sie sind von einem überwältigend starken Geschlechtstrieb erfüllt, der sehr sorgfältig gelenkt werden muß, damit Sie Ihre Erfüllung auch in der Liebe zum richtigen Partner finden. Die eine Hälfte Ihres Ichs – die puritanische – möchte die Sexualität immer sublimieren. Das andere Ich gibt sich jedoch voll Wonne ihren Reizen hin. Sie können von Eifersucht geplagt werden, können ebenso leidenschaftlich hassen wie von verzehrender Liebe erfüllt sein.

28 Wurm

Quellen Das letzte der 28 chinesischen Sternbilder steht im Südlichen Palast. Chinesische Bezeichnung: *chen*. Eigentliche Bedeutung: der Boden eines Wagens.

Das Gefühlsbild Ihre wirklichen Empfindungen stellen Sie nie zur Schau. Sie wollen niemanden betrügen, aber zwischen Ihrem innersten Gefühl und Ihrer äußeren Haltung scheint eine Watteschicht eingebaut zu sein, so daß jeder heftige innere Zorn nach außen hin nur als milder Ärger und jede herzbewegende innere Freude nur als leises Lächeln erscheint.

Das ist natürlich leicht übertrieben, aber es trifft den Kern Ihrer Veranlagung. Nach außen hin scheinen Sie ein ausgeglichener Mensch zu sein, der sich niemals beklagt, keine großen Erwartungen an das Leben stellt und keine leidenschaftlich verfochtenen Ziele hat. Auch ohne großen Aufwand und Freundeskreis sind Sie glücklich und zufrieden, ebenso zufrieden sind Sie mit dem eigenen Los, auf der anderen Seite bringen Sie Veränderungen nicht aus dem Gleichgewicht.

Im tiefsten Kern Ihres Herzens sind Sie jedoch wesentlich phantasievoller, interessierter und leidenschaftlicher, aber diese heftigen Gefühle zeigen sich höchst selten. Warum? Zum Teil liegt es daran, daß Sie kein Aufsehen erregen wollen, außerdem fürchten Sie sich, von Gefühlen überwältigt zu werden, die Sie nicht mehr beherrschen können. Und schließlich liegt es an Ihrem angenehmen Charakter schlechthin, in dem sich Bescheidenheit, Rücksichtnahme auf die anderen und die ständige Bereitschaft mischen, eigene Fehler zuzugeben. Sie bleiben eher in der Mitte der Straße, als daß Sie das Risiko auf sich nehmen, sich ständig neuen Einflüssen auszusetzen.

Von Zeit zu Zeit brechen sich Ihre Gefühle jedoch Bahn, worüber die anderen ebenso verblüfft sind wie Sie selber.

Sie sind die typische kleine graue Maus, die manchmal wie ein Löwe brüllt oder treffender der Wurm, der sich krümmt, wenn er getreten wird.

Sie neigen zu zwei hartnäckigen Schwächen, die Sie zu überwinden versuchen sollten. Erstens stimmen Sie immer den anderen zu, gleichgültig, was sie sagen. Sie meinen es zwar gut, aber es wirkt langweilig. Der zweite Fehler beruht darin, daß Sie sich immer unterschätzen. Das hat mit Ihrer Schüchternheit und mit Ihrem Mangel an Selbstvertrauen zu tun, und Sie wären wesentlich glücklicher, wenn Sie den Mut aufbrächten, sich zu Ihrem inneren Feuer zu bekennen.

Der Wurm: der Mann Etwas von diesem mangelnden Selbstvertrauen wird von Ihrer ruhigen Männlichkeit verdeckt. Aber Sie geben nicht sonderlich damit an, und wenn Sie es täten, so würde es niemand glauben. Das ist natürlich ungerecht, denn Sie haben ein goldenes Herz und sind eine wahre Zuflucht für alle, mit denen Sie sich wohlfühlen. Die richtige Frau für Sie sollte zuerst einmal dafür Verständnis haben, daß Sie Ihr Gleichgewicht im Leben finden müssen. Freundschaft ist Ihnen weitaus wichtiger als eine vorübergehende physische Leidenschaft. Mit zunehmendem Alter gewinnen Sie auch an Autorität.

Der Wurm: die Frau Sie gehören oft zu den Frauen, die nie energisch gewesen sind, was zur Folge hat, daß viele weibliche Würmer lange brauchen, bis sie sich verheiraten, oder daß es bei Ihnen überhaupt nicht zu einer Heirat kommt.

Sie brauchen einen Mann, der Sie auf Händen trägt, der genau wie Sie einen gemütlichen Lebensstil vorzieht und außerdem ein treuer und zuverlässiger Gefährte ist. Wenn Sie die falsche Wahl treffen, werden Sie die Konsequenzen vermutlich auf sich nehmen, Sie werden sich nie beklagen, aber Sie werden bis an Ihr Lebensende enttäuscht und unglücklich sein. Trotzdem, Sie können auch rebellieren, plötzlich und über Nacht, und Ihren Schuft von Ehemann verlassen.

Liebe und Sexualität Im Herzen der jungen Würmer brennt ein heftiges Feuer, was jedermann erkennen könnte, wenn sich die Würmer nur aus ihrer Schutzhülle befreiten. Es stimmt jedoch auch, daß die Würmer durch ihre Gefühlssituation mehr zur Kameradschaft als zur Leidenschaft neigen und sich lieber fest an den Händen halten als sich mit vor Erregung feuchten Händen zu umarmen.

DER
FÜNFTE PFAD:

DIE
GEBURTSSTUNDE

Einführung in die Bedeutung der 12 Tiersymbole

Dies ist nun der letzte Schritt auf dem Weg zur Selbster-kenntnis. In gewissem Sinne ist es der entscheidende Schritt. Sie werden es vielleicht selbst bestätigt finden, daß dieser Abschnitt, der sich auf die Stunde Ihrer Geburt be-zieht, Ihrer Persönlichkeit am meisten entspricht. Die Er-klärung ist leicht zu geben: die früheren Abschnitte haben sich vor allem mit Ihrem inneren Charakter und Ihren ver-borgenen Motiven beschäftigt, mit der Art und Funktion Ihrer subtilsten privaten Gefühle, während dieser Fünfte Pfad auf Ihr äußeres Temperament eingeht, nämlich auf jenen Teil Ihrer Persönlichkeit, den Sie in allen Alltags-situationen zeigen.

In bezug auf den 24-Stundenzyklus werden die gleichen zwölf Tiere in der gleichen Reihenfolge benutzt, die wir bereits beim Ersten Pfad in Verbindung mit den Jahren kennengelernt haben, im großen und ganzen gelten auch die gleichen Charakteristiken. Der Unterschied liegt nur darin, daß ein Mensch, der in einem Tigerjahr geboren worden ist, diese Tigereigenschaften in allen Grundzügen seines Lebens entwickeln wird, während ein Mensch, der in der Tigerstunde geboren wurde, die sich nur über zwei Tagesstunden erstreckt, diese Eigenschaften wesentlich oberflächlicher zum Ausdruck bringt.

Niemand kann mehr sagen, warum die Chinesen be-stimmte Tagesstunden mit den einzelnen Tieren in Verbin-dung brachten. Man kann die Frage nur mit einem Gleichnis beantworten: Jedes Mädchen, das seine Tugend gegen einen rücksichtslosen Mann verteidigt, weiß genau, warum die Mitternacht als Stunde der Ratte bezeichnet worden ist...

Eine logische Antwort wäre dies: Der chinesische Tag beginnt, genau wie der unsere, nach Mitternacht, und da die Ratte den Tierkreis anführt, beginnt mit ihr auch der Tag. Gewisse Leute sind der Meinung, dieser Zyklus stamme aus dem Vorderen Orient und sei im dritten oder vierten Jahrhundert vor Christus nach China gebracht worden. In den Mittelmeerländern ließ man, seltsamerweise, den Tag mit dem Sonnenuntergang beginnen. Wenn also der Hund diesem ›Tagesanfang‹ etwa um 20 Uhr entspricht, so entspricht die Ratte der Mitternachtsstunde.

Die Bedeutungen der Tiere haben sich im Lauf der Jahrhunderte oft verschoben und verändert. Vor langer Zeit verkündeten sie nichts als Unheil. Die Vision eines Pferdes war ein Zeichen für Krieg. Ein doppelköpfiger Büffel bedeutete, daß der Schrein der Ahnen zerstört werden würde. Das Schwein verkündete eine echte Kalamität: »Von allen Vorzeichen für Unglück sind diese die häufigsten, sie deuten die perverse Verderbtheit eines Mannes an, der mit öffentlichen Aufgaben betraut ist.«

Wie Sie sich zurechtfinden

Stellen Sie anhand der folgenden Tabelle fest, welches Ihre Tierstunde ist. Studieren Sie das dazugehörende Charakterbild. Denken Sie dabei daran, daß nur ein Teil Ihrer Persönlichkeit betroffen und beschrieben wird: die Oberfläche, die Außenseite Ihres Temperamentes, die Haut Ihrer Seele.

Ein Punkt muß bei der Stundentabelle berücksichtigt werden: Sie beruht auf der Sonnenzeit, während unsere Uhrzeit in bestimmten Ländern durch die sogenannte Sommerzeit um eine oder zwei Stunden verschoben gewesen sein kann.

Wenn Sie wissen, daß die Stunde Ihrer Geburt in so eine Sommerzeit gefallen ist, so müssen Sie eine Stunde von Ihrer tatsächlichen Geburtszeit abziehen. Wenn Sie das nicht mehr nachprüfen können und durch diesen Unterschied eventuell in eine andere Tierstunde geraten, so sollten Sie Ihren gesunden Menschenverstand benutzen und selbst entscheiden, welches Tier besser zu Ihrem äußeren Erscheinungsbild paßt.

Tabelle zur Bestimmung des Ihnen entsprechenden Tieres

Stunde	Tier	Chin. Bez.	Bedeutung	siehe Seite
0.00 – 0.59	Ratte	*tzu*	Kind	234
1.00 – 2.59	Büffel	*ch'ou*	?	235
3.00 – 4.59	Tiger	*yin*	Referenz	236
5.00 – 6.59	Hase	*mao*	Aufbrechen	237
7.00 – 8.59	Drache	*ch'en*	Glückszeit	238
9.00 – 10.59	Schlange	*ssu*	?	239
11.00 – 12.59	Pferd	*wu*	Süden	240
13.00 – 14.59	Ziege	*wei*	noch nicht	241
15.00 – 16.59	Affe	*shen*	Fortbestand	242
17.00 – 18.59	Hahn	*yu*	Reife	243
19.00 – 20.59	Hund	*hsä*	?	244
21.00 – 22.59	Schwein	*hai*	?	245
23.00 – 24.00	Ratte	*tzu*	Kind	234

Die 12 Stunden-Tiere
und ihre individuelle Bedeutung

1   Die Stunde der Ratte

Das äußere Temperament   Auf den ersten Blick wirken Sie liebenswürdig und freundlich, aber unbestechlich. Ihre Mitmenschen werden meistens finden, daß man sich mit Ihnen leicht befreunden kann, oder besser: daß man rasch Ihre Bekanntschaft machen kann, denn es entspricht Ihnen mehr, einen großen Kreis von guten Bekannten in der Nachbarschaft, bei der Arbeit und im Sportklub zu haben als ein paar enge Busenfreunde.

Sie kommen den anderen als rastlos tätiger Mensch vor. Sie stecken die Nase in jede sich bietende Angelegenheit, denn Ihre Neugier läßt Ihnen erst Ruhe, wenn alle Probleme und Geheimnisse gelöst sind. In der schlimmsten Form sind Sie eine Klatschsuse und ein Unruhestifter. In der besten Form sind Sie von dem Drang erfüllt, sich alles Wissen der Welt über die Natur, den Menschen und die großen Daseinsfragen anzueignen.

An Ihren guten Tagen sind Sie von unerschütterlicher Zuversicht erfüllt. Diese Selbstsicherheit erscheint jedoch manchmal, genau wie Ihr Charme, etwas zu dick aufgetragen. An Ihren schlechten Tagen reagieren Sie tückisch und ungeduldig, wenn Sie gereizt werden, verbohren sich in Kleinigkeiten und scheinen Ihre Sicherheit in bezug auf Ihre Rolle im Leben vollkommen verloren zu haben. Wenn

234

sie wirklich unter Druck stehen, erweisen Sie sich längst nicht als so stark, wie man nach dem ersten, oberflächlichen Eindruck zu glauben geneigt ist.

2   Die Stunde des Büffels

Ihr äußeres Temperament Sie scheinen auf den ersten Blick ein solider, verläßlicher Mensch zu sein, der nicht so leicht den Kopf verliert. Sie sprechen offensichtlich immer aus Erfahrung, und wenn es auch manchmal etwas lange dauern mag, bis Sie sich zu einer Sache entschlossen haben, so merkt man doch, daß Sie über alle Dinge gründlich nachdenken.

Anderen kommen Sie freundlich und umgänglich vor, und mit Ihresgleichen kommen Sie auch immer gut zurecht. Im Laufe der Zeit entwickeln Sie nur leider recht starre Ansichten und Vorurteile in bezug auf soziale und politische Fragen, so daß Sie den Menschen, die nicht zu Ihrer nächsten Umgebung gehören, manchmal als recht merkwürdig, verbohrt, ja mitunter sogar unsympathisch erscheinen.

Sie sollten sich also vor diesen tendenziösen Voreingenommenheiten hüten, die Ihre im Grunde genommen freundliche Art überschatten können.

Sie gelten auch als fleißig, nicht besonders energisch, dafür aber gründlich und zuverlässig, als ein Mensch, der jede Arbeit erledigt, die er begonnen hat. Das hindert Sie freilich nicht daran, sich nach einer Arbeit richtig auszuruhen, eine Mußestunde in Ihrem Lieblingssessel geht Ihnen über alles.

In Ihrer besten Form sind Sie ein netter Mensch, der immer bester Laune ist. Im schlimmsten Fall können Sie ein Nörgler, ein Widerspruchsgeist, ein Haustyrann sein, den niemand besonders attraktiv findet und in dessen Gesellschaft sich niemand wohl fühlt.

Büffel-Männer und -Frauen verfügen über eine gesunde Sinnlichkeit, die schon im täglichen Umgang mit Freunden und Geschäftspartnern zum Tragen kommt, jedoch erst abends richtig aufblüht, wenn Sie mit einem geliebten Menschen zusammen sind.

3 Die Stunde des Tigers

Ihr äußeres Temperament Sie kommen anderen Menschen so lebhaft, energisch und unübersehbar entgegen, daß es die meisten von uns anspornt, ängstliche Seelen aber zum Zittern bringt. Ein paar Leute werden Sie immer unerträglich finden, aber Sie halten sich mehr an die allgemeine Meinung, nach der Sie ein ganz prachtvoller Mensch sind.

Selbst in einer fremden Umgebung erscheinen Sie stets selbstsicher und sind Herr der Lage. Wenn ein Entschluß gefaßt werden muß, so sind Sie derjenige, der den besten Aktionsplan vorschlägt, die Opposition zum Schweigen bringt, die Ärmel aufkrempelt und losarbeitet und wenn die ganze Sache schiefgehen sollte, so finden Sie gewißlich jemanden, dem Sie die Schuld in die Schuhe schieben können.

Im tiefsten Herzen wissen Sie genau, daß Ihre ganze Selbstsicherheit nur eine Fassade ist, hinter der Sie vielleicht von viel mehr Ängsten geplagt werden, als man denkt. In einer echten Krise bekommt das Bild des strahlenden Helden leicht Risse, die eine eher furchtsame Natur zum Vorschein kommen lassen. Das sind die Augenblicke, in denen Sie sich wünschen, mehr Bescheidenheit gelernt zu haben.

Das alles klingt so, als ob Sie ein aufgeblasener Popanz wären, was absolut unzutreffend ist. Selbst wenn Sie sich wie der letzte Herrenmensch benehmen, entfalten Sie dabei eine so unschuldige und arglose Begeisterung, daß

Ihnen alle Herzen zufliegen. Und selbst wenn Sie vollkommen am Boden zerstört sind und unter tiefen Depressionen leiden, akzeptieren Sie jede noch so dick aufgetragene Schmeichelei, als ob es sich um die lauterste Wahrheit handelte.

In jeder Gesellschaft bewegen Sie sich mit Schwung, Selbstsicherheit und Charme. Sie scheinen sich immer wieder aufs neue und mit großem Aufwand verlieben zu können, aber im Grunde genommen weiß selbst Ihr Ehepartner ganz genau, daß es niemandem gelingen wird, sich zwischen Sie und Ihre unsterbliche Liebe zu Ihrer eigenen kostbaren Person zu drängen.

4   Die Stunde des Hasen

Ihr äußeres Temperament Sie sind ein gefühlvoller Mensch, der sich leicht begeistert und sich immer wieder dazu getrieben fühlt, all seine lebhaften Gefühle im Alltag sofort abzureagieren. Ihr Problem liegt aber darin, daß Sie gleichzeitig auch scheu sind und fürchten, von anderen mißverstanden zu werden. Deshalb retten Sie sich immer zu einem dieser beiden Auswege: entweder verbergen Sie Ihre wahren Gefühle tief in Ihrer Seele und lassen ihnen nur in der Phantasie freien Lauf, oder Sie bringen sie verkleidet, verfremdet zum Ausdruck, so daß Sie nach außen hin anders scheinen, als Sie in Wirklichkeit sind.

Sie sind, mit anderen Worten, auf den ersten Blick nicht leicht zu verstehen, und niemand sollte Sie nur nach dem äußeren Anschein zu beurteilen versuchen. Sie enthüllen Ihre wahre Persönlichkeit nicht auf den ersten Anhieb, auch wenn Ihnen das Herz vor Sehnsucht oder Zorn, Eifersucht oder Verbitterung zu bersten scheint.

Es hängt vom Grad Ihrer menschlichen Reife ab, ob Sie ein richtiger oder nur ein halber Hase sind. Der erwachsene und ausgeglichene Hase hat gelernt, seine Gefühle in den Griff zu bekommen, so daß Nervosität, Unsicherheit und Furchtsamkeit in Mitgefühl und Sympathie für andere Menschen umgewandelt worden sind. Der unreife Hase bleibt ein hilfloser Spielball seiner heftigen Gefühle, ist leicht schlechter Laune, nimmt rasch übel und schwankt zwischen Launenhaftigkeit und überströmender Zuneigung hin und her.

Gewisse Menschen bilden sich ein, sie könnten Sie für Ihre Zwecke ausnutzen; aber wenn Sie sich erst einmal mit einer Sache, einer Tätigkeit, einem Menschen oder einer Idee identifiziert haben, halten Sie mit aller Kraft daran fest und lassen sich durch nichts erschüttern.

Sie sind ungeheuer sentimental, und bei jeder kleinsten Gelegenheit geraten Sie in Schwärmerei und Überschwenglichkeiten. Von Hasen-Männern erwartet man allerdings, daß sie sich im Alltag und im Beruf etwas mehr zusammennehmen.

5 Die Stunde des Drachen

Ihr äußeres Temperament Auf den ersten Blick scheinen Sie ein rätselhafter Mensch zu sein. Es muß Ihnen viel daran liegen, vor allem Fremde zu beeindrucken – nicht durch Ihre Klugheit oder Schönheit, sondern durch Ihre unkonventionelle Haltung. Sie müssen es ganz deutlich machen, daß Sie anders als die anderen sind, daß Ihre Gedanken ihre eigenen Wege gehen, daß Sie auf den ersten Blick verborgene Zusammenhänge entdecken und aus jeder Andeutung eine glänzende Idee entwickeln können. Manche Drachen neigen zu echten Verrücktheiten, aber die meisten entwickeln nur diesen Hang zur Originalität, der ungeheuer reizvoll sein kann oder entsetzlich nervtötend. Niemand kann voraussagen, wie Sie zu einer bestimmten Zeit reagieren, was Sie sagen und wann Sie gelangweilt sein werden – nicht einmal Sie selber.

Sie mögen die Menschen, aber Sie brauchen ihre Gesellschaft nicht. Obgleich Sie in bestimmter Hinsicht sehr liberal und progressiv sind, sich immer als ein Mitglied der großen menschlichen Familie betrachten, fühlen Sie sich in der Menge eher unbehaglich und ziehen es vor, einen einzigen Freund an Ihrer Seite als die halbe Menschheit um sich herum zu haben.

Sie beeindrucken die anderen durch Ihren Forschertrieb und durch die Striktheit, mit der Sie immer Ihren eigenen Weg einschlagen. Sie verfügen über eine geistige Unabhängigkeit, die es Ihnen besonders schwer zu machen scheint, sich an Menschen oder Situationen anzupassen. Als Teenager entwickeln manche Drachen eine fast perverse Neigung, aus lauter Angst vor festen Bindungen jedem Liebesabenteuer aus dem Wege zu gehen. Ihre Individualität, Ihre heile Person ist Ihnen wichtiger als alles andere.

6   Die Stunde der Schlange

Ihr äußeres Temperament   Sie wirken intensiv, etwas einseitig, haben aber einen starken Willen. Andere Menschen spüren instinktiv, daß man Sie nicht herumschubsen kann. Das hat nichts mit Angeberei zu tun, mehr mit dem Gefühl, daß es ständig in Ihnen brodelt. Sie vermitteln den Eindruck einer starken inneren Spannung; jeder hat das Gefühl, daß Sie unaufhörlich die Nerven verlieren würden, wenn Sie sich nicht so gut in der Hand hätten.

Sie können außerdem sehr verschlossen sein. Sie sind auf jeden Fall nicht von Natur aus offenherzig. Alle Tatsachen, besonders jene, die Ihre innersten Gefühle betreffen, müssen regelrecht aus Ihnen herausgeholt werden – oder noch besser: müssen Ihnen so geschickt entlockt werden, daß Sie es gar nicht merken. Manchmal zeigen Sie der Welt ein wahrhaft rätselhaftes Gesicht, so daß es anderen unmöglich ist, Ihr wahres Ich zu erkennen.

Auf jeden Fall werden Sie es weder leicht noch wünschenswert finden, viele Freunde zu haben. Wenn eine Freundschaft überhaupt etwas wert sein soll, so muß sie geprüft und gewogen werden. Sie haben nichts gegen reine Bekanntschaften, aber sie sind Ihrer Ansicht nach auch kaum der Rede wert.

Sie sind von einem unbeugsamen Stolz erfüllt. Er äußert sich nicht in Prahlerei und Angabe, sondern in einer tief verwurzelten Selbstachtung, die Sie zwingt, auch dann noch unbeugsam zu bleiben, wenn alle anderen rings um Sie herum längst nachgegeben hätten. Das kann manchmal ein Problem werden.

Man kann Sie entweder nicht ausstehen oder bewundert Sie grenzenlos – diese Haltung ist ein Spiegelbild Ihres eigenen Wesens, das Sie die Welt entweder schwarz oder weiß sehen läßt.

7 Die Stunde des Pferdes

Ihr äußeres Temperament Sie vermitteln auf den ersten Blick einen lebendigen, facettenreichen und vorwiegend extrovertierten Eindruck. Sie bilden sich selbst etwas auf Ihre Fähigkeit ein, mit anderen Menschen rasch und ungestüm in Kontakt zu kommen, aber Sie sind sich nicht immer der Tatsache bewußt, daß diese Leichtigkeit und Ungehemmtheit nur eine Fassade ist, die Ihr Partner sofort durchschaut.

Sie versuchen, der Welt ein heiteres und unkompliziert freundschaftliches Bild zu bieten, weil Sie erstens tatsächlich gern mit anderen Menschen zusammen sind, und weil Sie zweitens gern als netter und optimistischer Mensch gesehen werden möchten.

Sie haben ein sportliches, aufgeschlossenes und tapferes Wesen. Sie fühlen sich im Freien, in einer entspannten und lässigen Umgebung am wohlsten. Salons, überfüllte Empfangsräume und muffige Büros liegen Ihnen gar nicht. Sie sind das Musterbild eines Pioniers: tüchtig, natürlich, immer im Begriff, die Ärmel hochzukrempeln und sich auf eine Arbeit zu stürzen. Auch wenn dieser Vergleich Sie ein wenig karikiert, so trifft er doch im wesentlichen zu.

Ihr Problem liegt darin, daß Sie gerne viel Wind und Geschrei machen, daß Sie aber dazu neigen, in einer kritischen Situation lieber die Flucht zu ergreifen, als die Sache durchzufechten.

Die Leute mögen Sie meistens gern. Leider haben Sie manchmal nicht genug Feingefühl, zu merken, wenn sich jemand über Sie ärgert, so daß Sie, wenn der aufgestaute Groll über Ihre Haltung sich beim andern vielleicht Monate später Luft macht, aus allen Wolken fallen.

Außerdem verlieren Sie niemals Ihre gute Laune und Ihre beneidenswerte Glückssträhne, so daß Sie öfters mit heiler Haut davonkommen, als Sie eigentlich verdienten.

8   Die Stunde der Ziege

Ihr äußeres Temperament   Sie erscheinen oft als vernünftig, unauffällig und fast ein wenig langweilig, obgleich Sie sich in eine vollkommen andere Person verwandeln können, wenn Sie etwas erreichen wollen. Dann planen Sie, lenken und bestimmen die anderen und spielen jede Menge Theater.

Die anderen Menschen werden zwar nicht sofort bei Ihnen warm, aber Sie können trotzdem Freundschaften schließen, die das ganze Leben währen. Sie sind weder unbeständig noch launisch. Freundschaft ist für Sie eine Sache der Treue, deshalb betrachten Sie die Ehe hundertprozentig als Bindung und Verpflichtung, die Sie voll Freude auf sich nehmen. Treue ist Ihnen keine lästige Pflicht, die man als Fessel empfinden könnte, sie ist ein Geschenk für einen Menschen, den Sie lieben.

Obgleich Sie nicht so viel Aufmerksamkeit wie extrovertiertere Menschen erringen, gelingt es Ihnen, bestimmte führende Positionen aufzubauen. Statt daß Sie Ihre Ziele durch komplizierte Berechnungen und ehrgeizige Tricks zu erreichen versuchen, lassen Sie Ihre persönlichen Gaben wirken, die Ihnen den Erfolg und die Verantwortung einbringen, die Sie tragen können.

Ziegen-Frauen brauchen erst einige Erfahrungen, ehe sie begriffen haben, wie man etwas aus sich macht. So um die Dreißig stehen sie dann als tüchtige und attraktive Frauen da, die sich mit voller Kraft und Energie der Familie widmen und in der Gemeinde und der politischen Öffentlichkeit verantwortungsvolle Aufgaben übernehmen.

Die männlichen Ziegen brauchen genauso ihre Zeit, bis ihr reicher und ausgeglichener Charakter voll zum Vorschein kommt.

9   Die Stunde des Affen

Ihr äußeres Temperament   Sie gehen das Leben mit Verstand und Geschick an. Sie wirken immer ungeheuer wach, lebendig und auf dem Sprung. Die anderen beneiden Sie um Ihre geistige Spannkraft, aber das ist alles mehr oder weniger Kulisse. Sie existieren sozusagen nur an der Oberfläche Ihrer Persönlichkeit, und in diesen seichten Teichen ist es leicht, ein großer Fisch zu sein. Wenn Sie sich ins tiefe Wasser wagen, wirken Sie wesentlich unerheblicher.

Nach außen hin machen Sie einen überaus gewinnenden Eindruck. In der besten Form erscheinen Sie restlos von sich selbst erfüllt, wirken anregend in allen Ideen und Gesprächen und gehen ebenso lebhaft auf Ihre Umwelt ein. Sie scheinen sich überall einrichten zu können und zu Hause zu fühlen. Sie scheinen stets genau die Persönlichkeit entwickeln zu können, mit der Ihre Umwelt rechnet.

Und genau da liegt Ihr Problem. Sie haben immer die richtigen Gefühle und Empfindungen parat, aber es ist Ihnen bei keinem richtig ernst. Sie beteuern das eine und denken sich das andere. Sie haben morgens eine andere Meinung als mittags, und für den Abend ziehen Sie eine dritte aus der Tasche. Und selbst, wenn Sie sich einbilden, Sie wären von dem überzeugt, was Sie sagten: Sie reden immer zuerst, und dann denken Sie erst nach.

Es fällt Ihnen leicht, Freunde zu gewinnen. Die meisten Leute mögen Sie gern, aber sie werden sich hüten, Ihnen ein Geheimnis anzuvertrauen oder sich in einer kritischen Situation auf Sie zu verlassen. Ihre größte Aufgabe im Leben ist es, erwachsen und reif zu werden und Verantwortungen zu übernehmen. Das können Sie schaffen, wenn es für einen Affen auch eine ungeheure Leistung darstellt.

10   Die Stunde des Hahns

Ihr äußeres Temperament   Sie wirken als herzliche, abgerundete Persönlichkeit, die sich durch nichts und niemand von ihren Wünschen und Zielen ablenken läßt. Auch besitzen Sie eine ganz eigene Art von Anziehungskraft, und wenn Sie den Mut und Schwung besitzen, diesen Charme zu entfalten, so können Sie ein sehr glückliches und erfülltes Leben führen.

Im schlechtesten Fall können diese Gaben in Angeberei und Aufgeblasenheit umschlagen und bis zur Taktlosigkeit gehen. Sie sind ein Egozentriker, was bedeutet, daß Sie all Ihre Erlebnisse und Gefühle auf Ihre eigenen Wünsche, Meinungen, Bedürfnisse und Sehnsüchte beziehen. Die Angelegenheiten Ihrer Mitmenschen interessieren Sie im Vergleich dazu nur unwesentlich.

Ihre besten Eigenschaften sind Ihr Mut und Ihr Selbstvertrauen, die strahlende Sicherheit Ihrer Person, mit der Sie andere befeuern können, Ihr gesunder Mutterwitz, der

Ihnen zu raschen Entscheidungen hilft. Kinder, Sport und Ferien mögen Sie genausogern wie das Vergnügen einer Liebesaffäre und die Aufregungen, die ein erfolgreicher Beruf mit sich bringt. Dafür können Sie Regenwetter, langweilige Leute, Mißgeschick und Nüchternheit auf den Tod nicht ausstehen.

Freundschaften schließen Sie im Nu – oder besser: es fällt Ihnen leicht, immer freundlich zu erscheinen. Ob Sie allen diesen Freunden auch gestatten, in Ihr Herz zu blikken, ist eine andere Frage. Der Stolz kann leicht in Eitelkeit umschlagen, so daß nicht allzuviel Raum für Zuneigung oder Liebe zu anderen übrig bleibt.

Krisen sind der eigentliche Prüfstand Ihrer moralischen Festigkeit. Der schwache Hahn ist ein oberflächlicher Aufschneider und kann bei entsprechenden Schwierigkeiten zusammenbrechen. Der reife und erwachsene Hahn weiß jedoch genau, daß zur echten Führerschaft Bescheidenheit und Demut genauso wie die Fähigkeit gehören, die richtigen Befehle zu geben.

11 Die Stunde des Hundes

Ihr äußeres Temperament Auf den ersten Blick erscheinen Sie als zuverlässiger, beständiger Mensch, mit dem man keinerlei Schwierigkeiten hat. Man kommt gut mit Ihnen zurecht, weil Sie nichts Eigensinniges an sich haben, sondern zurückhaltend sind.

Der äußere Anschein trügt jedoch. Es stimmt zwar, daß Sie zu den treuen und zuverlässigen Menschen gehören, und es stimmt auch, daß man mit Ihnen nur selten Ärger hat. Sie verfügen über ein ausgewogenes Temperament, sind für jeden guten Spaß zu haben, zeigen für die Schwächen und Irrtümer Ihrer Mitmenschen entgegenkommendes Verständnis und sind von dem Wunsch erfüllt, in Ihrer Gruppe oder Gemeinde eine nützliche Rolle zu spielen. Es wäre jedoch unrecht, Sie als langweilig zu bezeichnen. Sie verfügen über durchaus positive Eigenschaften, die aber nicht die allgemeine Aufmerksamkeit auf sich lenken.

Je älter Sie werden, desto abgeklärter und ausgeglichener werden Sie. Die meisten Menschen beginnen als Radikale und enden als konservative Gewohnheitstiere. Sie entwickeln sich eher umgekehrt. Zu Beginn Ihres Lebens scheinen Sie ziemlich viel als gegeben zu betrachten; wenn Sie jedoch die ersten Lebenserfahrungen gesammelt haben, geht Ihnen allmählich auf, daß nicht alles auf der Welt vollkommen ist.

Sorgen Sie dafür, daß Ihre guten Eigenschaften nicht unterschätzt werden. In der schlechtesten Form können Sie etwas langsam und einfallslos sein, in Ihrer besten Form entfalten Sie in aller Ruhe gesunden Menschenverstand und Gemeinschaftsgeist.

Hunde-Frauen verfügen oft über eine bezaubernde leise Anmut im Benehmen. Ihre Sinnlichkeit erfüllt ihre Person, ohne aufdringlich zu wirken.

12 Die Stunde des Schweins

Ihr äußeres Temperament Sie zeigen der Welt ein intelligentes und leicht spöttisches Antlitz. Sie vermitteln als erstes den Eindruck von amüsiertem Interesse für alles, was um Sie herum passiert. Sie halten sich jedoch gern aus allem heraus und schrecken vor übertrieben heftigen Reaktionen zurück – besonders vor überschwenglichen Frauen.

Sie schließen sich anderen nur zögernd an, aber die Menschen, die Sie näher kennen lernen, entdecken unter Ihrer etwas oberflächlichen Fassade ein wesentlich empfindsameres und menschlich wertvolleres Wesen. Sie distanzieren sich nicht von Ihren Mitmenschen, weil sie Ihnen nicht gefallen, sondern weil es in Ihnen eine Art von

Schüchternheit oder Verklemmtheit auslöst, wenn die anderen mit Ihnen intim zu werden beginnen. Übertriebene Gefühle stoßen Sie so sehr ab, daß Sie manchmal in die Gefahr geraten, sentimentale Gefühlsausbrüche nicht von wahren und tiefen Gefühlen zu unterscheiden.

Sie werden es sicher verstehen, daß Ihre meisten Bekannten nicht genau wissen, was sie von Ihnen halten sollen. Manche Schweine genießen ihre Rolle als Unikum und spielen sie nach allen Kräften aus. Andere, die nicht so viel Selbstgefühl besitzen, werden unsicher und wissen nicht, wie sie sich in besonderen Situationen zu benehmen haben. Obgleich Sie mit sich selber ganz gut zurechtkommen, profitieren Sie von einem eher starken Ehepartner, der diese Zweifel durch eine feste Zuversicht ausgleicht.

Wenn Ihr Interesse erst einmal geweckt ist, sind Sie in der besten Form ein anregender Gesellschafter. In Ihrer Persönlichkeit ist jedoch ein Hang zur Faulheit verborgen, der den Gesamteindruck erheblich beeinträchtigen kann.

DIE PFADE
TREFFEN SICH

Die fünf Finger der Hand

Wenn Sie wissen und verstehen möchten, wie sich all diese Pfade zur vollkommenen Selbsterkenntnis überschneiden und verbinden, müssen Sie noch ein oder zwei Grundbegriffe kennenlernen.

Im Denken der alten Chinesen hat die Zahl fünf eine überaus bedeutsame Rolle gespielt. Sie sind davon ausgegangen, daß es in der Natur fünf Elemente gibt, daß der Himmel in fünf Abschnitte oder Paläste eingeteilt ist, daß es fünf Planeten gegeben hat, fünf Farben, fünf Gerüche und so weiter.

Es ist auf einen Blick zu erkennen, daß die menschliche Hand aus fünf Fingern besteht oder besser: aus vier Fingern und einem Daumen. Diese Unterscheidung ist wichtig, denn für die Chinesen war es von Bedeutung, daß vier und eins fünf ergeben. Sie hatten den Himmel ursprünglich in vier Paläste eingeteilt, die den vier Himmelsrichtungen Norden, Süden, Osten und Westen entsprachen. Der fünfte Palast lag in der Mitte beim Polarstern, während die anderen vier um ihn kreisten.

Mit den Fingern und dem Daumen ist es ebenso. Jeder einzelne Finger hat seine charakteristische Eigenschaft, und nur einer, der Daumen, steht gesondert da und liefert sozusagen die Willenskraft und Energie, die die andern antreibt. So nahm man auch allgemein an, daß ein mit einem besonders abstehenden Daumen geborenes Baby schon sehr bald einen eigenen Willen entwickeln würde.

Betrachten Sie also die Hand als Symbol für Ihre Persönlichkeit und die fünf Finger im Zusammenhang mit dem Fünffachen Pfad des Jahres, der Jahreszeit, der Doppelwoche, des Tages und der Stunde. Ein Pfad gehört zum Daumen, einer zum Zeigefinger und so fort bis zum kleinen Finger.

Um entscheiden zu können, welcher Pfad welchem Finger entspricht, müssen Sie wissen, ob Sie eine *yin*- oder eine *yang*-Person sind.

Sind Sie eine Yin- oder Yang-Persönlichkeit?

Ich zähle eindeutig zum yin Prinzip!

Sie wissen sicher, daß die Chinesen die ganze Existenz von zwei gegensätzlichen Prinzipien bestimmt sahen: männlich und weiblich, positiv und negativ, heiß und kalt, trocken und feucht, Himmel und Erde bis zu Tag und Nacht. *Yang* war das männliche, *yin* dagegen das weibliche Prinzip.

Es ist immer schwer zu entscheiden, in welche der beiden Gruppen man gehört. Es ist auf jeden Fall falsch, wenn man meint, man gehörte zur *yang*-Gruppe, weil man ein Mann, und zur *yin*-Gruppe, weil man eine Frau sei. Anders gesagt: es ist höchst unwahrscheinlich, daß man durch und durch *yang* ist, ohne eine einzige Spur *yin* – oder umgekehrt. Um zu einem relativ zuverlässigen Urteil zu kommen, sollten Sie die folgenden Fragen beantworten und zum Schluß zusammenrechnen.

Welche Sportart würden Sie sich aussuchen, wenn Sie genug Mut dazu hätten:

A Bergsteigen
B Fußball
C Sporttauchen ✗

Wie lesen Sie eine Zeitschrift?

A von vorn nach hinten ✗
B hie und da ein bißchen ✗ *ja 2.)*
C von hinten nach vorne ✗

250

Welche Farbe entspricht Ihnen am meisten?

A Rot
B Gelb
C Blau

Welches Musikinstrument erregt Sie am meisten?

A Trompete
B Trommel
C Geige

Wie verbringen Sie am liebsten Ihren freien Abend?

A in einem neuen, unbekannten Lokal
B in einem bekannten und vertrauten Lokal
C gemütlich zu Hause

Zu welcher Tageszeit fühlen Sie sich am wohlsten?

A Morgen und Vormittag
B Nachmittag
C Abend und Nacht

Welche Form würden Sie sich als Symbol für Ihren Charakter aussuchen?

A Pfeil
B Quadrat
C Kreis

Sie haben sicher schon erraten, daß die A-Antworten zu *yang* und die C-Antworten zu *yin* gehören. Wenn Sie also mehr A- oder mehr C-Antworten erhalten, können Sie daraus schließen, daß Sie sich mehr zu *yin* oder zu *yang* neigen. Bei gleich viel A- und C-Antworten gehen Sie die Fragen noch einmal durch, und zwingen Sie sich, bei allen B-Antworten entweder A oder C zu wählen.

251

Vielleicht kommt Ihnen dieser Test zu trivial oder ungerecht vor. Wenn Sie dieses Gefühl haben, so denken Sie
selbst über die allgemeinen Grundsätze nach, die hinter *yin*
und *yang* stehen, und entscheiden Sie für sich selbst, wem
Ihr Charakter am meisten entspricht.

Wer zur *yin*-Gruppe gehört, ist anderen Menschen gegenüber aufgeschlossen, interessiert sich für ihre Probleme
und nimmt an ihren Freuden und Sorgen lebhaften Anteil.
Wenn also bei Ihnen das *yin* überwiegt, so können Sie sich
mit einem Spiegel, einer Schale oder einem allem geöffne-
ten Menschen vergleichen, der mehr von der Welt emp-
fängt, als er selbst zu geben vermag. Anders gesagt: für Sie
gehören die großen Veränderungen in Gefühl und Verhalten zu den wichtigen Erfahrungen im Leben.

Die *yang*-Menschen sind dagegen aktiver, kräftiger und
mehr nach außen gewandt. Wenn bei Ihnen das *yang* überwiegt, so wollen Sie im Leben viel erreichen und durchsetzen. Sie wollen bei allen Menschen Ihrer Umgebung einen
blendenden Eindruck hinterlassen. Sie betrachten sich als
Pionier und Vorkämpfer für neue Ideen, Ihre Gedanken
sind mehr auf die Zukunft als auf die Vergangenheit gerichtet. Sie können auch etwas egoistisch sein, obgleich Sie
im Gegensatz zu den *yin*-Menschen versuchen werden, der
Welt mehr zu geben als von ihr zu empfangen.

Wenn Sie nun mehr oder weniger herausgefunden
haben, welches Prinzip Ihrem Charakter mehr entspricht,
sollten Sie wieder an die Hand denken. Vergegenwärtigen
Sie sich noch einmal die Reihenfolge des Fünffachen Pfa-
des: Jahr, Jahreszeit, Doppelwoche, Tag und Stunde.
Wenn Sie sich nun Ihre linke Hand betrachten, die Innenseite nach oben gewandt, so daß der Daumen nach links
zeigt, so können Sie von ihr ablesen, wie der Pfad für die
yin-Menschen verläuft. In ihrem Fall spielt das Jahr die
hervorragende Rolle des Einzelgängers, also des Daumens,
während die Jahreszeit dem Zeigefinger entspricht und die
Stunde durch den kleinen Finger dargestellt wird.

Bei den Menschen, die durch *yin,* das weibliche Prinzip des Lebens, bestimmt werden, spielt demnach der Teil ihrer Persönlichkeit die Hauptrolle, der der Jahreszeit entspricht, denn es ist der Zeigefinger, der deutet, droht, Befehle gibt und ganz allgemein auf Ideen und Gefühle hinweist. Die wahre innere Kraft dieser Menschen stammt jedoch aus dem Teil ihres Charakters, den die Chinesen das Jahr genannt haben, denn es ist der Daumen, der in allen entscheidenden Momenten den Druck ausübt und dessen Abdruck so gut wie eine Unterschrift ist. Und was ist mit dem kleinen Finger? Er sorgt für die Harmonie, wenn die brutale Gewalt des Daumens durch Feinfühligkeit ausgeglichen werden muß. Deshalb benutzt ein *yin*-Mensch den Teil seiner Seele, der von der Stunde bestimmt wird, als sanfte Kraft, um alles mit Anmut und Würde abzurunden.

Für *yang*-Personen gilt genau das Gegenteil. Wenn die rechte Hand mit der Innenseite nach oben betrachtet wird, so schaut der Daumen nach rechts und der kleine Finger nach links. In diesem Fall stammen Stärke und Beständigkeit aus dem Stundenbereich seines Charakters, der Tag gibt dem Leben sein Ziel, und die Feinheiten im äußeren Verhalten werden vom Jahr geformt.

Was bringt die Zukunft?

Wir haben gesehen, wie die Fünf Pfade zu den fünf Fingern der Hand werden. Wenn sich die Pfade treffen, werden die Fingerspitzen zusammengelegt, so daß die Hand, das Symbol der menschlichen Seele, einer Lotusblüte oder einer Wasserlilie im Knospenstadium entspricht. Diese Knospe ist das Bild Ihrer Seele bei der Geburt, unschuldig und ohne jegliche Erfahrung, dennoch erfüllt vom Versprechen der voll entfalteten Blüte.

Im Laufe Ihres Lebens blüht diese Blume auf, die Finger spreizen sich, die Fünf Pfade lassen sich auf den verschiedensten Lebensgebieten verfolgen: in der Berufskarriere, in Heim und Familie, in der Liebe zum richtigen Partner. Der Lotus, das Symbol für das vollkommene menschliche Leben, ist ein Zeichen des Friedens. Er treibt im Wasser, so wie wir alle dem Wasser des Lebens entsprungen sind. Keines seiner Blütenblätter will das andere überragen, sie sind alle entweder geöffnet oder zusammengefaltet, gehorsam dem Göttlichen Licht, bis das Leben vergeht, bis die Blüte verwelkt, bis die Pflanze wieder in die Tiefe des Wassers versinkt.

Die menschliche Seele taucht auf die gleiche Art und Weise aus der Feuchtigkeit des Schoßes auf und betritt die Erde. Wir müssen alle nach besten Kräften unsere Blütenblätter so harmonisch wie möglich entfalten, müssen die Bedürfnisse des Geistes ebenso wie die des Körpers, des Verstandes und der Triebe beachten. Unser ganzes Leben lang hängen wir vom Licht und vom Wasser ab, als Gott-

heit, Vater und Mutter. Und im Moment des Todes scheinen wir zu verschwinden, bis eine andere Jahreszeit an-
bricht, bis uns ein neues Licht erfüllt.

Im alten China lasen die Astrologen von der Farbe,
Leuchtkraft und Position des Jupiter Überfluß oder Hungersnot ab, Frieden oder Krieg. Auf die gleiche Art und
Weise können wir feststellen, wann der segensreiche Einfluß des Jupiter die Sonne auch auf unsere Lotusblätter
scheinen läßt, wann uns die Fünf Pfade leicht werden und
wann wir Glück und Erfolg im Überfluß haben.

Eine Geschichte zum Abschied

Konfuzius kam zu Lao Tan, der zu ihm sagte: »Ich habe gehört, du bist ein Weiser aus dem Norden. Bist du schon auf dem rechten Pfad?«

»Noch nicht«, erwiderte Konfuzius.

»Wie hast du begonnen, nach ihm zu suchen?« fragte Lao Tan.

»Ich habe in Zahlen und Maßen gesucht«, erwiderte Konfuzius, »ich habe fünf Jahre nach ihm gesucht, aber ich habe ihn noch nicht gefunden.«

»Und wie hast du dann weitergesucht?«

»Ich habe ihn im Yin und im Yang gesucht, ich habe zwölf weitere Jahre nach ihm gesucht, aber ich habe ihn nicht gefunden.«

»So ist es«, sagte Lao Tan, »wenn ein Mensch dem anderen den Pfad zeigen könnte, so würden ihn alle Menschen ihren Herrschern zeigen. Wenn man ihn in Schalen fassen könnte, so würden ihn alle Menschen ihren Eltern geben. Wenn man darüber sprechen könnte, so hätte jedermann seinem Bruder davon erzählt. Wenn man ihn vererben könnte, so hätten ihn alle Menschen ihren Söhnen und Enkeln vermacht. Aber das ist alles nicht möglich. Denn wenn du ihn nicht schon im Herzen trägst, so kannst du ihn niemals entdecken.«